insel taschenbuch 1365
Dresden
Ein Reiselesebuch

Dresden

Ein Reiselesebuch

Herausgegeben von Katrin Nitzschke
unter Mitarbeit von Reinhardt Eigenwill

Mit zahlreichen Abbildungen

Insel Verlag

insel taschenbuch 1365
Erste Auflage 1991
Originalausgabe

Text- und Bildquellennachweise am Schluß des Bandes
Vertrieb durch den Suhrkamp Taschenbuch Verlag
Umschlag nach Entwürfen von Willy Fleckhaus
Satz: Fotosatz Otto Gutfreund, Darmstadt
Druck: Nomos Verlagsgesellschaft, Baden-Baden
Printed in Germany

1 2 3 4 5 6 – 96 95 94 93 92 91

Dresden

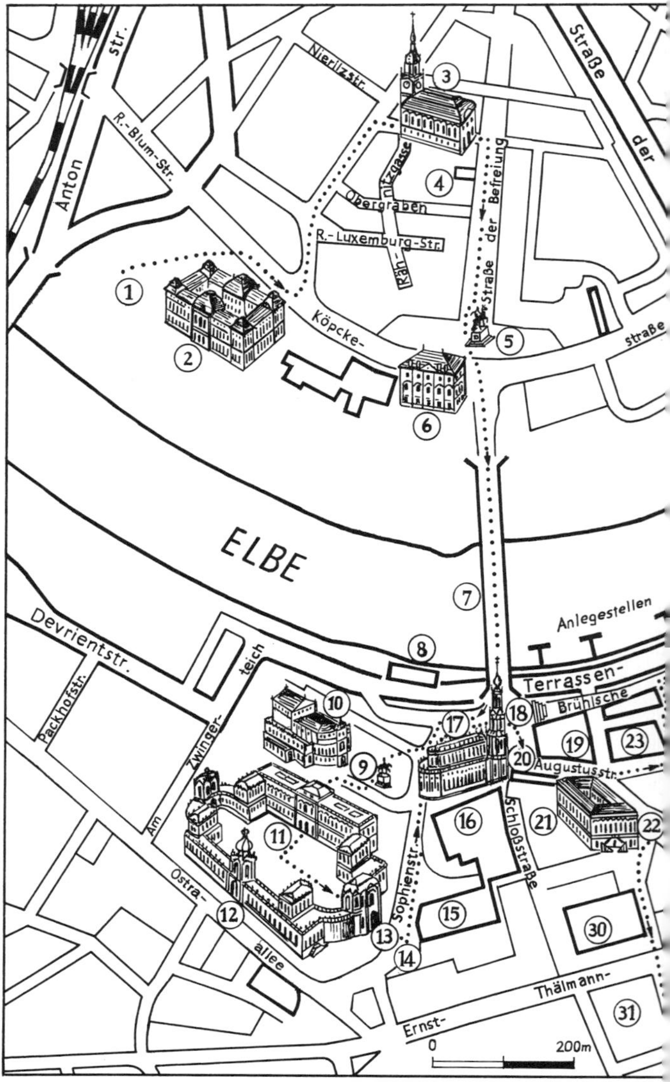

Anton
str.
R.-Blum-Str.
Nieritzstr.
Straße
der
Rähnitzgasse
Obergraben
R.-Luxemburg-Str.
Straße der Befreiung
straße
Köpcke-
ELBE
Anlegestellen
Devrientstr.
Packhofstr.
teich
Zwinger-
Am
Terrassen-
Brühlsche
Augustusstr.
Schloßstraße
Sophienstr.
Ostra-
allee
Thälmann-
Ernst-
0
200m
1
2
3
4
5
6
7
8
9
10
11
12
13
14
15
16
17
18
19
20
21
22
23
30
31

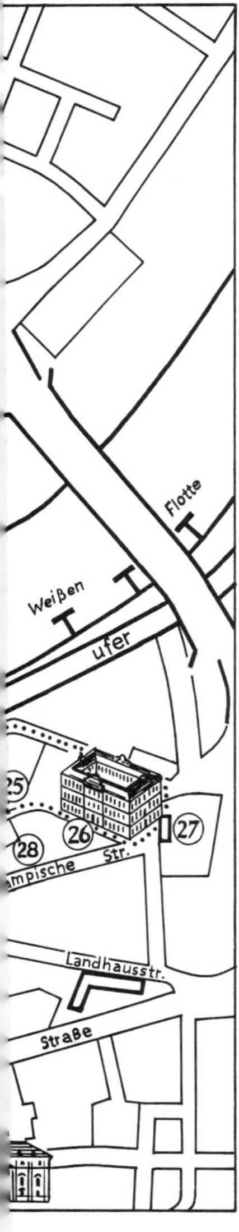

1 *Canaletto-Blick*
2 *Japanisches Palais*
3 *Dreikönigskirche*
4 *Kügelgenhaus*
5 *Goldener Reiter*
6 *Blockhaus*
7 *Augustusbrücke*
8 *Italienisches Dörfchen*
9 *Reiterstandbild von König Johann*
10 *Semper-Oper*
11 *Sempergalerie*
12 *Kronentor*
13 *Glockenspielpavillon*
14 *Cholerabrunnen*
15 *Taschenbergpalais*
16 *Residenzschloß*
17 *Hofkirche*
18 *Brühlsche Terrasse*
19 *Landtagsgebäude*
20 *Fürstenzug*
21 *Stallhof*
22 *Marstall*
23 *Hotel Dresdener Hof*
24 *Hochschule für Bildende Künste*
25 *Sächsischer Kunstverein*
26 *Albertinum*
27 *Kurländer Palais*
28 *Coselpalais*
29 *Frauenkirche*
30 *Kulturpalast*
31 *Altmarkt*
32 *Kreuzkirche*

Wenn Sie Dresden kennenlernen wollen

Vorschlag für einen ersten Spaziergang
mit einer Stadtplanskizze

Sollten Sie zum ersten Mal nach Dresden kommen oder Besucher durch die Stadt führen, dann sei Ihnen der folgende Spaziergang angeboten, bei dem man mit einem Großteil der Sehenswürdigkeiten in einen ersten optischen Kontakt treten kann. Die nun zu beschreibende Route ist durch die numerierten Punkte auf der Stadtplanskizze nachzuvollziehen.

Wir beginnen unsere Tour auf dem letzten Rest der Neustädter Befestigungsanlagen, der sich als Hügel an der Elbe neben dem Japanischen Palais erhebt. Weil Canaletto einige seiner berühmten Gemälde der Stadtsilhouette in der Nähe dieses Standortes festgehalten hat, wollen wir dem Ausgangspunkt den Namen *Canaletto-Blick (1)* geben. Vor uns liegt die durch die Elbe geteilte Stadt mit ihrer beeindruckenden Kulisse. Wenn wir die wesentlichen Gebäude erfassen wollen, die wir auf dem anderen Elbufer erkennen können, so sind folgende Bauwerke von rechts nach links zu nennen: In der Form einer Moschee ist die Zigarettenfabrik (ehemals Yenidze) zu sehen, der sich nach der Marienbrücke der Speicherbau von Erlwein anschließt. Als nächste Gebäude wären zu sehen die Semper-Oper, das Schloß mit dem Turmrumpf, die Hofkirche, vor der Kirche das »Italienische Dörfchen«. Östlich davon sind das sächsische Landtagsgebäude, die Sekundo Genitur, die Kunstakademie und der Kunstverein mit der Glaskuppel zu erkennen.

Nach diesen Eindrücken verlassen wir den Hügel, kehren der Elbe den Rücken und begeben uns in die innere Neustadt. An der Köpckestraße angelangt, sehen wir linker Hand das von Rietschel und Semper (Sockel) geschaffene Denkmal des ersten sächsischen Königs Friedrich August I.

Schon beim Hinabsteigen konnten wir das *Japanische Palais (2)* betrachten, das nun mit seiner Straßenfront vor uns steht. Das ursprünglich als Holländisches Palais bezeichnete Haus erhielt seinen Namen 1732 und war Domizil mehrerer königlicher Sammlungen wie der Porzellane, des Münzkabinettes, der Antiken und der königlichen Bibliothek. Der von Fäsch 1715 errichtete Bau wurde durch Pöppelmann, Longuelune und de Bodt mehrmals erweitert. 1945 durch Bomben völlig zerstört, befindet sich das Haus noch immer im Wiederaufbau. Das Palais beherbergt heute das Landesmuseum für Vorgeschichte und das Staatliche Museum für Völkerkunde.

Wir gehen über den Platz mit dem großen Springbrunnen in die Friedrich-Engels-Straße. Hier finden wir barocke Dresdener Wohnhäuser, von denen der Zweite Weltkrieg nur wenig übrigließ.

Wenn wir mit dem Spaziergang fortfahren, kommt bald auf der rechten Straßenseite der rußgeschwärzte Turm der *Dreikönigskirche (3)* zum Vorschein. Wir stehen vor dem bereits dritten Kirchbau an dieser Stelle, der unter der Leitung von Pöppelmann und Bähr 1732-39 errichtet wurde. Der Turm kam erst im 19. Jahrhundert hinzu. Das Gotteshaus wurde ebenfalls schwer zerstört und als Gemeindezentrum wieder den Gläubigen zugänglich gemacht, wobei die Außenfassade in der ursprünglichen Gestalt belassen wurde.

Unser Weg führt jetzt vor der Kirche rechts vorbei auf die Straße der Befreiung, die frühere Hauptstraße. Seit 1979 als Fußgängerzone eingerichtet, bietet der Boulevard den typischen Kontrast von alten und neuen Bauten. Auf der rechten Seite begegnen wir noch barocken Wohngebäuden, wenn wir in Richtung Elbbrücke und Altstadt gehen. Nach wenigen Schritten stehen wir vor dem Haus Nummer 13, das den Spruch trägt: »An Gottes Segen ist alles gelegen.« Es ist das *Kügelgenhaus (4)*. Um 1750 gebaut, diente es als Wohnung des Malers

Wilhelm von Kügelgen und ist heute Domizil des Dresdener Museums zur Frühromantik.

Je mehr wir uns der Elbe nähern, desto deutlicher erkennt man den *Goldenen Reiter (5)*, das Reiterstandbild August des Starken. Symbolisch ist der Kurfürst von Sachsen und König von Polen auf dem Weg zu seiner zweiten Residenz Warschau. Während das Modell von Vinache, die Kupfertreibarbeit von Wiedemann und der Sockelentwurf von Longuelune aus dem 18. Jahrhundert stammen, wurde der Sockelschmuck von Lipsius 1884 hinzugefügt.

Gegenüber dem Goldenen Reiter ist das *Blockhaus (6)* zu sehen, das seinen Namen seit 1777 führt. Ursprünglich stand hier ein Zollhaus, das wegen des Brückenumbaus abgebrochen wurde. Durch Longuelune 1732ff. erbaut, erfuhr das Haus eine Aufstockung durch Weisbach. Das Gebäude brannte 1945 völlig aus. Während des Aufbaus erhielt das Gebäude seinen äußeren Zustand zurück und dient heute als Gaststätte.

Durch eine Unterführung gelangen wir auf die *Augustusbrücke (7)*. Schon im 13. Jahrhundert ist hier die erste steinerne Elbbrücke nachweisbar. Pöppelmann und Fehre erweiterten 1727-31 die Verbindung zwischen den beiden Teilen der Stadt. Zu Beginn unseres Jahrhunderts wurde die Brücke durch einen Neubau von Kreis und Klette ersetzt und trägt seit dieser Zeit den Namen Friedrich-August-Brücke, im Sprachgebrauch aber ist es bei der Augustusbrücke geblieben. Wenn wir den gewölbten Bau überschreiten, können wir uns von den Ausblikken verzaubern lassen. Während noch das Ensemble auf der Brühlschen Terrasse die Blicke auf sich lenkt, führt der Weg über die Brücke direkt zum Georgentor des Dresdener Schlosses, dem sich die Hofkirche anschließt.

Da wir später noch einmal auf den Schloßplatz zurückkehren, verweilen wir hier nicht lange, sondern laufen von der Brücke aus nach rechts zum *Italienischen Dörfchen (8)*. Die

Gaststätte, 1911 von Erlwein erbaut, verdankt ihren Namen den italienischen Künstlern und Bauarbeitern an der Hofkirche, die an jener Stelle ihre Unterkünfte hatten. Die Gaststätte hinter uns lassend, bietet sich uns ein Blick auf einen der schönsten Plätze Dresdens, den Theaterplatz. Hofkirche, Schloß, Schinkelwache, Gemäldegalerie und Semper-Oper begrenzen das Terrain und vollenden die Festlichkeit des Eindruckes.

In der Mitte des Platzes befindet sich das *Reiterstandbild von König Johann (9)*. Schilling schuf 1889 das Denkmal des Königs, der unter dem Pseudonym Philalethes (= Wahrheitsfreund) als Dante-Übersetzer im 19. Jahrhundert bekannt wurde.

Semper, der wesentlich zur Gestaltung des Platzes beitrug, ist der Erbauer der nach ihm benannten *Semper-Oper (10)*. Die Oper stellt bereits den zweiten Bau des Meisters dar. 1841 hatte Semper das Hoftheater erstehen lassen, das 1869 abbrannte. Zusammen mit seinem Sohn wurde der heutige Bau 1870-78 errichtet, der die königliche Residenzstadt als Rahmen für ihre Musiktradition berühmt machte. Hier dirigierten und komponierten Carl Maria von Weber und Richard Wagner. Richard Strauss ließ an der Oper mehrere seiner Werke uraufführen. Das Jahr 1945 setzte der Arbeit in diesem Haus vorerst ein Ende. Der schwer getroffene Bau konnte 1985 wieder eingeweiht werden, nachdem er mit großer Detailtreue rekonstruiert wurde.

Weiter über den Theaterplatz gehend, erreichen wir das langgestreckte Gebäude der *Sempergalerie (11)*. Für die Gemäldegalerie der königlichen Sammlungen entstand das Gebäude 1847-54. In eindrucksvoller Weise rundet die Galerie den Komplex des *Zwingers* ab. Das wohl berühmteste Wahrzeichen Dresdens erblicken wir, wenn wir durch den geschmückten Triumphbogen der Gemäldegalerie hindurchgehen und in den Zwingerhof gelangen. Das einmalige Ensemble ist das Werk des

Architekten Pöppelmann und des Bildhauers Permoser (1710-32). Der Name Zwinger erinnert daran, daß der Bau auf alten Festungsanlagen entstand, denn der Begriff wurde für den Bereich zwischen der inneren und äußeren Wehrmauer verwendet. Die spielerische Eleganz des Bauwerkes schlägt sich in vielen Details nieder, so auch in den einzelnen Pavillons. Hinter dem Französischen Pavillon (rechts) befindet sich das Nymphenbad, dem sich der Wallpavillon anschließt. Ihm folgen der Mathematisch-Physikalische Salon und das Museum für Tierkunde in der Langgalerie.

Damit sind wir vor dem bekanntesten Part des Zwingers angelangt, dem *Kronentor (12)*. Auf der kupfernen Turmzwiebel tragen vier polnische Adler die Königskrone, die auf die Regierungszeit August des Starken und seines Sohnes hinweist, die als Kurfürsten von Sachsen zugleich auch die Potentaten Polens waren. Hinter dem Kronentor wird das Dach des Staatstheaters sichtbar, das 1912-13 durch Lossow und Viehweger erbaut wurde.

Wir wenden uns vom Kronentor nach links und gehen auf den *Glockenspielpavillon (13)* zu, dessen Uhr zu jeder vollen Stunde von einer Melodie begleitet wird, die auf Glocken aus Meißener Porzellan erzeugt werden.

Durch den Torbogen unterhalb des Glockenspiels verlassen wir den Zwinger, überqueren die Straße und stehen vor dem sogenannten *Cholerabrunnen (14)*. Der neugotische Brunnen wurde gestiftet, weil eine Choleraepidemie die Stadt verschonte. Erbauer waren 1843 Semper und Seelig. Der Brunnen stand einst vor der gotischen Sophienkirche, die seit 1737 als evangelische Hofkirche fungierte. 1945 ausgebrannt, wurde die Kirche 1962-63 abgebrochen, um an dieser Stelle eine stillose gastronomische Einrichtung zu bauen, die im Volksmund »Freßwürfel« genannt wird.

Vom Cholerabrunnen aus nähern wir uns in linker Richtung

wieder dem Theaterplatz. Auf dem Weg dorthin befindet sich auf der rechten Seite die Ruine des *Taschenbergpalais (15)*. Der schon oft genannte Baumeister Pöppelmann begann 1707 mit der Errichtung des Gebäudes, das von Schwarze und Exner 1756-63 vollendet wurde. Bevor wir uns dem Schloß nähern, ist auf die Altstädter Wache hinzuweisen, die sich auf der gegenüberliegenden Straßenseite befindet. Ihre Erbauer waren Schinkel und Thürmer (1830-32).

Das ehemalige *Residenzschloß (16)*, im Wiederaufbau begriffen, steht dem Betrachter mit einer Neorenaissancefassade gegenüber, die in den Jahren 1889-1901 durch Dunger und Frölich realisiert wurde. Natürlich ist die gesamte Anlage viel älter. Der Schloßturm wurde bereits im 12. Jahrhundert und das Schloß 1287 erwähnt. Das Residenzschloß erfuhr Umbauten und Erweiterungen durch die Baumeister Arnold von Westfalen, von Klengel, Pöppelmann, von Fürstenhoff u. a. An der Ausstattung der Residenz arbeiteten zusammen mit unzähligen Fachleuten Dielich, Longuelune, Leplat. Ein Übergang vom Schloß zur Hofkirche verdeutlicht die konfessionelle Bindung des Herrscherhauses im protestantischen Sachsen. Um die polnische Krone zu erlangen, trat August der Starke zum Katholizismus über, dem die ihm folgenden Kurfürsten und Könige treu blieben.

Um den baulichen Umfang der Kirche zu erfassen, laufen wir am Rande des Theaterplatzes bis zum Hauptportal der *Hofkirche (17)*. Die heutige Kathedrale des Bistums Dresden-Meißen entstand 1738-56 unter der Leitung von Chiaveri. Bei einem späteren Besuch des Gotteshauses sollte man sich unbedingt das Altargemälde von A. R. Mengs, die Silbermannorgel und die Gruft der sächsischen Herrscherfamilie ansehen. Erwähnenswert ist auch eine Pietà aus Meißener Porzellan von Press, die an die Opfer der Bombenangriffe auf Dresden erinnert.

Wenn wir auf den Treppen vor dem Hauptportal der Hofkirche stehen, liegt vor uns der Schloßplatz. Auf der anderen Platzseite führen die Stufen der Freitreppe zur *Brühlschen Terrasse (18)*, die wir aber von einer anderen Stelle unseres Spazierganges betreten wollen. Thormeyer schuf die einladende Treppenanlage. Sie wird von vier Figurengruppen umsäumt, die die Tageszeiten darstellen – ein Werk von Schilling aus dem Jahre 1868.

Von der Freitreppe führt uns der Weg zum *Landtagsgebäude (19)*. Wallot errichtete auf dem Gelände des dafür abgebrochenen Brühlschen Palais 1901-07 den Gebäudekomplex. Bis heute durch Kriegsschäden gekennzeichnet, soll hier nach der vollständigen Rekonstruktion der sächsische Landtag einziehen.

Wir verlassen das Landtagsgebäude und gehen hinüber zur Augustusstraße. Dem Georgentor, einem Teil des Schlosses, schließt sich der *Fürstenzug (20)* an, der auf 25000 Meißener Porzellankacheln 35 wettinische Markgrafen, Kurfürsten und Könige abbildet. Wir laufen gewissermaßen rückwärts in die Vergangenheit, wenn wir den Fürstenzug entlanggehen. Der Schöpfer des Zuges, W. Walther, steht am Schluß desselben. Er hatte zunächst den Fürstenzug 1872-76 in Sgraffito realisiert, bevor er 1907 auf Porzellankacheln übertragen wurde. Wenige »Schritte« vor ihm ist Ludwig Richter mit den Kindern zu sehen, die man von seinen Bildern her kennt. Dann folgen die sächsischen Herrscher, denen wir zum Teil vorher bei einzelnen Denkmälern begegnet sind.

Der Fürstenzug endet bei einem Tor, das zum *Stallhof (21)* führt, wo wir für einige Minuten verweilen wollen. Der Stallhof, einst Platz für Turnierspiele und den Dresdener Striezelmarkt (Weihnachtsmarkt), wird von dem Langen Gang (der Rückfront des Fürstenzuges), dem Georgenbau, Resten des Kanzleihauses und der Pferdeschwämme begrenzt.

Von der Pferdetränke führt eine Auffahrt zum oberen Geschoß des *Marstalles (22)*. Um das Gebäude näher in Augenschein nehmen zu können, begeben wir uns durch das Tor auf den Platz vor das Verkehrsmuseum. Der Marstall (1586-88) wurde später mehrfach umgebaut und mit einer Englischen Treppe versehen, die von v. Fürstenhoff stammt (1729-31). Seit der Erweiterung durch Haenel 1872-76 wurde der Bau Johanneum genannt.

Um endlich auf den Balkon Europas zu gelangen, wie die Brühlsche Terrasse begeistert beschrieben wurde, gehen wir am *Hotel »Dresdener Hof« (23)* vorbei, biegen links in die Münzgasse ein und besteigen dort die Treppen zur Brühlschen Terrasse. Von hier aus bietet sich ein Blick über die Elbe auf das Panorama der Dresdener Neustadt, dem Ausgangspunkt unseres Spazierganges. Zwischen der Augustus- und der neuen Carola-Brücke steht das Gebäude des sächsischen Finanzministeriums, dessen Erbauer Wankel und Reichelt (1892-94) waren.

Rechter Hand von dem Treppenaufgang, den wir gerade bestiegen haben, befindet sich die *Hochschule für Bildende Künste (24)*, von Lipsius 1891-94 erbaut, der sich die Ruine des *Sächsischen Kunstvereins (25)* anschließt. Die Ruine wird mit einer inzwischen restaurierten Glaskuppel abgeschlossen, die von den Elbestädtern ihrer Form wegen Zitronenpresse genannt wird. Die von Henze geschaffene Göttin Nike bekrönt die Kuppel. Beim Betrachten der Kunstakademie sollte man sich vor Augen halten, daß hier berühmte Künstler gearbeitet haben: Robert Sterl, Oskar Kokoschka, Otto Dix, um nur einige stellvertretend für unser Jahrhundert zu nennen.

Einen kurzen Halt auf dem Weg vom Kunstverein zum Albertinum verdient das Denkmal Gottfried Sempers, von Schilling 1892 geschaffen. Semper, der das Antlitz der Stadt im 19. Jahrhundert entscheidend prägte, ist aus der Architekturgeschichte Dresdens nicht wegzudenken.

Nach wenigen Schritten haben wir das *Albertinum (26)* erreicht. Das ehemalige Zeughaus (1559-63) erlebte im 18. Jahrhundert eine Erweiterung und einen Umbau durch Canzler (1884-87) zum Albertinum. Die hier untergebrachten Sammlungen verdienen durchaus das Prädikat »weltberühmt«. Gemäldegalerie, Skulpturensammlung und die Ausstellung des Münzkabinetts beherbergt das Haus wie auch das Grüne Gewölbe, die Schatzkammer der sächsischen Herrscher. Die Farbbezeichnung stammt von der Ausmalung der Schloßgewölbe, in denen die Sammlung aufbewahrt wurde und nach Fertigstellung des Residenzschlosses auch wieder einziehen wird.

Beim Umlaufen des Albertinums erblicken wir auf dem Tzschirnerplatz die Ruine des *Kurländer Palais (27)*. 1774 kam das Palais, durch Knöffel 1723-28 erbaut, in den Besitz des Prinzen Carl, Herzogs von Kurland, dem das Palais seinen Namen verdankt. 1815 wurde hier die Chirurgisch-Medizinische Akademie gegründet, an der der Arzt und Maler Carl Gustav Carus angestellt war.

Wir gehen weiter an der Rückfront des Albertinums, überqueren den Georg-Treu-Platz und begeben uns zu den beiden Flügelbauten, den verbliebenen Resten des einstmals prächtigen *Coselpalais (28)*, links neben der Ruine der Frauenkirche. Knöffel erbaute in den Jahren 1744-45 das große Palais, an dessen Stelle heute ein unschöner Interimsbau steht, für den Grafen Cosel.

Die Route führt nun zur Ruine der *Frauenkirche (29)*, die unübersehbar das Terrain bestimmt. An dieser Stelle stand eine Kirche aus dem 11. Jahrhundert, die 1727 abgebrochen wurde. Bähr, der Ratszimmermeister, ist der Erbauer des Gotteshauses (1726-43), das mit seiner steinernen Kuppel bis 1945 zur Stadtsilhouette gehörte. Als Ruine ist sie bis in unsere Tage ein Mahnmal für die ungezählten Opfer der Bombenangriffe.

Von der Kirchruine begeben wir uns zum *Kulturpalast (30)*, einem typischen Bau der Zeit, der unter Hänsch und Löschau nach einer Idee von Wiel 1966-69 errichtet wurde.

Vom Kulturpalast aus geht der Blick über den *Altmarkt (31)*. Der älteste Dresdener Platz wurde erstmals im 14. Jahrhundert erwähnt und trägt seit 1550 diesen Namen. In den folgenden Jahrhunderten entwickelte sich diese Fläche zu einem der schönsten Plätze der Stadt. Sein traurigstes Kapitel erlebte der Altmarkt im Frühjahr 1945, als dort die Toten der Angriffe in großer Zahl verbrannt wurden. Nach dem Krieg brach man die Ruinen ab und baute einen Häuserkomplex, den spätere Generationen als Stalinbarock oder Zuckerbäckerstil charakterisierten.

Einzig erhalten geblieben ist auf der Südostseite des Altmarktes die *Kreuzkirche (32)*, der Endpunkt unseres Entdekkungsspazierganges. Auch hier befand sich im 12. Jahrhundert wahrscheinlich eine Nikolaikirche. Diesem Bau folgte 1447-49 eine dreischiffige Hallenkirche, die 1491 zerstört wurde. Im gleichen Jahrzehnt wieder aufgebaut, war sie seit 1539 Pfarrkirche der Stadt. Canaletto hat den Bau im Bild ebenso festgehalten wie das Ende des Gotteshauses durch den Siebenjährigen Krieg. Schon 1764-92 erfolgt die Errichtung eines neuen Baues auf den Grundmauern des vorigen, doch die Brandkatastrophen rissen nicht ab. 1897 brannte die Kirche wieder aus. Es sollte nicht die letzte Feuersbrunst sein. Innerhalb von drei Jahren (1897-1900) erstand das sakrale Gebäude durch Schilling und Gräbner aufs neue.

Auch 1945 wird die Kirche schwer getroffen. Wieder wird gleich nach Kriegsende (1946-55) der Bau durch den Architekten Steudtner erneuert und mit einer nüchternen Innenausstattung versehen. Seit Jahrhunderten hat der Kreuzchor hier seine Heimstatt. Von dieser Kirche aus formierten sich im Herbst 1989 die Montagsdemonstrationen, die zur friedlichen Revolution im Osten Deutschlands beitrugen. *Katrin Nitzschke*

Die Geschichte der Stadt

Die fruchtbare Dresdner Elbtallandschaft zog schon in ur- und frühgeschichtlicher Zeit Siedler an. Altsteinzeitliche Jäger, neolithische und bronzezeitliche Ackerbauern hinterließen hier ihre Spuren. Nach dem weitgehenden Abzug der Germanen im 6. Jahrhundert drangen slawische Stämme aus Böhmen ins mittlere Elbtal vor. In das Licht schriftlich überlieferter Geschichte geriet dieser Raum endgültig nach seiner Eroberung durch König Heinrich I. im Jahre 929. Mehr als 150 Jahre begnügten sich die Deutschen mit der militärischen Unterwerfung und Christianisierung der Sorben. Im Dresdner Gebiet, dem damaligen slawischen Gau Nisan, werden im 11. Jahrhundert Briesnitz und Pesterwitz als Stützpunkte der deutschen Herrschaftsorganisation erwähnt. Ungefähr zur gleichen Zeit dürfte als ein Mittelpunkt christlicher Mission die älteste Frauenkirche entstanden sein. Im Zuge des hochmittelalterlichen Landesausbaus und der Besiedlung des östlichen Deutschlands wanderten seit Beginn des 12. Jahrhunderts Bauern, Handwerker und Kaufleute aus dem Altreich in die Gebiete östlich von Elbe und Saale ein und begannen, die slawische Bevölkerung zahlenmäßig zu überflügeln und zu germanisieren. Als Zentren des aufblühenden Handels und Gewerbes entstanden in der Folgezeit zahlreiche Städte. Die Fürsten im Osten des Reiches nutzten sie zur Festigung ihrer Territorialherrschaften und förderten daher ihre Entstehung und Entwicklung. So war auch Dresden wie die meisten Städte in der Mark Meißen eine planmäßige Gründung des Landesherrn. Die näheren Umstände und der genaue Zeitpunkt der Stadtgründung sind jedoch nicht überliefert.

Erstmals erwähnt wird Dresden am 31. März 1206 als Ausstellungsort einer Urkunde Markgraf Dietrichs d. Bedrängten, die sich aber inhaltlich nicht auf die Stadt selbst bzw. eine ihrer Vorstufen bezieht. In einer weiteren Urkunde Dietrichs vom 21. Januar 1216 wird Dresden ausdrücklich als »civitas«, als Stadt also, bezeichnet. Fest steht, daß sich die Gründung Dresdens zu Beginn des 13. Jahrhunderts in einer besonders kritischen Phase des Ausbaus der wettinischen Landesherrschaft im Schutze einer schon vorher bestehenden markgräflichen Burg am Taschenberg an einer verkehrsgeographisch günstigen Stelle vollzog. Die von Meißen und von der aufstrebenden Silberbergbaustadt Freiberg nach Norden zur Hohen Landstraße (via regia) verlaufenden Handelswege kreuzten an dieser Stelle die Elbe. Möglicherweise bestand hier schon vor Gründung der eigentlichen Stadt eine Kaufmannsniederlassung mit der Nikolaikirche, der späteren Kreuzkirche. Die im Bereich der Frauenkirche gelegene benachbarte slawische Siedlung Dreždany (etwa: Ort der Auenwaldbewohner) war dabei namengebend für die deutsche Stadt. Die älteste Stadtanlage, die sich etwa zwischen der heutigen Ringstraße und dem Pirnaischen Platz im Osten, dem Dr.-Külz-Ring im Süden, der Wallstraße und der Sophienstraße im Westen sowie der Südseite des Neumarktes im Norden erstreckte, wurde bestimmt durch den zentral gelegenen großen rechteckigen Marktplatz, dem späteren Altmarkt, inmitten des fast gitterförmig angelegten Straßennetzes, der Stadtmauer mit ihren vier großen Toren und einigen herausragenden Sakral- und Profanbauten: der schon erwähnten Frauenkirche mit dem Maternihospital unmittelbar vor der Stadt, der Nikolai- bzw. Kreuzkirche, dem vor 1265 begründeten Franziskanerkloster an der Stelle der heutigen Zwingergaststätte, dem Rathaus an der Nordseite des Marktes und nicht zuletzt der Burg an der Stelle des späteren Schlosses als dem Ausgangs- und Angelpunkt der Stadt. Die steinerne Elbbrücke – möglicherweise wurde sie schon vor Gründung der Stadt angelegt – verband Dresden mit der im Mittelalter

1. Heinrich Cleef: Stadtansicht, 1550

selbständigen Siedlung Altendresden, die 1403 Stadtrecht erhielt.

Trotz der verkehrsgeographisch günstigen Lage verlief die Entwicklung Dresdens bis zum Ende des Mittelalters eher bescheiden. Darüber konnte auch die Tatsache nicht hinwegtäuschen, daß Markgraf Heinrich der Erlauchte (1221-88), dessen Hof ein glanzvoller Mittelpunkt der höfisch-ritterlichen Kultur jener Zeit war, nach 1274 bevorzugt in der Dresdner Burg residierte. Erst gegen Ende des 13. Jahrhunderts kam die Herausbildung der bürgerlichen Selbstverwaltungsorgane zum Abschluß. Markgräfliche Privilegien ergänzten nach und nach das Magdeburgische Stadtrecht. Sehr spät wird auch die Existenz von Handwerkerzünften bezeugt. Der Stadt gelang es nicht, Anschluß an das sie umgebende Fernhandelsnetz zu finden. Beweis dafür ist, daß Dresden bis gegen Ende des 15. Jahrhunderts nur einen Jahrmarkt besaß und auch erst 1455 das Niederlags- und Stapelprivileg erhielt. Die Angehörigen der ratsfähigen Geschlechter, zumeist Tuchhändler, lebten mehr von ihrem Landbesitz in der Umgebung der Stadt als von ihren kaufmännischen Unternehmungen. Auch unter der übrigen Stadtbevölkerung war der Anteil der »Ackerbürger«, die vor allem von landwirtschaftlicher Tätigkeit lebten, recht hoch.

Die für die deutschen Städte des 14. und 15. Jahrhunderts typischen Auseinandersetzungen zwischen alteingesessenen Ratsgeschlechtern und erstarkenden Zünften um die Stadtherrschaft nahmen in Dresden einen vergleichsweise harmlosen Verlauf. Die Ratsordnung von 1470/71 beteiligte dann die Handwerker am städtischen Regiment. Für Unruhe in der Stadt sorgten zu Beginn des 15. Jahrhunderts auch die Aktivitäten hussitischer Prediger. Von 1409 bis 1412 lehrten an der Kreuzschule die Magister Friedrich, Nikolaus und Peter von Dresden. Letzterer war Rektor der ehrwürdigen Lateinschule. Von den Hussitenkriegen selbst wurde die Stadt ebenfalls betroffen. 1429 zerstörte das Heer Prokops d. Großen die Vorstädte und das am anderen Elbufer gelegene Städtchen Altendresden.

An der Wende vom Mittelalter zur Neuzeit begann Dresden aus seinem bisherigen Schattendasein herauszutreten. Bedeutende landesgeschichtliche Ereignisse und Entscheidungen am Ende des 15. und in der ersten Hälfte des 16. Jahrhunderts gaben der Geschichte der Stadt eine neue Richtung. Nach der Leipziger Teilung des wettinischen Gesamtbesitzes im Jahre 1485 wählte Herzog Albrecht, der gemeinsam mit seinem Bruder Ernst bereits seit 1464 zumeist von Dresden aus regiert hatte, die Stadt zu seiner ständigen Residenz. Die Anwesenheit des Hofes prägte die Geschichte Dresdens von nun an für Jahrhunderte in maßgeblicher Weise mit. Zunächst jedoch schien der große Stadtbrand von 1491 die Stadt gänzlich in die Bedeutungslosigkeit stoßen zu wollen. Herzog Albrecht, der sich sonst wenig um seine Residenz kümmerte – allzu häufig war er im Auftrag des Kaisers im Reich unterwegs –, veranlaßte in diesem Fall jedoch durchgreifende Maßnahmen, die einen schnellen Wiederaufbau ermöglichten. Unter seinem Nachfolger Georg d. Bärtigen begann die reichlich einhundert Jahre währende erste Blütezeit in der Geschichte Dresdens. Häufig zitiert werden in diesem Zusammenhang Hieronymus Emser, der, als er 1505 als Kaplan an den Hof des Herzogs kam, enttäuscht von dem »kümmerlichen Städtchen« sprach, und sein Nachfolger Johannes Cochläus, der 25 Jahre später erstaunt feststellte, daß in der »feinen Stadt Dresden« Häuser gebaut würden, die anderswo als Schlösser gelten. Dabei war zu dieser Zeit der Georgenbau, das erste große Renaissancegebäude der Stadt, noch nicht einmal fertiggestellt. Im Mittelpunkt der Regierungszeit Georgs d. Bärtigen standen aber ebenso die mit der Reformation verbundenen Unruhen und Wirrnisse. Neben Emser gehörte der Herzog selbst zu den Protagonisten der Reformationszeit. Georg d. Bärtige war einer der entschiedensten und zugleich geistig bedeutendsten Gegner Luthers, obgleich auch er die Mißstände in der römischen Kirche erkannte. Auch in seinem Land hatte das Ablaßwesen überhandgenommen. 1508 und 1509 war der berüchtigte Tetzel in Dresden aufgetaucht. Die Sittenlosigkeit des Klerus hatte in der Residenz skandalöse Ausmaße angenommen. Emser wurde mit seinen Streitschriften zur rechten Hand Georgs im Kampf gegen den Reformator. In dieser Zeit nahm das über lange Zeit nicht unbedeutende Dresdner Buchdruckergewerbe und Verlagswesen seinen Anfang. 1526 übersiedelte der bekannte Leipziger Drucker Wolfgang Stöckel in die herzogliche Residenz. Luther selbst war übrigens vor Beginn der großen Auseinandersetzungen zweimal in der Stadt gewesen. 1516 besuchte er als Distriktsvikar des Augustinerordens das Altendresdner Kloster. 1518 hielt er auf Einladung des damals noch mit ihm befreundeten Emser in der Schloßkapelle eine Predigt.

Inzwischen hatte der Geist der Reformation längst die Residenzstadt erreicht. 1521, nach dem Bekanntwerden der Bannbulle Papst Leos X. gegen Luther, schlug eine erregte Menge Emser die Fenster seines Hauses ein. Dem nicht weniger verhaßten Stadtpfarrer Eissenberg drohte man Gleiches an. Die Mönche des Augustinerklosters konnten nur mit Mühe am Davonlaufen gehindert werden. Andererseits jagten die Behörden Buchhändler, die reformatorische Schriften verbreiten wollten, aus der Stadt. Nach dem Tod Georgs d. Bärtigen 1539 folge ihm dessen Bruder Heinrich d. Fromme, der schon längst lutherisch geworden war, in der Regierung nach. Mit einem feierlichen Gottesdienst in der Kreuzkirche am 6. Juni des gleichen Jahres wurde in Anwesenheit des Kurfürsten Johann Friedrich, des evangelischen Vetters aus Wittenberg, die Reformation im albertinischen Sachsen offiziell eingeführt. Die beiden Klöster in Dresden und Altendresden wurden aufgehoben.

Unter Herzog Moritz (1541-53), dem vielleicht bedeutendsten Wettiner überhaupt, erhielt die weitere Entwicklung Dresdens neue, entscheidende Impulse. 1547 konnte er als Ergebnis des Schmalkaldischen Krieges dem Ernestiner Johann Friedrich, der noch im gleichen Jahr mit seinem Heer Dresden bedroht hatte, die Kurwürde und große Territorien entreißen. Dresden wurde damit zur Hauptstadt des führenden protestantischen und nächst dem Länderkomplex der Habsburger auch bedeutendsten Territorium im Reich. Schon seit 1546 wurde die mittelalterliche Stadtmauer durch ein modernes Befestigungssystem nach niederländisch-italienischem Vorbild ersetzt. Der zuletzt erbaute, 1591 abgeschlossene Teil ist noch heute als Brühlsche Terrasse erhalten. Kurfürst Moritz erweiterte auch das Weichbild der Stadt. Die schon unter Herzog Georg begonnene Einbeziehung der Siedlung um die Frauenkirche in die unmittelbare Stadt wurde vollendet. Aus dem

Besitz des ehemaligen Klosters Altzelle erhielt Dresden umfangreichen Grundbesitz. Am bedeutsamsten war jedoch die 1550 zwangsweise vollzogene Angliederung Altendresdens an Dresden. Der neue Ortsteil wurde zur Keimzelle der heutigen Neustadt. Bis zum Beginn des 17. Jahrhunderts entstanden neben vielen Bürgerhäusern große Renaissancebauwerke, die, wenn auch z. T. in völlig veränderter Gestalt, noch heute das Bild des Stadtzentrums mitbestimmen. Moritz selbst veranlaßte noch Erweiterungsbauten am Schloß. Sein Bruder, Kurfürst August, der sich in ganz besonderer Weise um den wirtschaftlichen und kulturellen Aufstieg Kursachsens verdient gemacht hatte, ließ von 1558 bis 1563 das Zeughaus – heute befindet sich an dieser Stelle das Albertinum – als eines der größten seiner Art in Europa errichten. Er begann auch mit dem Bau des Jägerhofes in Altendresden. Unter Kurfürst Christian I. ist nach 1586 der Stallhof mit dem Langen Gang gebaut worden – im 16./17. Jahrhundert Schauplatz prachtvoller Turniere, heute Sitz des Verkehrsmuseums. Im 16. Jahrhundert sind auch viele Einrichtungen, die später den Ruhm Dresdens als Kunst- und Kulturstadt ausmachten, keimhaft angelegt worden. 1548 hatte Kurfürst Moritz die »Hofcantorey«, den Vorläufer der Dresdner Staatskapelle, ins Leben gerufen. Kurfürst August begründete 1560 mit seiner Kunstkammer die weltberühmten Dresdner Sammlungen. Der wirtschaftliche Aufschwung entsprach dieser Entwicklung. Nicht mehr die Tuchmacher, sondern für die Bedürfnisse des Hofes produzierende Berufsgruppen standen im Vordergrund der städtischen Wirtschaft und gelangten zu einem bislang unbekannten Wohlstand. Dresden überflügelte jetzt Städte wie Freiberg und Pirna. Die Einwohnerzahl der Residenz hatte sich zwischen 1500 und 1600 auf etwa 15000 verdreifacht. Es verwundert nicht, daß Dresden nun für Chronisten und die Verfasser der im 16. und 17. Jahrhundert weitverbreiteten Landes- und

2. Plastik von F. Offermann von der 1945 zerstörten Carolabrücke, 1991

Weltbeschreibungen interessant wurde. Die Entwicklung des politischen Gemeinwesens der Bürger hielt damit freilich nicht Schritt. Der sich herausbildende frühneuzeitliche Staat schränkte mehr und mehr alte städtische Rechte ein. Die Allgegenwart des Landesherrn kam durch die zunehmende Konzentration zentraler Behörden des Staates in der Stadt zum Ausdruck. Auch landespolitische Ereignisse, wie die Konflikte um die Bestrebungen calvinistischer Kräfte um den Kanzler Christians I. Nikolaus Crell, berührten die Stadt mehr und mehr.

Der Dreißigjährige Krieg beendete diese erste große Zeit in der Geschichte der Stadt. Kurfürst Johann Georg I. beteiligte sich seit 1620 an den Auseinandersetzungen, wobei er zweimal die Fronten wechselte. Die als uneinnehmbar geltende Festung Dresden wurde durch Kriegshandlungen selbst kaum berührt – sieht man von dem Versuch einiger hundert kroatischer Reiter im Jahre 1631 ab, den unbefestigten Altendresdner Stadtteil im Handstreich zu erobern, und dem ebenfalls erfolglosen Angriff der gefürchteten Soldaten des Generals Holk auf die Vorstädte ein Jahr darauf. Um so mehr litt die wenige Jahre zuvor noch blühende Metropole unter allen anderen Begleiterscheinungen und Übeln des Krieges, sprich Einquartierungen, Inflation, Hunger und Seuchen, besonders der Pest. Handwerk und Handel verfielen. Um so erstaunlicher ist der relativ rasche Aufschwung in den Jahrzehnten nach diesem furchtbaren Krieg gewesen. Der prachtliebende Kurfürst Johann Georg II. setzte alles daran, den alten Ruf der kursächsischen Hauptstadt wiederherzustellen. Die Bürger erhielten Steuervergünstigungen, um der Wirtschaft wieder auf die Beine zu helfen. 1670 erfolgte die Gründung des Ortes Neustadt-Ostra, der späteren Friedrichstadt, westlich der Stadt. Ursprünglich als Gewerbesiedlung gedacht, wurde das Gelände später aber von Angehörigen der Hofgesellschaft und anderen Adligen zur Anlage von Landhäusern und Gärten genutzt. Überhaupt wuchs die Stadt seit dieser Zeit über die Befestigungsanlagen hinaus. Zwischen den immer durch kriegerische Ereignisse gefährdeten ärmlichen Vorstädten entstanden weitere Gartenanlagen. Weit außerhalb der damaligen Stadt wurde der Große Garten mit dem prachtvollen Palais – der erste Barockbau der Gegend – angelegt. Schwere Rückschläge für das weitere Gedeihen Dresdens stellten die auch über die Stadt seit 1680 hereinbrechende letzte große Pestepidemie in Sachsen und der Brand Altendresdens im Jahre 1685, bei dem dieser Stadtteil fast völlig vernichtet wurde, dar. Als »Neustadt bey Dresden« entstand dieser Teil der Residenz bis zur Mitte des 18. Jahrhunderts im Sinne städtebaulicher Vorstellungen des absolutistischen Zeitalters in neuem Glanz – nach Plänen Wolf Caspar v. Klengels und Augusts des Starken.

Der Regierungsantritt dieses Wettiners im Jahre 1694 leitete die glanzvollste, die klassische Periode in der Geschichte Dresdens ein. Weit mehr noch als im 16. und 17. Jahrhundert gingen in der bis zum Siebenjährigen Krieg andauernden »Augusteischen Zeit« alle wesentlichen Impulse für das kulturelle und wirtschaftliche Leben der Stadt von einer aufwendig lebenden höfischen Gesellschaft aus. Allein schon durch die Personalunion Sachsens mit Polen, dessen Königskrone Friedrich August I. 1697 als August II. erwerben konnte, rückte Dresden in die Reihe der Residenzstädte von europäischem Rang auf. Der Kunstsinn und das wie bei nur wenigen Herrscherpersönlichkeiten seiner Zeit ausgeprägte Repräsentationsbedürfnis Augusts d. Starken sorgten dafür, daß die Stadt auch allmählich in ihrer äußeren Gestalt diesem Anspruch gerecht wurde. Planvoll gelenkt durch strenge Bauordnungen des Landesherrn, wandelte sich das Stadtbild bis zur Mitte des 18. Jahrhunderts von der Renaissance zum Barock. In diesen Jahrzehnten entstanden die großen Bauwerke, die bis heute zum unverwechselbaren Stadtbild gehören, wie der Zwinger (1711-22), das Blockhaus (1732 ff.), das Japanische Palais (1715/32) und die katholische Hofkirche (1738-54). Von den zahlreichen Adelspalästen sind allerdings heute nur noch einige Reste oder Ruinen zu sehen. Die höfische Kultur dieser Zeit brachte höchste Leistungen in fast allen künstlerischen Bereichen hervor. Landesherr und Adel traten nicht nur als Bauherren, sondern auch als Auftraggeber oder Mäzene für Maler, Musiker und Kunsthandwerker auf. Der Sohn und Nachfolger Augusts d. Starken, Friedrich August II. (als polnischer König August III.), förderte besonders die Musikkultur – man denke an das Wirken des Hofkapellmeisters Johann Adolph Hasse – und den weiteren Ausbau der Kunstsammlungen. Bestandteil des höfisch bestimmten kulturellen Geschehens waren ebenso die zahlreichen, oft tagelang andauernden Festlichkeiten, etwa aus Anlaß des Besuches des dänischen Königs im Jahre 1709 oder der Hochzeit Friedrich Augusts II. – damals noch Kurprinz – mit der Kaisertochter Maria Josepha im Jahre 1719. In diesen Hoffesten manifestierte sich die Selbstdarstellung barocken Herrschertums wie sonst bei nur wenigen deutschen Fürsten des 17. und 18. Jahrhunderts. Die wirtschaftliche Prosperität, deren sich die Residenzstadt in diesen Jahrzehnten erfreuen konnte, verdankte sie weitgehend der Befriedigung der vielfältigen Bedürfnisse einer anspruchsvollen adeligen Gesellschaftsschicht. Ausdruck dieser Entwicklung war das Anwachsen der Bevölkerung Dresdens von ca. 21 000 im Jahre 1700 auf etwa 63 000 im Jahre 1755.

Wenn auch die Welt des Bürgertums ganz im Schatten der Hofgesellschaft stand, so heißt das nicht, daß sie der Beachtung nicht wert gewesen wäre, selbst wenn zeitgenössische Schilderungen eines Johann Michael v. Loen oder Karl Ludwig v. Poellnitz dies glauben machen wollen. Namen wie Christian Schöttgen, Kreuzschuldirektor und bedeutender Historiker, und George Bähr, der mit seiner Frauenkirche (1727-34) einen Gegenpol des protestantischen Stadtbürgertums zum katholischen Hof schuf, stehen für die bürgerliche Kultur Dresdens.

Das Augusteische Dresden ging im Kanonendonner des Siebenjährigen Krieges unter. Kursachsen war von Anfang an einer der Hauptkriegsschauplätze. Bereits zehn Tage nach seinem Einfall in Sachsen Ende August 1756 hatte Friedrich II. von Preußen die Residenzstadt mit seinen Truppen besetzt. Kurfürst Friedrich August II. und sein Premierminister Brühl flohen auf den Königstein und nach der schmählichen Kapitulation der Armee von dort nach Warschau. Kontributionsforderungen der Preußen in schwindelerregender Höhe, Einquartierungen, Zwangsrekrutierungen gehörten in den folgenden Jahren zum Alltag der Bürger. Die städtische Wirtschaft verfiel, der glanzvolle Kulturbetrieb gehörte bald der Vergangenheit an. Im Gegensatz zum Dreißigjährigen Krieg wurde Dresden dieses Mal hart von den Kriegsereignissen mitgenommen. Als im Herbst 1758 die Österreicher unter Daun die Stadt belagerten, zündete der preußische Kommandant Graf Schmettau die Pirnaische Vorstadt an. Im Sommer 1759, als die Österreicher mit gewaltiger Übermacht erneut die sächsische Hauptstadt angriffen, verfuhr Schmettau auf die gleiche Weise mit der Wilsdruffer Vorstadt. Das bewahrte ihn allerdings diesmal nicht vor der Kapitulation. Nun waren die kaiserlichen Truppen Herren der Stadt. Um sie zurückzuerobern, erschien der Preußenkönig höchstpersönlich mit seiner Armee im Sommer 1760 vor ihren Toren. Am 19. Juli erreichte das preußische Bombardement seinen Höhepunkt. Dresden erlitt in jenen Tagen die schwersten Zerstörungen durch Kriegseinwirkungen vor 1945. Die Kreuzkirche und weite Teile der Altstadt standen in Flammen. Dennoch gelang den Preußen die Eroberung der Stadt nicht. Bis zum Hubertusburger Frieden Anfang 1763 wurde Dresden vom Krieg direkt nicht mehr berührt.

An dem wirtschaftlichen Wiederaufstieg des Landes in den Jahrzehnten nach 1763 hatte Dresden anfangs kaum Anteil. Das sogenannte Retablissement von 1762/63, das unter Beteiligung bürgerlicher Kräfte in Staat und Wirtschaft eingeleitete Reformwerk, machte sich zwar in der Residenzstadt durch Gründung einiger Manufakturen bemerkbar, aber das übrige Wirtschaftsleben stagnierte. Jahre sollte es dauern, bis die letzten Kriegsschäden beseitigt waren. Von den Schuldenlasten, die der Krieg verursacht hatte, konnten sich viele Familien erst nach Jahrzehnten befreien. Erst sechzig Jahre nach Kriegsende hatte Dresden die Einwohnerzahl von 1755 wieder er-

3. Schloßplatz mit Georgentor und Schloßturm, 1936

reicht. Das wirtschaftlich schwache und politisch unselbständige Bürgertum der Stadt vermochte es vorerst nicht, den Platz, den Adel und Hof in der Augusteischen Zeit im gesellschaftlichen und kulturellen Leben eingenommen hatten, auszufüllen. Von der einst fast weltstädtischen Atmosphäre in Dresden war nichts mehr übriggeblieben. Ein Klima des geistigen Provinzialismus war nicht zu übersehen. Erst gegen Ende des 18. Jahrhunderts waren im geistig-kulturellen Bereich bürgerliche Emanzipationserscheinungen zu erkennen.

Der Salon des Appellationsgerichtsrates Christian Gottfried Körner wurde zu einem bedeutenden gesellschaftlichen Mittelpunkt der Stadt. Die Reaktionen breiter Kreise der Bevölkerung auf die Ereignisse der Französischen Revolution zeigten, daß Dresden nicht so abseits vom Weltgeschehen stand. Die Klagen der Zensurbehörden über die illegale Verbreitung »staatsgefährdenden« Schrifttums sprachen eine eindeutige Sprache. Während des sächsischen Bauernaufstandes von 1790 wurden auch die Dresdner von Unruhe ergriffen, einer Unruhe, die den Behörden zeitweise bedrohlich erschien. Von 1792 bis 1794 lebte und wirkte Georg Friedrich Rebmann, der bedeutendste deutsche jakobinische Publizist, in der Stadt. Seit 1791 lebte der Staatsrechtler Carl Heinrich v. Römer in der Residenz. Er war einer der herausragenden Akteure im sogenannten »Broschürenstreit«, den im Zusammenhang mit dem Landtag von 1793 geführten publizistischen Auseinandersetzungen um die Privilegien des Adels. Der große Gesellenstreik 1794 in Dresden ist ebenfalls vor dem Hintergrund der Ereignisse in Frankreich zu sehen. Auch das bürgerliche Kulturleben jener Zeit hat einige Glanzpunkte zu verzeichnen. Mehrfach hielt sich Heinrich v. Kleist in der Elbestadt auf und arbeitete hier an einigen seiner Werke. Die Frühromantiker um Novalis wurden durch das Erlebnis der Dresdner Gemäldesammlung zur Formulierung ihrer künstlerischen Theorien inspiriert.

Hatte das ausgehende 18. Jahrhundert das heraufziehende bürgerliche Zeitalter in Sachsen nur angedeutet, so kündigten es die Erschütterungen der Napoleonischen Zeit unmißverständlich an. Zuerst mit Staunen, später mit wachsendem Unwillen verfolgten die Einwohner der Hauptstadt des wohl treuesten Vasallenstaates des Korsen – ihm hatte schließlich Kurfürst Friedrich August III. seine neue sächsische Königswürde zu verdanken – die fürstlichen Zusammenkünfte und nicht enden wollenden Truppendurchmärsche. Im Mai 1812, kurz vor seinem Rußlandfeldzug, präsentierte sich Napoleon hier noch einmal als der unumschränkte Herrscher Europas. Ein Jahr später, nach der vernichtenden Niederlage der Franzosen in Rußland, fand im Palais Marcolini, dem heutigen Friedrichstädter Krankenhaus, das denkwürdige Gespräch des Kaisers mit Metternich statt, das den endgültigen Niedergang der französischen Herrschaft über Europa einleitete. Im Frühjahr bereits hatten die Verbündeten vorübergehend die Neustadt besetzt, worauf die Franzosen einige Pfeiler der Elbbrücke sprengten. Die blutige Schlacht um Dresden am 25./26. August 1813, an der auf beiden Seiten insgesamt ca. 300000 Soldaten teilnahmen und die 20000 Tote kostete, war dann der letzte große Sieg Napoleons auf deutschem Boden, den er aber strategisch schon nicht mehr verwerten konnte.

Die politische Ruhe in den Jahren der Restaurationszeit war trügerisch. Große Umwälzungen bereiteten sich vor. Die industrielle Revolution begann, wenn auch vorerst fast unmerklich, Dresden zu verändern. Zwischen 1809 und 1830 wurde die militärisch längst bedeutungslos gewordene und einengende Stadtbefestigung bis auf Reste abgetragen. Erste kleinere Industriebetriebe entstanden. 1839 wurde die Eisenbahnlinie Dresden–Leipzig, die erste größere in Deutschland, in Betrieb genommen. Die Stadt begann sich räumlich auszudehnen. Neben und zwischen den alten Vorstädten wuchsen reizvolle Villenviertel, im Norden Dresdens aber um die Jahrhundertmitte auch schon die ersten Mietskasernenviertel. 1835 wurden die bis dahin selbständigen Siedlungen Friedrichstadt und Antonstadt der Stadt einverleibt. Das geistige Klima in Dresden begünstigte herausragende Leistungen in Wissenschaft und Kunst. Namen wie Carl Gustav Carus, Caspar David Friedrich, Carl Maria v. Weber, Richard Wagner, Gottfried Semper und Ludwig Tieck sprechen für sich. 1828 wurde die Polytechnische Bildungsanstalt, die Vorläuferin der heutigen Technischen Universität, gegründet. Nach 1830 war Dresden aber auch Schauplatz schwerer politischer Auseinandersetzungen, die weit über die Stadt hinaus von Bedeutung waren. Ja, ihre

Ursachen lagen weniger in der Stadt selbst als in der Tatsache, daß sich in Dresden der Hof und die zentralen Landesbehörden befanden. Hier entluden sich deshalb die im ganzen Land herangereiften Konflikte. Im September 1830 griffen die von der französischen Julirevolution ausgehenden Unruhen auf Deutschland und damit auch auf Sachsen über. Handwerksgesellen stürmten in Dresden das Rathaus und das Polizeihaus. Die Obrigkeit sah sich zum Nachgeben genötigt. 1831 erhielt das Königreich Sachsen eine Verfassung. Der feudale Ständestaat war weitgehend abgeschafft. Die Städteordnung von 1832 hob die noch aus dem Mittelalter herrührenden Ratsverfassungen auf. In Dresden wurde 1837 die erste Stadtverordnetenversammlung gewählt. Zu einer wirklichen Veränderung der politischen Machtverhältnisse hatten die Reformen von 1830/32 jedoch nicht geführt. Die geistig-politische Atmosphäre in der Residenz besonders in den vierziger Jahren des 19. Jahrhunderts entsprach ganz dieser Situation. Oppositionelle Politiker und Publizisten und ein Teil der seit 1830 in Dresden lebenden polnischen Emigranten entfalteten eine rege Betriebsamkeit. Treffpunkt der aufrührerischen Geister war vor allem das Haus des Dichters Julius Mosen in der Frauengasse. Arnold Ruge, Theodor Echtermeyer und der russische Anarchist Michail Bakunin gingen dort ein und aus.

Im Frühjahr 1848 griff die Revolution auch auf Sachsen über. Der König sah sich gezwungen, eine liberale Regierung unter dem Advokaten Braun einzusetzen. Die Auflösung des Landtages und die Ablehnung der Reichsverfassung im April 1849, Schritte, zu denen sich Friedrich August II. nach der Niederlage der Revolution in Preußen und Österreich ermutigt glaubte, spitzten die politische Situation besonders in der Hauptstadt dramatisch zu. Als dann die Intervention preußischer Truppen unmittelbar bevorzustehen schien, brach am 3. Mai spontan ein Volksaufstand in der Stadt aus. Um die

Mittagsstunde versammelten sich aufgebrachte Menschenmassen auf der Schloßgasse, auf dem Neumarkt und vor dem Zeughaus. Ein Zimmergeselle läutete die Sturmglocken der Frauenkirche. Ein Angriff der Aufständischen auf das Zeughaus, um an die dort lagernden Waffen zu gelangen, wurde blutig zurückgeschlagen. Dennoch wurden bis zum Morgen des 4. Mai im Stadtzentrum an die einhundert Barrikaden errichtet. Erst danach bildete sich unter Führung der Landtagsabgeordneten Samuel Erdmann Tzschirner, Otto Heubner und Karl Gotthelf Todt eine provisorische Regierung, die sich an die Spitze des Aufstandes stellte. Unter der militärischen Führung Bakunins lieferten die zwei- bis dreitausend Aufständischen den weit überlegenen sächsischen und preußischen Truppen bis zum 9. Mai erbitterte Straßenschlachten. In der letzten Phase der Revolution in Deutschland wurde Dresden so für wenige Tage zum Brennpunkt des Geschehens.

Die Geschichte Dresdens in den ersten Jahrzehnten nach der gescheiterten Revolution ist vor allem eine Geschichte der Industrialisierung, der weiteren flächenmäßigen Ausdehnung der Stadt, des rapiden Anwachsens ihrer Bevölkerung (1850 bereits 100 000 Einwohner) und – aufgrund der damit verbundenen sozialen Umschichtungen und Veränderungen – des Hervortretens sozialer Spannungen und Konflikte gewesen. Dresden entwickelte sich unaufhaltsam zur Großstadt, deren weitere Entwicklung nun nicht mehr von ihrer Funktion als Residenzstadt bestimmt wurde. Im Bereich der Wirtschaft bildeten sich jetzt endgültig die bis in unser Jahrhundert hinein typischen Dresdner Industriezweige heraus: die Nahrungs- und Genußmittelbranche, die Zigarettenherstellung, die chemisch-pharmazeutische, die feinmechanisch-optische und zuletzt die Elektro- und Verpackungsmaschinenindustrie. Bis 1875 wurde Dresden auch in das entstehende deutsche Eisenbahnnetz voll eingebunden. Die früher eher abseits der großen

4. Blick von der Terrasse auf die alte Augustusbrücke und die Neustadt, 1800

Handelswege gelegene Stadt wurde damit zu einem erstrangigen Verkehrsknotenpunkt. Auch wenn durch das 1878 erlassene Ortsgesetz Fabrikschlote vom historischen Stadtzentrum ferngehalten wurden, veränderte sich das Stadtbild bis zur Jahrhundertwende durch Straßendurchbrüche am Rande des Zentrums, durch zusätzliche Elbbrücken, Bahnhöfe, Speicher, Großmarkthallen, Industrieanlagen sowie ausgedehnte Mietskasernenviertel und Militärkasernenbereiche erheblich. 1875 – nach den Gründerjahren – zählte man in Dresden 200000 Einwohner. Nach der Eingemeindung zahlreicher Dörfer und Industriesiedlungen zwischen 1892 und 1903 war die Stadt mit mehr als einer halben Million Einwohnern zur viertgrößten Stadt des Deutschen Reiches aufgerückt. Die durch die stürmische Entwicklung unvermeidlich gewordenen sozialen Spannungen traten in den letzten Jahren des 19. und zu Beginn des 20. Jahrhunderts offen zutage. Die seit den sechziger Jahren organisierte Arbeiterbewegung – 1861 war ein Arbeiterbildungsverein und 1869 die erste Ortsorganisation der Sozialdemokraten gegründet worden – führte Arbeitskämpfe und rief nach Einführung des Dreiklassenwahlrechts in Sachsen zu politischen Streiks auf. Bei den Reichstagswahlen 1903 gewannen die Sozialdemokraten alle drei Dresdner Wahlkreise. Doch das Gesicht des »alten Dresden« war vielgestaltig. Die Zeugnisse einer reichen kulturellen Vergangenheit, ein manchmal fast avantgardistisches zeitgenössisches Kulturleben, denkt man an die Uraufführungen der Opern von Richard Strauss, an die Erstaufführungen der Theaterstücke von Maxim Gorki und Gerhart Hauptmann oder an die Brücke-Maler, das großstädtische Treiben, die vornehmen Villenviertel, die Sanatorien im Stadtteil Weißer Hirsch und der weltberühmte »Balkon Europas«, wie die Brühlsche Terrasse seit Ende des 19. Jahrhunderts genannt wurde, zogen alljährlich Tausende Touristen, reiche Amerikaner oder englische und russische Aristokraten, an.

Die Geschichte Dresdens nach 1900 wurde mehr und mehr zum Spiegelbild der großen Ereignisse und Umwälzungen des 20. Jahrhunderts. Auf den nationalen Freudentaumel beim Ausbruch des Ersten Weltkrieges folgten vier lange ernüchternde Kriegsjahre und schließlich die Novemberrevolution. Am Abend des 9. November 1918 waren alle wichtigen Einrichtungen der Stadt in der Hand revoltierender Arbeiter und Soldaten. Gegenüber dem sozialdemokratischen provisorischen Arbeiter- und Soldatenrat in Dresden konnten sich die linksextremen Spartakisten um Otto Rühle nicht durchsetzen. Dennoch, auf dem Schloß wehte die rote Fahne, und während einer Massenkundgebung im Zirkus Sarrasani wurde die Republik ausgerufen. König Friedrich August III. dankte am 13. November ab. Sozialdemokraten und USPD bildeten die erste Regierung des nunmehrigen Freistaates Sachsen. Während der schweren innenpolitischen Krisen in Deutschland in den ersten Nachkriegsjahren wurde Sachsen neben der Reichshauptstadt, dem Ruhrgebiet und dem mitteldeutschen Raum zu einem Brennpunkt der Ereignisse. Im Januar 1919 schoß Militär in eine Massenversammlung der Linken vor dem Gebäude der »Dresdner Volkszeitung«. Während des Kapp-Putsches 1920 wurde die Stadt am 13. März vorübergehend zum Zufluchtsort für Reichspräsident Ebert und die Reichsregierung. Zwei Tage später richteten Soldaten unter Demonstranten am Postplatz ein Blutbad an. Im Oktober 1923, auf dem Höhepunkt der Nachkriegskrise in Deutschland, bildeten linke Sozialdemokraten und Kommunisten in Sachsen die Landesregierung. Die KPD-Führung verlegte schon siegessicher ihren Sitz nach Dresden. Doch am 29. Oktober schritt die Regierung Stresemann zur Reichsexekution. Militär besetzte das Regierungsgebäude am Elbufer und verhaftete die Regierung Zeigner. Die »goldenen zwanziger Jahre« endeten in der Weltwirtschaftskrise und dem Zerfall der demokratischen Gesellschaftsstrukturen, für den Nationalsozialisten und Kommunisten gleichermaßen die Verantwortung trugen.

In den Jahren der braunen Gewaltherrschaft stagnierte besonders die kulturelle Entwicklung Dresdens. Noch vor der Bücherverbrennung in Berlin veranstalteten die Nazis am 8. März 1933 auf dem Wettiner Platz ein ähnlich widerwärtiges Schauspiel. Die Mißhandlungen jüdischer Mitbürger, die Plünderung ihrer Geschäfte während der »Reichskristallnacht« im November 1938 – auch die von Gottfried Semper erbaute Synagoge fiel damals den Ausschreitungen zum Opfer – ließen das Ausmaß an Gewalt und Menschenverachtung, das die kommenden Jahre noch bringen sollten, erahnen. Aktiven Widerstand gegen das barbarische Regime leistete in diesen Jahren nur ein Häuflein Unerschrockener. Die meisten von ihnen mußten ihren Mut mit dem Leben bezahlen. In der Schlußphase des Zweiten Weltkrieges ereilte die Stadt die größte Katastrophe ihrer Geschichte. In der Nacht vom 13. zum 14. und am 14. Februar 1945 flogen anglo-amerikanische Bomberverbände drei militärisch sinnlose Terrorangriffe auf die wehrlose Stadt. Schon nach dem ersten Angriff, bei dem 250 britische Bomber 1300 Sprengbomben und 130000 Brandbomben abwarfen, war das Zentrum einer der schönsten deutschen Großstädte fast völlig in Schutt und Asche gelegt. Eine vier Kilometer hohe Rauchsäule stand über Dresden. Die Angriffe kosteten Zehntausenden der rund 600000 Einwohner und einer unbekannten Zahl von Flüchtlingen, die sich in der Stadt aufhielten, das Leben. 79 Prozent aller Wohnungen waren zerstört, unersetzliche Bauwerke und Kunstschätze vernichtet. In den ersten Maitagen des Jahres 1945 näherte sich die Front Dresden. Die Nazis erklärten die Stadt oder das, was von ihr übriggeblieben war, zur Festung. Am Morgen des 8. Mai wurde Dresden nach kurzem Kampf im nördlichen Vorfeld der Stadt von sowjetischen Truppen erobert. Am 10. Mai setzte die Besatzungsmacht eine neue Stadtverwaltung ein, die sich um die Aufrechterhaltung bzw. Ingangsetzung der wichtigsten Lebensfunktionen der Stadt bemühte. In den ersten Nachkriegsmonaten nahmen die wenigen noch vorhandenen Industriebetriebe die Produktion wieder auf, Kinos und Theater öffneten in behelfsmäßigen Unterkünften wieder ihre Pforten, die Dresdner Philharmonie und der Kreuzchor gaben erste Konzerte. Die Abtragung der riesigen Trümmerberge (18 Millionen Kubikmeter) dauerte indes Jahre.

Mit dem Ende des Krieges war auch das »Tausendjährige Reich« untergegangen. Zu einem demokratischen Neuanfang kam es jedoch nicht. Ein totalitäres System löste nur das andere ab. Das zeigte schon die politische Entwicklung in den ersten Nachkriegsjahren. Die am 7. April 1946 in Dresden-Bühlau erfolgte Vereinigung der sächsischen Sozialdemokratie und der sächsischen Kommunisten erleichterte letzteren auch hier wesentlich die Errichtung ihrer ideologischen und politischen Alleinherrschaft, auch wenn dafür natürlich Hauptvoraussetzung die Anwesenheit der sowjetischen Besatzungsmacht war.

Ein Volksentscheid am 30. Juni 1946 ermöglichte den Kommunisten frühzeitig die Enteignung eines Teiles der Großindustrie in Sachsen. Bis 1952 war Dresden noch Sitz der Landesregierung und des Landtages. Danach zerschlug die SED die föderativen Verwaltungsstrukturen im Osten Deutschlands. Dresden wurde zur Bezirkshauptstadt degradiert, die, statt wie bisher in zwanzig, in neun, kurz darauf in fünf Bezirke eingeteilt wurde. Der Wiederaufbau der Stadt setzte frühzeitig ein und bezog auch von Anfang an schwer zerstörte kulturhistorisch bedeutsame Bauwerke wie den Zwinger ein. Neben dem Aufbau des Zwingers stellten die spätere Wiederherstellung der Hofkirche und der Oper denkmalpflegerische Glanzleistungen dar. Ein umsichtiger, planvoller Wiederaufbau der Stadt insgesamt, vor allem ihres Zentrums, gelang jedoch unter dem SED-Regime in den Jahrzehnten bis 1989 nicht. Das »Wohnungsbauprogramm« vor allem scheiterte kläglich. Zwar wurden zahlreiche, wenn auch bescheidene neue Wohnungen geschaffen – in den siebziger und achtziger Jahren entstanden in Prohlis und Gorbitz geradezu neue Stadtteile –, aber man vernachlässigte darüber in sträflicher Weise die Erhaltung der Altbausubstanz. Eine Volkswirtschaft, in der das mittelständische Gewerbe behindert bzw. größtenteils zerschlagen worden war, konnte diese Aufgabe auch kaum bewältigen. Auch als Industriestandort erlangte Dresden unter den Bedingungen der »sozialistischen Planwirtschaft« seine alte Bedeutung nicht mehr zurück. Daran konnte auch die propagandistisch hochgejubelte Schaffung neuer Bereiche, wie der Datenverarbeitungsbranche, nichts ändern. Das wissenschaftliche Potential der Stadt blieb dagegen zumindest von seiner Potenz her beachtlich. Neun Hochschulen, darunter die Technische Universität, und einige Forschungsinstitute sind in Dresden angesiedelt.

Ein neues Kapitel in der Geschichte der Stadt begann im Herbst 1989 mit dem Sturz des SED-Regimes im Rahmen des

5. Neustädter Markt, Blick in die Hauptstraße (heute Straße der Befreiung) nach Nordosten, um 1890

Zusammenbruchs des kommunistischen Gesellschaftssystems in ganz Mittelosteuropa. Dresden hatte einen nicht unbedeutenden Anteil an den Ereignissen und Entwicklungen jener Tage und Wochen. Die Zahl der »legal« oder »illegal« Ausreisenden war hier wie in anderen Orten und Städten im Süden der damaligen DDR in den vorangegangenen Monaten sprunghaft angestiegen. Diese Flüchtlinge vor allem waren es, die das kommunistische Regime in eine ausweglose Lage brachten, besonders nachdem Ungarn seine Grenzen zu Österreich DDR-Bürgern geöffnet hatte. Als dann in der Nacht vom 3. zum 4. Oktober angeblich wieder Züge mit Flüchtlingen aus der Prager Botschaft der Bundesrepublik durch Dresden geleitet werden sollten, kam es am Hauptbahnhof zu brutalen Ausschreitungen der Polizei gegenüber Hunderten von Menschen, die gehofft hatten, sich den Ausreisenden anschließen zu können. Die Unruhen im Bereich des Hauptbahnhofes und der

Prager Straße hielten an den folgenden Tagen an. Am 7. Oktober kam es zur ersten großen Demonstration gegen das Regime in der Innenstadt. Bereits am 8. Oktober mußten die Behörden die »Gruppe der Zwanzig«, die Vertreter der Demonstranten, als Verhandlungspartner anerkennen. In den folgenden Wochen sorgten weitere Zehntausende Ausreisende und die in Leipzig, Dresden und anderen Städten weiter regelmäßig stattfindenden Massendemonstrationen dafür, daß die SED auch nach dem Sturz Honeckers und der Öffnung der Mauer ihre Herrschaft nicht wieder stabilisieren konnte. Von da an vollzog sich in atemberaubendem Tempo die deutsche Wiedervereinigung. Mit den Landtagswahlen vom 14. Oktober 1990 wurde das Land Sachsen – ausdrücklich als Freistaat bezeichnet – wiederhergestellt. Dresden erhielt seine alte Funktion als Landeshauptstadt zurück. Trotz aller Deformierungen und Fehlentwicklungen in den vergangenen Jahrzehnten bieten die einzigartige landschaftliche Umgebung, das immer noch beeindruckende Ensemble bedeutender kulturhistorischer Bauwerke, die weltbekannten Kunstsammlungen und Kulturstätten, nicht zuletzt aber der wieder freigesetzte unternehmerische Geist der Bevölkerung die Gewähr dafür, daß Dresden in absehbarer Zeit wieder eine der schönsten deutschen Großstädte sein und damit zu einem Anziehungspunkt für Touristen aus aller Welt werden wird.

Reinhardt Eigenwill

Beschreibung der Stadt

Die Stadt anno 1721

Was nun die Stadt Dresden betrifft, allwo ich mich dermalen befinde, so ist solches die *Residenz* des Kurfürstens zu Sachsen, und wird hauptsächlich von der Elbe in zwei Teile, nämlich Alt- und Neu-Dresden, geteilt. Alt-Dresden sieht, den Gebäuden nach, fast noch neuer als Neu-Dresden aus; allein die größte Herrlichkeit besteht in dem Teil, so Neu-Dresden heißt. Denn Alt-Dresden fällt einem, obgleich die Adel. *Compagnie* der *Cadets* allda einquartiert, auch verschiedene vornehme Leute darinnen wohnen, ziemlich einsam in die Augen, dahingegen in Neu-Dresden, woselbst auch das Kurfürstl. Schloß liegt, alles vom Volk wimmelt.

Beide Städte sind, vermittelst einer Brücke über die Elbe, aneinander gehängt. Diese Brücke aber passiert vor eine derer Vornehmsten in ganz Deutschland. Denn sie ist von lauter Steinen erbaut, hat 19 Schwibbogen und hält in der Länge mehr als 800 Schritte. Oben auf der Brücke steht ein metallenes großes *Kruzifix*, ingleichen ein Block-Haus, auf welchem sich etliche *Kanonen* befinden. Unter der Brücke aber, in einem der Schwibbögen, ist *Signor Matthäus Focius*, so der Bau-Meister der Brücke gewesen sein soll, als ein kleines Männgen von Stein gehauen, so nunmehro vor das Wahrzeichen der Stadt Dresden passieren muß.

Dresden ist, nach dem Umfang der Stadt-Mauern, eben nicht sonderlich groß, hingegen eine gute Festung. Die Vorstädte um Neu-Dresden herum sind dagegen weitläufig genug. Das Kurfürstl. Schloß hat, samt einem neuangelegten sogenannten Zwinger-Garten, und dem Königl. *Opern*-Haus, ingleichen einem prächtigen Stall, einen großen Umfang; wiewohl das Schloß an und für sich selbst schon sehr alt, auch deswegen, vielleicht, bald von Grund aus gebaut werden dürfte. Inwendig hingegen, in den Zimmern und Säulen, erblickt man alle Herrlichkeiten von der Welt, so gut als sonst irgendwo in eines großen Königs Wohnung zu erblicken sein mögen; angesehen die *Tapeten*, ingleichen alle anderen *Möbel*, entweder von Samt und Seide, oder von Gold und Silber sind. Die Wände hangen voller großer kostbaren Spiegel, und an den Decken funkeln die kristallenen Leuchter, durch die des Nachts, wie auch mit vielen Wand- und anderen Leuchtern, die Zimmer erleuchtet und illuminiert werden; und von den häufig vorhanden seienden, überaus raren und kostbaren Schildereien, könnte ein ganzes Buch beschrieben werden.

Küche und Keller bei Hofe zeigen, daß ein großer König, wie der jetzige Kurfürst von Sachsen, *Fridericus Augustus*, es in Betrachtung der auf seinem Haupte glänzenden polnischen Krone ist, allhier seine Hof-Haltung führen müsse, indem die *Depense* jederzeit der Hoheit des Königs gemäß eingerichtet. Nirgendswo in ganz Europa mögen, seit 1709, da Ihre Maj. der König in Polen von dem König von Dänemark besucht wurde, dergleichen herrliche *Divertissements*, und Erstaunenswürdiges, in Aufzügen, *Opern*, Feuer-Werken, *Illuminationen*, Fuß- und Pferd-*Tournieren*, Schießen, Karussells, *Damen*-Rennen, Bällen und *Festins*, *Komödien*, Jagen, auch Kämpfen der wilden Tiere, bestehende Dinge, als eben allhier in Dresden, gesehen worden sein.

In der Kunst-Kammer sind fast unzählige Raritäten anzutreffen, die man ohne Erstaunen nicht betrachten kann. Darunter befindet sich ein natürlich-gewachsenes silbernes Kreuz, ein ungemein-großer metallener Brenn-Spiegel, dergleichen sonst in der ganzen Welt nicht ist, eine heidnische Zauber-Trommel, und ein Hirsch, in dessen Bauch eine Apotheke verwahrt wird,

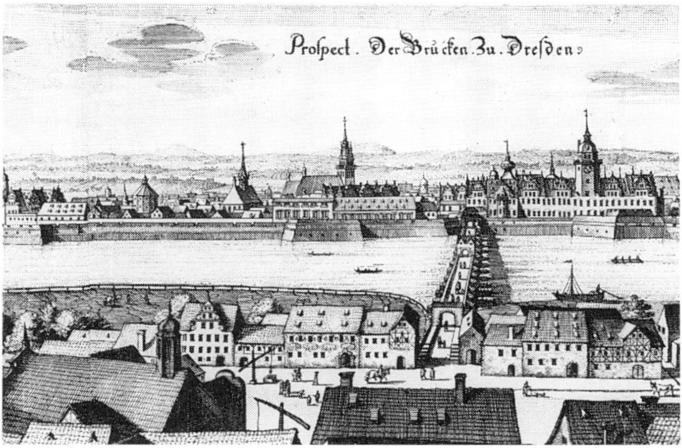

6. *Matthäus Merian d. A.: Stadtansicht, um 1650*

die bloß aus solchen Arzneien besteht, welche aus einem Hirsch herkommen. In der Hof-Apotheke sind viele Büchsen und *Instrumente* von Silber, und werden auch darinnen Mumien gezeigt.

Gleich hinter dem Schloß liegt ein herrliches steinernes Gebäude, so durch hölzerne Gänge an das Schloß gehangen ist. Solches wird der Türkische Palast genannt, und ist für Ihre Hoheit dem Kur-Prinzen, wie auch für die Durchl. Frau Gemahlin zur Wohnung bestimmt.

In den Gassen der Stadt hin und wieder fallen einem nicht wenig, recht fürstliche neue Paläste, so die vornehmsten *Minister*, Hof-Leute und *Generäle* erbaut, wie auch sehr schöne und prächtige Bürger-Häuser in die Augen; wie dann noch alle Jahre mehr und mehr alte Häuser eingeworfen, und neue dagegen ausgeführt werden.

Unter den Kirchen präsentiert sich die Kreuz-Kirche am allerherrlichsten. Sie hat einen hohen Turm, auf welchem an den hohen Fest-Tagen der Christen, also zu Weihnachten,

Ostern und Pfingsten, allemal des Morgens früh um drei Uhr, die Stücken gelöst, auch Pauken und Trompeten gehört werden.

Das Zeug-Haus hierselbst meritiert alle Bewunderung, indem es mit ungemein vielen und schönen Geschützen, Mörsern so wohl als Stücken, Gewehr, Bomben, Kugeln, Harnischen und andern zur Rüstung gehörigen Dingen angefüllt.

[. . .]

Von der Königlichen Herrschaft ist dermalen niemand in Dresden beständig anwesend. Denn der Sommer zieht sie gemeiniglich allerseits aufs Land und macht, daß sich dieselben nur bisweilen, auf einen oder etliche Tage, in der ordentlichen *Residenz* einfinden. Ihre Majestät der König haben sich bisher zu Pillnitz aufgehalten, und die Sauer-Brunn-Kur daselbst gebraucht, welcher Ort ein paar Stunden von Dresden gelegen, an der Elbe, dergestalt, daß man von Dresden aus, auf besagten Strom dahin fahren kann. Ihre Majestät die Königin befinden sich jetzt zu Pretzsch, welches ein Schloß und Ort, der zu Ihrer Ergötzung und Sommer-Aufenthalt, gewidmet ist. Und endlich residieren deromal Ihre Hoheit die Kur-Prinzessin zu Lichtenburg, das ein Schloß und Städtchen, allwo sich Ihre Hoheit des Königs Frau Mutter, als sie noch gelebt, aufzuhalten pflegte, und ihr mit zu ihren *Revenuen* geschlagen gewesen; Ihre Hoheit der Kur-Prinz aber reisen ab und zu.

[. . .]

Die Gegend um Dresden herum ist lustig, auch von Wein und Korn gar fruchtbar. Auf der einen Seite erblickt man zwei Berg-Festungen, nämlich den Sonnen- und dann den Königstein. Der Sonnenstein ist bei Pirna, zwei Meilen von Dresden gelegen, der Königstein aber liegt noch beinahe zwei Meilen drüber hinaus, und hat diese letztere Berg-Festung gar nicht, oder doch wenig ihresgleichen, indem sie, wegen ihrer Situation, vor *imprenable* gehalten wird. Die Wein-Berge um Dresden präsentieren sich, samt ihren Lust- und Kelter-Häuschen, über alle Maßen angenehm. Womit ich meinen Bericht für dieses Mal ende und verharre. *David Faßmann, 1721*

Elbflorenz vor 100 Jahren

Berühmtheiten müssen sich's gefallen lassen, immer aufs neue abkonterfeit und besprochen zu werden, heute *en face*, morgen im Profil; es gibt stets etwas anderes zu loben und zu tadeln. Dresden ist eine Berühmtheit unter den Städten; es ist eine Perle, die im 18. Jahrhundert ihre reiche Rokokofassung erhielt. Noch heute läßt der erste Überblick den Fremden erkennen, daß die Natur und August der Starke das Meiste, ja fast alles für Dresden getan haben; August der Starke und sein Sohn, der in des Vaters Fußstapfen trat. Links der Elbe erhob sich die wunderbare Kuppel der Frauenkirche und der Zwinger wuchs wie ein Märchen aus dem Boden, die Bildwerke Corradinis und Permosers füllten den Großen Garten, dem rechten Ufer gab damals schon das Japanische Palais den eigenartigen Abschluß, die Ritterakademie und das Blockhaus an der alten Brücke schlossen das Uferbild. Die reizvolle katholische Hofkirche und die großartigen Gartenanlagen des Grafen Brühl auf der Festungsterrasse vervollständigten die weltbekannte Vignette, die man das malerische Monogramm von Dresden nennen könnte. Die Brücke wurde erst vor zehn Jahren dem Verkehr übergeben, aber sie hat rasch zur Entstehung neuer aus Palastreihen sich zusammensetzender Straßen und Avenuen auf beiden Ufern geführt; auch die imposante Terrassenuferstraße mit dem vorliegenden breiten Kai naht ihrer Vollendung; sie wird einen prächtigen Abschluß am Fuß des Belvedere erhalten, wenn erst in einigen Jahren die neue Ringstraße dort, wo jetzt dem alten Elbberg mit seinen Baracken noch eine kurze

7. Terrassenufer mit Belvedere (links), um 1925

Galgenfrist gewährt ist, auf die vierte Elbbrücke mündet und zu den projektierten großartigen Staatsgebäuden und Straßenanlagen der Neustadt hinüberführt.

Schon ist der Dublettensaal und das charakteristische Café Torneamenti von der Terrasse verschwunden; die neue Welt, die dort erstehen soll, ist zwar noch mit Brettern vernagelt, aber schon sieht der fertiggestellte Umbau des Zeughauses der Terrasse von der Stadtseite aus so zu sagen über die Achsel; bald werden die Kunstakademie und das Kunstausstellungsgebäude sich erheben. Das war das rasch sich zu unvergänglicher Schönheit entfaltende Dresden, von welchem Loen im Jahr 1718 geschrieben hat: »Es schien zu meiner Zeit ein recht bezaubertes Land, welches sogar die Träume der alten Poeten übertraf. Hier gibt es immer Maskeraden, Helden- und Liebesgeschichten, verirrte Ritter, Abenteuer, Wirtschaften, Jagden, Schützen- und Schäferspiele, Kriegs- und Friedensaufzüge, Ceremonien, Grimassen, schöne Raritäten; kurz alles spielt; man sieht zu, man spielt mit, man wird selbst gespielt, *ludendo ludimur.*« Und von demselben Dresden, das sich dem Lebemann so verführerisch darstellte, schrieb etwas später der ernste Winckelmann: »Die reinsten Quellen der Kunst sind geöffnet; glücklich ist, wer sie findet und schmeckt. Diese Quellen suchen, heißt nach Athen reisen, und Dresden wird nunmehr Athen für Künstler.« Dem Kavalier und vornehmen Abenteurer erschien dasselbe Dresden als das deutsche Versailles und dem sinnigen Poeten, wie Herder, deuchte es ein deutsches Florenz. Schrieb er doch in der »Adrastea«:

»Blühe, deutsches Florenz, mit deinen Schätzen der Kunstwelt!
Stille gesichert sei, Dresden-Olympia, uns!«

Und heute weiß jeder halbwegs Gebildete in allen fünf Weltteilen, daß Dresden gemeint ist, wenn man von »Elbflorenz«

spricht. Nicht das leibliche, das geistige Auge nur konnte diesen Vergleich schaffen. In Beziehung auf ihre eigenartigen äußern Reize können Florenz und Dresden nur mit sich selbst verglichen werden und haben gar keine Ähnlichkeit miteinander. Es ist ein himmelweit verschiedener Blick, der von San Miniato und der von der Brühlschen Terrasse; aber überraschend ist jeder und wohl geeignet, sich dem Beschauer unvergeßlich einzuprägen. Der reizende Bogen des Elbstroms mit seinen zahlreichen Schiffen, den belebten Brücken, den eigenartigen Bauten, den villengeschmückten Gärten und Höhen elbaufwärts über Loschwitz mit dem Burgberg bis zum Weißen Hirsch und talwärts bis zu den violettschimmernden steilen Rebenhügeln der Lößnitz, das ist ein Rundbild, auf welchem Architektur und Landschaft, laute großstädtische Pracht und ruhige landschaftliche Schönheit miteinander wetteifern, wie in gleicher harmonischer Vereinigung nicht leicht an irgend einem anderen Punkt der Welt. So stellt es dem Rundschau haltenden Auge im großen und ganzen sich dar; im einzelnen freilich und als Detail betrachtet erscheint manches kleinlich, störend und geradezu häßlich. So das stellenweise noch sehr vernachlässigte Ufer, der Pontonschuppen, fiskalische und andere unansehnliche Gebäudekomplexe auf der Neustädter Seite, so das sogenannte italienische Dörfchen, das spießbürgerliche Hôtel Bellevue, das Finanzministerium und die baufälligen Baracken des Elbbergs auf dem linken Ufer. Ja, die Brühlsche Terrasse selbst rechtfertigt den Weltruf, den sie hat, höchstens als origineller Aussichtspunkt auf Stadt und Land; Gebäude, ihrer würdig und von monumentaler Schönheit, sind unter Lipsius' Leitung dermalen erst im Bau begriffen, und das weltbekannte Belvedere, das Rendez-vous für alle Welt aus aller Welt, nimmt sich zwar ganz einzig aus, wenn es bei Nacht im Glanz seiner pompösen Beleuchtung weit in das Elbtal hinausstrahlt und überdies noch die vom Vollmond beleuchtete Kuppel der Frauenkirche zum Hintergrund hat; bei Tag aber sieht es dafür wie eine richtige Theaterkulisse nach gar nichts aus und nur die gediegene Fiebigersche Bewirtschaftung und die guten Konzerte der Hauskapelle entschädigen den Fremden einigermaßen für die mit der Vorstellung des Weltrestaurants vom Belvedere meistenteils verbundene Enttäuschung. Welches bunte Bild mag sich übrigens die Phantasie des Fremden von dem im Mittelpunkt des Dresdener Verkehrs liegenden »italienischen Dörfchens« entwerfen, und wie nüchtern muß ihm dasselbe in Wirklichkeit daneben erscheinen! [...]

Auch hier spielt die Kuppel der Frauenkirche wieder eine Hauptrolle am Nachthimmel. Sie erscheint aber nicht bloß immer interessant, sie hat auch eine sehr merkwürdige Baugeschichte. Georg Bähr, ihr Schöpfer, war ein einfaches sächsisches Dorfkind, welches im Jahr 1666 zu Fürstenwalde im Erzgebirge das Licht der Welt erblickte. Er ist nie außer Lands gekommen und hat als des »Raths Zimmermeister« zu Dresden den genialen Baugedanken, der ihn neben Michel Angelo und Christopher Wren stellt, ganz aus sich selbst geschöpft. Mit der zähen Energie eines Autodidakten hat er den Kampf eines echten Künstlerwollens gegen die fachgenössische Beschränktheit sein Leben lang führen müssen. Im Jahr 1736 schloß der Greis von 70 Jahren die Kuppel; man zweifelte an der Haltbarkeit derselben; der Rat forderte wiederholt Gutachten und spezielle Risse für die Laterne. Als dann der hochbetagte Meister durch einen Sturz vom Baugerüst sein Leben einbüßte (26. März 1738), bildete sich die Sage, er habe das Martyrium seines Lebens enden wollen und freiwillig den Tod gesucht. Sein heftigster Gegner war Chiaveri, der Erbauer der katholischen Hofkirche. Sie wirkt besonders durch die Schönheit des luftigen und elastischen Aufbaus und die vollendete Harmonie aller Verhältnisse. Achtundsiebzig Figu-

8. Frauenkirche, um 1910

ren von Heiligen, welche die Balustraden schmücken, vollenden die reizende malerische Wirkung des Ganzen; es sind perspektivische Kunstwerke, man kann sagen optische Kunststücke in ihrer Art.

An Türmen ist bekanntlich Dresden nicht reich; dagegen leidet es keinen Mangel an schönen wasserreichen Brunnen. Der berühmte Marcolinische ist sozusagen die *Fontana Trevi* der Stadt; der wie eine gelungene Illustration zu Scheffel anmutende Gänsedieb-Brunnen von Rob. Dietz könnte in Nürnberg stehen. Der sogenannte »Cholerabrunnen« von Semper strahlt nach soeben vollendeter Reparatur in erneutem Glanz und – anderer nicht zu gedenken – der jüngste von allen, *last not least* ist der Brunnen mit der Bronzefigur des heiligen Georg von Altmeister Hähnel, seitwärts der Sophienkirche.

Franz Koppel-Ellfeld, 1888

Einladung an einen Freund

Lieber Freund,
wärest Du nur erst hier und könntest all das Schöne mit mir teilen! So aber kann ich nichts anderes, als Dich bitten, mit mir wenigstens in Gedanken auf einen der Türme zu steigen, um Nähe und Ferne zu betrachten. Spürst Du den Wind? Er ist warm, er bringt den Frühling auf seinen Flügeln von Westen. Sieh Dich um! Sieh Dich um! Von Süden eilen die Ausläufer des Erzgebirges in langsam abebbenden Wellen, bis an die Vorstädte, die von den Fluten des Berglandes noch auf- und abgehoben werden. Auf ihren breiten Wellenrücken tragen sie Wälder von ferne heran, die sich mehr und mehr zerstreuen, je näher die Hügelflut dem Elbtale kommt. Dort, auf den Höhen von Bannewitz, finden sie sich nur noch als Büsche, die alle Schlackenberge der einstigen Grubenanlagen übergrünten, und dann verzichten die Bäume ganz auf die Sammlung in Busch und Wald. In langen Kolonnen marschieren sie mit ihren grünen Häuptern am Rande der Straßen auf die Stadt zu: Vogelbeere, Pappel und Birnbaum. Ja, die Wälder scheinen in die Stadt zu wandern, wo sie sich alsdann überall wieder zusammenscharen, von Gärtnern zu vielgestaltigen Parks gebändigt, und mit den Bäumen, mit Vogelbeere und Birne, scheint auch die Landschaft in die Stadt einzuziehen, um drunten am Elbufer, den Kirchen und Schlössern zu Füßen, in grünen Uferwiesen zu ruhen.

Wieviel Bewegung ringsum! Wendet man sich elbaufwärts, über das Grün der Wiesen und Uferhänge nach Südosten, trifft der freudige Blick die Fülle von Sandsteinformen der Sächsischen Schweiz, und auch im Nordosten ist nirgends Beruhigung: von der Höhe der Uferberge dehnt sich der Wald bis zu den Granitmassiven der Lausitz.

So schwingt das Land, von einer milden Sonne bestrahlt, und nicht einmal die zahlreichen Industrien können den heiteren Ausdruck wesentlich beschweren oder gar trüben. Auch an den Fabriken ziehen die Baumreihen vorüber, Äpfel und Birnen in ihren Laubhäuptern, das schöne Glockenspiel aller Herbste. Man nimmt ein wenig von dieser Leichtigkeit an und wird verwandelt, ehe man es sich versieht.

Oder man kommt zu Schiff die Elbe herunter, an den Bergkulissen der Sächsischen Schweiz vorüber. Pirna gleitet zur Linken vorbei, von der Feste Sonnenstein überragt, dann Pillnitz zur Rechten, dessen Lustschloß eine breite Treppe zur Elbe hinabschickt, vergeblich auf die Gondeln der Könige wartend, – und das Schiff weicht einer baumreichen Insel aus. Während die Höhen auf der linken Seite mehr und mehr vom Ufer zurücktreten und jetzt nur noch in der Ferne am Saume des sich weitenden Talkessels zu erkennen sind, steigen die Elbberge zur Rechten und geben Raum für ausblickreiche Villen und Weinberge. Aber die Weinberghäuschen sind lange verfallen. Der Abend bringt Kühle. Die Fische springen ringsum, die Musik des Dampfers kehrt hallend von den Höhen wieder. Immer näher schiebt sich die Hügelkette an das Ufer heran und läßt nun kaum noch Platz für einen Wiesenstreifen, wo gerne die Verliebten spazieren. Schlösser blicken auf sie von den Höhen; bis an das Ufer steigen ihre Parks herab, wo alte Mauern sie aufhalten.

Da wendet sich der Strom, und die Brücken der Stadt – seid gegrüßt! seid gegrüßt! – liegen vor uns. Dort brennen schon die Lampen vor dem noch lichten Himmel, den kaum die Sonne verließ. Dahinter, wie von den Brücken getragen, heben sich

Schloß, Terrassen und Kirchen in den Himmel, verschleiert von dem Dunst, der überm Wasser lagert. Eine Schar von Figuren am Rande der Hofkirche bevölkert die Luft, die Finger emporgereckt, auf Stäbe nachdenklich gestützt, und wer Phantasie besitzt an solchen Abenden, dem wird wohl die Kirche zu einem Schiff, an dessen Borden diese bewegten Barockfiguren im Winde zu stehen scheinen, es langsam durch den Abend ihm entgegenfahrend. Dann legt das Dampfschiff an. Die Musik hat ein Ende.

Glaub mir, ich kannte einen Mann, der meinte, hier sei der Mittelpunkt der Welt. Er zeigte mir die Stadt, wie sie sich nachts mit ihren Lichtern im Wasser spiegelte, und den Geruch des sommerlich brackigen Wassers einatmend sagte er: »Erinnert das nicht an Venedig?« Er ging über die Weite des Platzes vor der Oper und glaubte, in Paris zu gehen. Er schritt langsam durch den Zwinger, an den Wasserkünsten vorbei, und ahnte die Nähe von Versailles. Er bummelte durch die engen Gassen der Innenstadt, zwischen den Barockhäusern eines vergangenen Bürgertums, und dachte an süddeutsche Städte, und wenn er durch die Säle des Schlosses wandelte, stolz, als gehörte ihm alles, und wenn er die hohen Fenster der Festräume von dem Anblick der Hofkirche ausgefüllt sah und nirgends einen Baum, da überfiel ihn die Erinnerung an Rom, wo die Menschen wie hier den Mut gehabt hatten, fern von aller Natur in einer selbstgeschaffenen Welt aus Stein zu leben. Wanderte ich mit ihm an den Hängen entlang, die ihre Brust dem Süden zukehren, und war ich mit ihm in den vielfältigen Geruch des überall Blühenden gehüllt, dann wähnte ich mich wie er im Süden. Es bedurfte zu dieser Verzauberung nicht einmal der Pappeln und Zypressen in manchem durch Mauern halb versteckten Grundstück und nicht des Weins und nicht gehegter Zitronenbäume; – der Geruch der Luft genügte dann, uns zu entführen.

9. Albrechtschlösser und Schloß Eckberg, 1935

Die Schönheit dieser Hänge, wie soll ich sie Dir beschreiben? Wenn im Frühjahr über den noch kahlen Hanglehnen das Rosa der Pfirsiche aufleuchtet und die Feuchtigkeit der Luft die Stämmchen schwärzt, wenn die Kastanien ihre geschwungenen Zweige schmücken und die Blüten über die Mauern verborgener Gärten reichen, wenn im Lößnitzland am Morgen die Leute in den Furchen der sandigen Beete gehen und den Spargel stechen, und wenn dann die Erdbeeren reifen am ganzen Hange, tröstend über den Untergang der Weinkulturen! Kehrt der Herbst ein, dann hat hier das Blühen kein Ende, und es ist, als flössen die Gärten über. Malvenstengel stürzen durcheinander, Nelken sinken über den Rand der Mauern, Sonnenrosen zeigen überall ihre Spiegel, und die Dahlien heben ihre krausen Köpfe, wenn der Rittersporn endet. Schon fallen die ersten Kastanien auf die Wege dessen, der hier geht im Anblick der abendlichen Stadt. Bald schwindet die Sonne, und es wird ein kühler Himmel von Osten nach Westen wachsen, mit vielen violetten Lasuren bemalt.

10. Blick vom Neustädter Ufer gegen die Altstadt, 1936

Vielleicht weiß dann der abendliche Spaziergänger, daß dieser Himmel mit den gleichen Farben bis über Nordböhmen reicht und diese Länder seltsam vereint, und er freut sich über die Verwandtschaft, an die ihn der Abendhimmel erinnert.

Schwärme ich Dir zu sehr? Ach, Du würdest meine Freude leicht begreifen, wenn Du hier wärest. Es scheint mir manchmal, als könnte man in einer solchen Stadt nur traurig oder verliebt sein, und es war wohl Stendhal, der diese Feststellung zuerst machte und lächelnd hinzufügte, daß Traurigkeit und Verliebtsein für die Bewohner dieses Landstriches dasselbe ist. Traurig oder verliebt! Ist es das Übermaß des Überlieferten an Kunstwerken und Bauten? Wie mischen sich hier die Länder und Stile, Süden und Norden! Ist es die viele Schönheit von fremder Herkunft, die bedrückt, oder nur die Feuchtigkeit der Talluft, die stille zu stehen scheint in dem Elbkessel durch Wochen? Sei unbesorgt! Es fahren Autos und Straßenbahnen wie überall auch durch diese Welt des Vergangenen, die Straßen erfüllt das Leben hundertfältiger Geschäfte. Aber scheint sich nicht alles doch stiller zu bewegen als anderswo und in milderen und geschmackvoll auf die Vergangenheit abgestimmten Formen? Was Wunder, wenn die Fremden aus aller Welt hier zusammenströmen und sich auch mit Vorliebe hier ansiedelten, gefangen vom Zauber dieser Stadt, gefangen wie ich!

Auf der Brühlschen Terrasse nahmen viele Abschied und viele erkannten sich wieder. Hier saß Turgenjews »Onkel« aus dem Roman: Väter und Söhne – erinnerst Du Dich? – und er ließ sich die Sonne auf seine gepflegten Hände scheinen, die zu leben verpaßt hatten, und es blickte von hier Caspar David Friedrich oft durch das nächtige Schneetreiben auf den Strom, wo sich das Eis knirschend aneinander stieß. Es lehnen Alte und Verliebte wie immer eng beisammen an den Geländern und schauen auf die Brücke, die aus der Neustadt herüberschwingt, und auf das Ufer, wo schon die letzten Schiffe landen, und wissen doch lange nicht mehr, was sie sehen. Gute Nacht, möchte ich ihnen zurufen, wenn ich vorübergehe, gute Nacht, ihr lieben Leute alle!

Sag nicht, ich sähe meine Heimat mit zu verliebten Augen. Was ich nicht in meiner Phantasie trage, das finde ich ja nirgends außer mir. Komme nur bald, damit Du erfährst, wie schlecht meine Worte sind und wie schön die Wirklichkeit, um die sie sich mühten. Ich hätte Dich gerne bei mir.

Martin Raschke, vor 1945

Der Dresdener Hof

Ein sächsisches Hoffest 1709

Es würde zu weitläufig werden, alle diesem hohen Gast zu Ehren angestellte Lustigkeiten zu erzählen; doch wird es auch nicht unbillig sein, das vornehmste allhier zu berühren. Denn nachdem Ihre Majest. der König von Dänemark einige Tage so wohl in Dresden auf dem Redouten Saal und in dem Komödien-Haus als auch in dem großen Garten und sonst auch durch allerhand Lustbarkeiten *divertiert* worden, ward endlich den 1. Jun. das große Kampf-Jagen hinter dem Schloß angestellt. Und obwohl der Platz an sich selbst gar eng, damit man die Tiere desto eher wieder in den Lauf bringen könnte, hatten doch Ihre Majest. der König *Augustus* selbst hohe Vorsorge getragen, damit jedermann wohl *accommodiert* sein möchte und niemand zu Schaden käme, allein es hatte hierbei weder der Löwe noch das Tiger-Tier besondere Lust zum Kämpfen bewiesen, und obwohl der Auer-Ochse wie auch der Büffel- und ein großer Polnischer Ochse mit zwei mutigen Pferden, unterschiedlich wilden Schweinen, auch etlichen Bären und Hunden zugleich auf den Platz gelassen worden, so wollten doch die Tier einander nicht zu Leibe gehen und passierte nichts sonderliches, außer daß der kleinen *Rencontren* zugeschweigen der Auer ein Pferd blessiert und ein Bär nebst zwei Hunden eine Sau anfiel und dieselbe ohneinander selbst Leid zu tun, zerrissen. Indessen hatten beide Majestäten das *Plaisir*, die Tiere mit Schießen aus kurzem Gewehr und Schneppern zu irritieren und wurde endlich diese Lust mit gutem *Contentement* geendigt, nachdem Ihre Königliche Majestät von Dänemark einen Bär erlegt. Der merkwürdigste Tag hiernächst war der

6. Jun., da Nachmittags das Damen Ring-Rennen und Abends das Feuer-Werk angestellt war. Das erste war über die Maßen *divertissant*, wie denn viele Fremde gestanden, daß sie dergleichen noch nirgends gesehen. Es *präsentierten* sich 24 Damen auf so viel sehr artig ausgezierten Triumph-Wagen in einem mit grünen Reisig ausgezierten viereckigen *Amphitheater*, und indem diese in der mittleren *Carille* nach dem Ringe fuhren, rannten zu beiden Seiten auch zwei *Mandatoren* zu Pferde, deren Gewinn ebenfalls den Damen zugeschlagen wurde. Jeder Wagen ward mit einer besonderen mit Gold und Silber *distinguierten Couleur* unterschieden und nach diesen Farben hatten auch die Damen Führer und Renner, wie und wie kostbaren 6 Läufer, welche bei jedem Wagen nebenher liefen, ihre Feder, Kleider und Krausenbänder u. d. m. *choisiert*, so waren auch die Pferde mit ihren silbernen Schellen-Geläut eben so aus geziert und war überall so viel Pracht und Annehmlichkeit zu sehen, daß jedermann darüber erstaunen mußte.

Das Feuer-Werk war mitten auf der Elbe in Form eines Kastells aufgebaut, welches zu beiden Seiten aus vielen Kanonen und Feuer-Mörsern beschossen und bombardiert wurde.

Wir wollen nicht alles, was hierbei vorgegangen, weitläufig beschreiben und nur etwas davon beibringen:

Gleich Anfangs nach geendigter Musik wurden auf dem Wall 20 halbe und ganze Carthaunen losgebrannt und ließen sich zugleich auf dem Wasser unzählich viel Wasser-Feuer sehen, auch präsentierte sich am Kastell Ihrer Königlichen Majestät von Dänemark Namen

F. 4. R. D.

in überaus schönen grünem Feuer, dergleichen man bei Feuer-Werken niemals *observiert*, wie auch in den Fenstern des Turms der Königliche Dänische Orden und das *Vivat* in blauem Feuer. Darauf drei besondere *Actus*, gleich als Attaquen folgten, da denn vom Land auf beiden Seiten aus 4 8.viertel Carthaunen

11. Aufstellung zum Fußturnier auf dem Altmarkt am 10. 6. 1709

etlichen 40 24 bis 200 pfündigen Feuer-Mörsern über 140 kleinern Mortiers und viel 1000 Musquetons auf das Kastell gefeuert und hingegen von diesem aus 12 Kanonen und 200 Musquetons geantwortet, auch über dieses mit unzähligen Lust-Feuern als Raketen, Girandoln, glühenden Kugeln u. d. m. unaufhörlich hin und wieder gespielt wurde. Wie dann bei entstandenem Gewitter der Blitz von dem Leuchten des Feuer-Werks, welches die ganze umliegende Gegend dem Tag gleich gemacht und das Donnern aus den Stücken und Prasseln der Raketen von den Donnerschlägen fast nicht zu unterscheiden. In Summa, jedermann hat gestehen müssen, daß man noch nirgends dergleichen Gewalt des Feuers in Lust-Feuern beisammen gesehen.

Den 8. Jun. war eine sehr lustige Wolf- Luchs- und Schwein-Hetze, wie auch ein Fuchs-Prellen auf dem Reit-Haus, da denn 7 Wölfe und zwei Luchse durch die Hunde zu Tode gehetzt und auf die 50 Hauer und Frischlinge von Ihrer Königlichen Majestät von Dänemark und Ihrer Majest. dem König *Augusto* teils mit der Lanze und Wurf-Pfeilen, teils mit dem bloßen Degen erlegt worden, wobei sonderlich der König *Augustus* seine heroische Stärke und ungemeine *Addresse* mit Bewunderung der Zuschauer sehen lassen.

Hierauf folgte den 10. Jun. das kostbare Fuß-Turnier, welches zwischen den Haratierern und Kuratierern nach vorhergegangenem Kartell angestellt war. Hierzu ward auf dem alten Markt in der Mitte ein bequemer Platz erwählt, welcher mit Brettern gebohlt, auch mitten auf den Bohlen eine Schranke gemacht und auf allen Seiten ins geviert ein Geländer, welches mit grünem Reisig bekleidet und auf den Ecken mit grünen Tannen statt *Orangerie*, ausgeziert war. Zu beiden Seiten an den Häusern waren *Logen* für die hohen Standes-Personen in Gestalt grüner Lust-Häuser gebaut, welche alle mit grünem Reisig überkleidet und künstlich ausgeziert gewesen: Oben auf demselben war Sr. Majestät von Dänemark Name F. 4. R. D. Über dem Schild eine Krone und über der Krone ein Helm mit 4 Fahnen. Unten an den *Logen*-Fenstern waren vergoldete Schilder mit der Sonne angehängt.

Die Schloß-Gasse bis an den alten Markt hatte die Bürgerschaft besetzt und folgte alsdann der Zug aus dem Schloß.

Nachdem man sich hierauf etliche Tage mit *Assembléen*, Komödien und sonderlich französischen und italienischen Opern, dabei die *Musik*, *Ballett* und *Repräsentationes* sonderlich gerühmt wurden, *divertiert*, wurde endlich den 20. Jun. das große *Karussell* angestellt, nachdem dasselbe einige Tage zuvor auf dem Markt öffentlich ausgeblasen und das unter Namen der 4 Teile der Welt, Europa, Asien, Afrika und Amerika *publizierte* Kartell abgelesen wurden. Dieses wurde allein würdig geachtet, daß so viel 1000 Menschen dieser Lustbarkeiten wegen nach Dresden gereist; wie denn über 16000 Fremde und darunter mehr als 200 sonderlich böhmische Grafen einer Zeit von 14 Tagen, besagte der Tor-Zeddul, sollen hineingekommen sein.

Anonym, 1718

Der Hof zu Dresden im Jahr 1718

Die Stadt Dresden scheint gleichsam nur ein bloßes Lustgebäude zu sein, worin sich alle Erfindungen der Baukünste angenehm miteinander vermischen, und doch besonders betrachten lassen. Ein Fremder hat fast ein paar Monate damit zuzubringen, wenn er alles, was dieser Ort schönes und prächtiges hat, in Augenschein nehmen will; und doch sieht er nichts als mit einem flüchtigen Auge.

[. . .]

Ich übergehe die Menge der Paläste, welche allenthalben durch ihre sonderbare und reiche Bauart die Aufmerksamkeit

12. Ehemaliges Residenzschloß, Stallhof. Blick auf das Kanzleihaus, das Georgentor und die Lange Galerie, 1937

eines Fremden rühren. Ich eile nach Hof. Hier sehe ich den herrlichen Aufputz der königlichen Zimmer: Ich betrachte die reizende Anordnung des schönen und prächtigen, welches darinnen allenthalben entzückend ins Auge spielt. Ich sehe hier die Künste, welche sich gleichsam daraus eine Ehre machen, den König als ihren größten Schutzgott zu umgeben. Die Menge der Vorwürfe verwirren das Auge, und man sieht eigentlich nichts, indem man alles zu sehen begierig ist. [...]

Bei Hof werden immer einige Lustbarkeiten angestellt: sie bestehen entweder in allerhand artigen Schauspielen, oder auch nach Zeit und Gelegenheit, in verschiedenen Aufzügen, Ritterspielen, Kampfjagen, Tierhetzen, Schnepperschießen, Wirtschaften, Schäferspielen, Tänzen, Musiken und dergleichen.

Den 12. Mai gab die Gräfin Dänhof dem König, auf dessen Geburtstag, ein Fest in ihrem Garten. Alle dazu eingeladene junge Damen erschienen als Schäferinnen, in weißen mit Blumen ausgeschmückten Kleidern, um dem König bei der Tafel aufzuwarten. Sie hatten Kränze auf den Häuptern und Stäbe in den Händen. Eine jede erhielt einen nach ihrem Los ihr zugefallenen Kavalier, diesen Loszettel hatte jede auf der Brust angeheftet. Der Anfang wurde durch ein französisches Lustspiel gemacht. Darauf begab sich die ganze Gesellschaft in ein von Laubwerk erbautes großes Sommerhaus. Der ganze Garten war beleuchtet, und hatte in den beiden Ecken zwei Kabinette. In jenem speiste der König mit den vornehmsten Herren und Damen, und in den andern die übrigen Gäste. Die Musik ließ sich über dem Lustgebäude des Königs hören; doch so, daß man die Spielenden nicht sehen konnte. In der Vertiefung zeigte sich ein mit Lichtern erhelltes Grottenwerk, mit Wasserfällen und brennenden Sinnbildern. Alles gefiel mir bei diesem herrlichen Fest. Nur zuletzt sah ich, daß die Menschen ihrer Lust nicht eher Schranken setzen können, als bis die Unlust dazu kommt. Man trank stark, wo der König war. Die Damen, die Gesandten und diejenigen Herren, welche auf diesem Kampfplatz keine Helden waren, hatten sich davongemacht. Einige polnische Magnaten, denen hier die Deutschen wacker zugesetzt hatten, fanden sich übermannt; sie wollten ausweichen, und jene als Sieger hinterlassen: allein die Wache schützte vor, daß sie Befehl hätte, niemand den Ausgang zu gestatten. Einige darunter sahen so blaß aus wie der Tod; ihre Köpfe wackelten auf ihren Schultern, und ihre Füße taten ungewisse Tritte. Es hieß: *Sta pes, sta mi pes:* sie taumelten dem ungeachtet voller Ehrerbietung vor dem König herum. Ein polnischer Herr erweckte bei mir ein Mitleiden; das Wasser tropfte ihm durch die Unterkleider herunter; er tat nicht anders, als ob er den Geist aufgeben wollte. Ein andrer Pollack wurde wild. Er schwur bei dem deutschen Teufel, daß wo man ihn nicht würde hinauslassen, so würde er der Natur in des Königs Gegenwart ihren Lauf lassen müssen. Als man seinen Ernst sah, ließ man ihn gehen. Ist es möglich, daß man die Lust in der Welt so weit treiben kann?

Ein andres Lustfest gab den 13. Juli der Feldmarschall Graf von Flemming. Er ließ sechs Regimenter, ungefähr eine Stunde vor Dresden, ins Feld rücken. Die ganze königliche Leibwache zu Pferd befand sich mit dabei. Auf den Höhen waren Kanonen gepflanzt und alles regte sich, um dem Hof das Schauspiel von einem förmlichen Treffen zu geben. Hier ließ der Krieg überaus schön. Die Horden trafen auf einander mit einem gleichen Feuer. Ihre Schwenkungen, ihre Angriffe, ihre Abzüge; Kurz, alle ihre Bewegungen zeigten etwas fürchterlichlustiges, weil niemand dabei zu Schaden kam. Der König mit der Gräfin Dänhof und der litauischen Feldherrin Potzky, welche als Amazonen gekleidet waren, nebst den meisten großen Herren, zeigten sich zu Pferd. Die übrige Damen fuhren in Kutschen mit 6 Pferden bespannt. Der ganze Aufzug war schön und prächtig. Nach geendigtem Treffen setzte sich der König unter einem großen Gezelt mit den vornehmsten Herren und Damen zur Tafel. Noch zwei große Tische waren in zwei andern Gezelten für die Kavaliere und Fremde aufgedeckt: während der Mahlzeit ließen sich die Kanonen, Trompeten und Pauken mit einer abwechselnden Musik beständig hören.

Das lustigste Schauspiel begann nach geendigter Tafel. Die Tische wurden nicht aufgehoben, sondern alles Eßwerk, was darauf stand, den hungrigen Soldaten preis gegeben. Weil es aber an Brot gebrach, so befahl der Feldmarschall 1000 harte Gulden, um diesen Mangel zu ersetzen, in so viel kleine Stücke Brot zu stecken. Es wurde darauf zum Sturm geblasen. Die in Schlachtordnung gestellte Soldaten rannten mutig auf die mit Speisen angefüllten Tische los; die vordersten aber wurden von den hintersten zu Boden gedrückt, sogar, daß auch das eine Tischblatt mitten voneinander geborsten und also wohl über 100 Mann auf einem Haufen untereinander wühlten.

Hierauf wurde alles aus dem Weg geschafft, in dem königlichen Gezelt aber ein Teppich ausgebreitet und bis Abends um 7 Uhr getanzt. Der Feldmarschall trank dabei seinen Gästen wacker zu und wurde selbst trunken. Der König schien auch nicht mehr ganz nüchtern: doch beging er nicht die geringste seiner Majestät unanständige Ausschweifung, sondern gebärdete sich in allem als ein König. Ich beobachtete hier mitleidigst die Marter eines gewissen Kammerherrn, welcher die Aufwartung bei demselben hatte. Dieser stand eine lange Zeit mit einem Glas Wasser hinter dem König und war dabei so wankelmütig auf seinen Füßen, daß man ihn mit einem Finger hätte übern Haufen stoßen können. Man hatte eine mutwillige Freude, ihn in dieser Stellung zu sehen. Der Feldmarschall aber war vor Freuden außer sich. Er fiel dem König als er sich wegbegeben wollte, ganz vertraulich um den Hals: Bruder! sprach er: Ich sage dir alle Freundschaft auf, wenn du weg gehst. Die Gräfin von Dänhof, die den König nie verließ, suchte ihn zwar von solchen Unanständigkeiten zurück zu halten. Allein Flemming war viel zu vergnügt, als daß er sich dieses Mal mit dem Wohlstand hätte viel zu schaffen machen sollen. Er wollte die Gräfin liebreich in seine Arme schließen. Du kleines H** sprach er, schweige du nur still, du bist doch ein gutes H**! Dergleichen artige Komplimenten war die Gräfin von dem Feldmarschall, wenn er getrunken hatte, schon gewohnt; sie beantwortete solche mit Lachen und bemühte sich, nur ihn von dem König abzuhalten.

Der König setzte sich darauf zu Pferd, schlug aber hinten über, und würde einen üblen Fall getan haben, wenn nicht einer von seinen starken Läufern gleich bei der Hand gewesen wäre und ihm unter die Arme gegriffen hätte. Alles lief darüber zusammen. Man bat den König, daß er sich in eine Kutsche setzen möchte. Der Stallmeister Rakenitz war etwas heftig in seinen Vorstellungen; der König stieß ihn deswegen im Zorn von sich. Die Gräfin Dänhof ließ darauf ihre Beredsamkeit wirken. Der König aber antwortete ihr sehr höflich; *Laissez moi, Madame, je connois mon cheval: Ne Vous en mettez pas en peine:* Laßt mich nur, Madame, ich kenne mein Pferd, seid deswegen unbesorgt. Er rannte damit in einem Galopp nach Dresden: ihm folgten die Kavaliergarde und andre Herren des Hofes nach. Die Gräfin Dänhof wollte ihren Heldenmut auch bei dieser Gelegenheit zeigen und den König nicht verlassen; sie hätte aber bald das Unglück gehabt, vom Pferd zu stürzen, wo nicht ein Kavalier, der sie begleitet, den Fall noch mit Geschicklichkeit unterbrochen hätte. Man bat sie deswegen, sich in die Kutsche zu setzen. Sie bedachte sich auch nicht lang, sondern stieg vom Pferd und fuhr sicherer mit sechsen, als sie auf einem ritt; wiewohl sie eine gute Reiterin war.

Nachdem sich auf solche Weise der Hof entfernt hatte, begann der Feldmarschall immer noch lustiger zu werden. Er griff in Ermangelung der Damen, nach den anwesenden Grisetten und sprang mit ihnen herrlich und in Freuden herum. Endlich brach die Nacht darüber ein und machte dieser sehr natürlichen Kurzweil ein Ende.

Johann Michael von Loen, 1750

Graf Heinrich von Brühl

Es ist in der Tat kaum glaublich, schätzbarer Freund, wie doch dieser Minister Regent die Pracht und Verschwendung getrieben hat, wenn man sich nicht durch seine eigne Augen davon überzeugt hat. Ich habe Ihnen in meinem Briefe von 23. Juli, wo ich mich anders recht erinnere, die Versicherung gegeben, daß ich keinen Königlichen Hof gefunden habe, der es in der Pracht und Verschwendung dieser großen Excell. gleich getan hätte. Als ich in den Jahren 1744 bis 1747 in Dresden war, so wurde die Brühlische Tafel niemals geringer

13. Bernardo Bellotto, gen. Canaletto: Dresden vom rechten Elbufer unterhalb der Augustusbrücke, zwischen 1751 und 1753

als 30 Schüsseln besetzt, und das mit einer solchen *Profussion* und Verschwendung, daß die Bedienten, wie sie wollten, Essen aus dem Hause schleppen konnten. Ein klein Tractament mußte wenigstens aus 50 Schüsseln bestehen, und ein großes wohl aus 80 u. 100. Ich habe nach der Zeit Königl. Höfe gesehen, wo die Königl. Tafel ordentlich und gewöhnlicher maßen nur mit 12 Speisen besetzt worden ist, und bei Tractamenten mit 24 bis 30.

Zu eben der Zeit bestanden die Brühlischen Bedienten meistens aus 200. Darunter waren 12 Kammerdiener, 12 Pagen, alle mögliche Hausoffiziere von Stallmeistern, Bereitern, Haushofmeistern, Küch- und Kellerschreibern, und wie sie nur an dem größten Hofe befindlich sein können. Die Küche bestand aus 4 Mundköchen und 12 andern Köchen, und so viel Küchenjungen und Beiläufern daß sie über 30 hinanstieg. Die Kellerei und Konditorei war fast eben so stark, und man versicherte mich, daß mehr als 100 Bediente in Livree vorhanden wären.

Wenn der Graf von Brühl keine Kammerjunker hatte, so

waren hingegen eine besondere Art von Hausoffizieren vorhanden, welche von guten Adel waren, die Frau Gräfin führten, und sonst die Honneurs des Hauses machten, die auch einen stärkern Gehalt hatten, und besser versorgt wurden, als die Kammerjunker am Königl. Hofe.

Machen Sie einmal, liebster Freund, von einem so erstaunlichen Aufwand nur einen mäßigen Überschlag, setzen Sie die große Pracht der Möbel nicht allein in Dresden, sondern auf seinen übrigen Schlössern hinzu, die alles übertrifft, was man sich davon vorstellen kann, überrechnen Sie die Kosten der prächtigen Gärten in Dresden und auf seinen Gütern, fügen Sie den Aufwand auf seine überaus große Bibliothek, Kunst, Naturalien- und Mineralien Kabinett, und die Galerien von teuren Gemälden hinzu, und sagen Sie mir, ob Sie glauben, daß solches alles mit einer Million jährlich bestritten werden kann. Ich wenigstens möchte nicht der Entreprenneur sein, um vor diese Summe den Aufwand Sr. Excell. zu unterhalten. Bei allen solchen unaussprechlichen Verschwendungen aber noch unermeßliche Güter zusammen zubringen, das ist eine Kunst, welche, so lange als Menschen auf unser Kugel wohnen, gewiß noch niemand gekonnt hat, und wir wollen zur Ehre des menschlichen Geschlechts hoffen, auch niemand wieder ausüben wird.

Als ich diese unbeschreibliche Verschwendung mit meinen Augen ansah, so war das bevorstehende Falliment der Steuer-Kasse dem Grafen v. Brühl schon mehr als zu wohl bekannt; wie denn ihr Verfall nach Zeit meiner Abwesenheit in Dresden völlig ausbrach. Dennoch, obgleich durch die Nichtauszahlung der Interessen von denen Steuerschulden unzähligen rechtschaffnen Leuten und Witwen und Waisen, die ihr ganzes Vermögen darinnen hatten, gleichsam das Brot aus dem Munde gerissen, und sie in den elendesten Zustand versetzt wurden, so wurde doch von aller dieser Pracht nicht das allermindeste eingeschränkt.

Johan Heinrich Gottlob von Justi, 1760

Am Hofe Friedrich Augusts II.

»Die kurze Zeit, sagt der Chevalier, die ich im Auslande bin, würde bei jedem andern Hofe schwerlich hinreichend gewesen sein, um sich ein Urteil darüber zu bilden oder eine Beschreibung davon geben zu können, aber der Hof, wo ich gegenwärtig bin, ist so leicht zu begreifen, daß ein so geringer Verstand, wie der meinige in Zeit von einem Monat so klar darin sehen kann, als in zehn Jahren.«

»Des Königs unbedingter und eingestandener Widerwille gegen alle Geschäfte und seine bekannte Neigung zum Müßiggang und zu niedrigen Vergnügungen, als da sind Opern, Schauspiele, Mummereien, Lanzenstechen, Turniere, Bälle, Jagen und Schießen, *hindern ihn und sein Land in Europa die Rolle zu spielen, welche dieses schöne Kurfürstentum spielen sollte und schon oft gespielt hat.*«

»Ich habe sehr oft, viel öfter als irgend ein andrer Gesandter, die Ehre, mit dem Könige zu sprechen und muß gestehen, daß er sehr artig und wohlerzogen ist, seine natürlichen Anlagen sind keineswegs unbedeutend. Ich habe niemand an diesem Hofe angetroffen, der über Geschäfte besser spricht und richtiger urteilt: allein er will bei der Politik nie lange verweilen. Man merkt bald, daß er sich unbehaglich fühlt und dann muß man die Rede auf den letzten Hirsch lenken, den er gejagt hat, auf die letzte Oper, die aufgeführt worden ist, oder auf das letzte Gemälde, das er gekauft hat. Man bemerkt dann sogleich, daß sich sein Gesicht erheitert und er spricht mit Vergnügen weiter. Von diesen Gegenständen kann man ihn leicht auf beliebige andere bringen, nur muß man stets seine Miene beobachten, die einen sehr sprechenden Ausdruck hat.«

»Wenn der König in Dresden ist, sieht man ihn selten, außer

14. Bernardo Bellotto, gen. Canaletto: Der Altmarkt zu Dresden, zwischen 1749 und 1751

an der Tafel. Er speist immer in Gesellschaft und seine Possenreißer machen einen großen Lärm und balgen sich mit einander während der ganzen Mahlzeit, die um zwei Uhr zu Ende ist. Dann zieht sich der König in seine Gemächer zurück, entkleidet sich ganz und hüllt sich in seinen Schlafrock, *in welchem er den Rest des Tages zubringt*. Niemand darf um diese Zeit zu ihm, als *Graf Brühl*, *Pater Guarini* und der Hofnarr. Es war für ihn ein großer Verlust, daß *die Kurfürstin von Baiern* heiratete, denn sie kam Nachmittags oft zu ihm und man überraschte sie zusammen in sehr unanständigen Stellungen. Die Königin wußte dies und war wütend darüber. Sie klagte es ihrem Beichtvater, aber der gute Jesuit sagte ihr, da sich die Dinge einmal so verhielten, so wäre es viel besser, *daß die Neigungen des Königs in seiner Familie blieben als daß er sie einer Fremden schenkte, die eine Lutheranerin sein und ihrer heiligen Religion Schaden tun könnte*; und so gelang es diesem heiligen Casuisten, die zornige Majestät zu besänftigen.«

»Der ganze Hof ist jetzt in neugieriger Erwartung, wer wohl der Kurfürstin nachfolgen wird, denn die Leibesbeschaffenheit Sr. Majestät hindert dieselbe sich auf die Königin zu beschränken.«

»Ihre Majestät die Königin ist sehr fromm, ihre Andachtsübungen machen sie aber um nichts besser: sie tut nichts als läßliche Sünden begehen und um Vergebung derselben bitten. *Sie ist über alle Beschreibung häßlich und über allen Ausdruck boshaft.* Sie hegt viel unmächtigen Widerwillen gegen den *Grafen Brühl*, den er ihr redlich vergilt, indem er sie zugleich seine Macht fühlen läßt. Sie kümmert sich eifrig um die geringfügigsten Dinge, z. B. darum, ob ein Possenreißer in Ungnade fällt oder wieder zu Gnaden aufgenommen wird – um die Verteilung der Rollen in einer Oper und die Bevorzugung dieser oder jener Tänzerin etc. – und selbst hier sieht sie nie auf das Verdienst, sondern der oder die am häufigsten in die Messe geht, hat das meiste Talent und den ersten Rang. *Die Italiener werden hier sehr begünstigt.* Sie machen zwei Parteien: an der Spitze der einen steht *Pater Guarini*, der die Kolonie hier zuerst ansiedelte, an der Spitze der andern, die die mächtigste ist, *Faustina.* Beide Häupter haben mich abwechselnd zum Vertrauten ihrer Klagen gegen einander gemacht, bis ich kaum meine Fassung mehr behaupten konnte. Die Königin ist durchaus nicht beliebt und verdient es auch nicht, denn sie tut niemand Gutes außer Konvertiten und auch diesen nur sehr wenig.« *Williams, 1747*

Alltagsleben, Feste

Die Zensur

Dresden leidet in Rücksicht der Gelehrsamkeit und Freiheit zu denken und zu schreiben gar keine Vergleichung mit Berlin.

Es gibt hier nicht eine solche Menge von großen Männern aus allen Fächern der Gelehrsamkeit als dort. Die Freimütigkeit, womit man dort raisonniert und schreibt, würde einem hier übel bekommen. Es liegt schon in dem Charakter der Sachsen, daß sie weniger freimütig sind, und ihr Mißfallen an etwas lieber durch Achselzucken als durch Worte auslassen. Überdies drückt ihnen auch ihre gewöhnliche Vaterlandsliebe die Augen gegen manches zu, was einer scharfen und freimütigen Untersuchung und Rüge bedürfte; und eine gewisse Schüchternheit, die mit dem kleinsten Worte zu beleidigen fürchtet, ist ihnen gleichsam angeboren. [. . .]

Wahrheiten also, die ihrem Vaterlande und seinen Bewohnern durch unverhohlene Bekanntmachung nützen könnten, werden in Sachsen weder gesagt noch geschrieben; und tut es ein Ausländer, so hat er mit allen möglichen Schikanen der gekränkten Eigenliebe zu kämpfen. Man glaubt ihm nicht (und er kann froh sein, wenn es dabei bleibt) denn, wie kann ein Ausländer Dinge besser wissen als ein Inländer? Letztrer würde doch auch den Mund auftun, wenn er Mißbräuche sähe, und würde nicht so lange warten, bis ein Fremder käme und sie rügte? In diesem Wahne schläft man einen verderblichen Seelenschlaf fort, und kommt nicht weiter.

Und wollte nun auch einer frisch heraussagen, was ihm auf dem Herzen liegt, so wird es ihm unmöglich gemacht. Die

15. Dresden-Neustadt, Neustädter Markt, Ostseite, um 1886

Zensur in Dresden ist so ängstlich als sie in Theresiens Zeiten in Wien kaum gewesen sein kann. [...]

Darum ist auch der Buchhandel in Dresden höchst unbedeutend, und seine ganzen Geschäfte treibt er mit Verlagsartikeln andrer oder mit neuen Auflagen alter Schriftsteller, mit kriegswissenschaftlichen Büchern, schlechten Romanen, elenden Theaterstücken und mit Noten. Freimütige Untersuchungen über Religion, Politik, Staatswirtschaft finden keine Setzer.

Die Zensur steht bei dem Konsistorium. Da dieses aber nicht Zeit und Lust hat, Manuskripte zu lesen und zu prüfen, so gibt es dem Rektor von der Kreuzschule ein Gewisses, nach Verhältnis der Schwäche und Stärke des Manuskripts, und dieser bricht über das Buch den Stab, aus welchem Fache und welcher Fakultät es auch sein mag.

Ein Wochenschriftsteller hatte in seiner Schrift, bei Gelegenheit einer Geschichte die sich in Pillnitz zutrug, die Hofleute Schranzen genannt, und es fehlte wenig, daß er nicht seine

Stelle bei der Regierung darüber verloren hätte; ein andrer hatte geschrieben: die Kreuzkirche könnte fertig sein, wenn sich nicht so viele Hände in den Baukollekten gewaschen hätten; dafür verfolgte man ihn mit großem Grimm, und das Konsistorium (es war ein Kandidat der Theologie) sprach ihm alle Fähigkeit ab, dereinst mit Glück in dem Weinberg des Herrn zu arbeiten. Er ist seit acht Jahren Kandidat, und dürft' es auch wohl noch andre acht Jahre bleiben. Wer sollte da Mut genug haben, zu sagen, was er denkt?

Deshalb legen sich die meisten hiesigen Schriftsteller auf Fächer, wo sie nicht mit der Freiheit zu denken in Kollision kommen. Man macht desto mehr Verse, Romane, Komödien und Gebetbücher, und flieht vor freien Untersuchungen in der Statistik und Religion. Aber wer kann es ihnen unter den angegebenen Umständen verdenken? *1785*

Das schöne Geschlecht

Überhaupt ist das Tanzen das wahre Element, worinnen die Dresdner leben. Wo nur irgend ein Sälchen ist, da schallen englische Tänze, da drehen sich lustige Mädchen. Dies gibt dem Moralisten zu Lamentationen über Sittenverderbnis, Verschwendung, Luxus etc. Anlaß.

Ich habe das nicht finden können. Die Dresdner sind in diesem Punkt nicht schlimmer und nicht besser, als andre Einwohner großer Städte. Die Wohlfeilheit, mit der man hier diese manchfaltigen Vergnügungen sich verschaffen kann, reizt zur desto öftern Wiederholung. Übrigens sind die Mädchen hier größtenteils genügsamer und wirtschaftlicher, als in manchen andern Städten. Sie putzen sich, sie tanzen gern, sie gehen gern spazieren, aber sie nehmen dafür auch wieder mit spärlicher Kost vorlieb.

Das *schöne Geschlecht* verdient hier diesen Namen mit der Tat. Man trifft ungemein viel schöne Formen, und ein geschmackvoller Anzug erhöht ihre Reize noch. Im Durchschnitt findet man mehr frische, unverdorbene Physiognomien als in Berlin.

Die Galanterien haben einen dezenteren Zuschnitt. Öffentliche Mädchen, Kuppler und Kupplerinnen sind nicht privilegiert; aber doch gibt es ihrer genug. Inzwischen sucht hier jeder lieber selbst sein bescheiden Teil zu erwählen. Gute Ehen auf bürgerlichen Fuß sind nicht so selten, als in andern Residenzen. Ob man deswegen keuscher lebe, wage ich nicht zu entscheiden, wenigstens kommt in der Geburtsliste von 1791 auf 5 Kinder immer ein Uneheliches, was allerdings die Herren Sachsen in Erwägung ziehen sollten, welche auf die Sittenlosigkeit in Berlin so sehr loszuziehen pflegen. Übrigens gebe ich, wie gesagt, gern zu, daß der Ton in diesem Stück in Dresden etwas dezenter ist.

Es scheint sich überhaupt noch manches von der alten Galanterie erhalten zu haben, welche am sächsischen Hof ehedem so einheimisch war. Alles ist mehr auf gesellschaftliche Feinheit berechnet, und man behält die Maske bei, obgleich beide Teile wohl wissen, woran sie eigentlich sind.

Andreas Georg Friedrich Rebmann, 1795

Sonderlinge

Wenn die Natur an Steinen, Pflanzen, Tieren, Früchten und dergleichen ausschweift, und uns auffallende Dinge liefert, so nennen wir das *sonderbar*.

Wenn dir im kältesten Winter ein Mensch begegnet, mit umgewendeten Schuhen, weißseidenen Strümpfen, einer gestickten Atlasweste, im leichten Kleid, den Degen an der Seite, und den *Chapeau bas* unter dem Arm, so lächelst du und nennst ihn einen *Sonderling*.

Dergleichen *Sonderlinge* oder eigene Menschenart gibt es hier freilich sehr viele, welche sich sogleich, überall wo man sie findet, auszeichnen, und meistenteils zum Gelächter werden. Ich selbst kenne mehrere solcher Menschen, welche mit ihren Eigenheiten ganz unausstehlich sind; nenne sie Narren oder Toren, sie bleiben doch dieselben.

Man nennt hier auch diejenigen *Sonderlinge*, welche eigentlich *Hagestolzen* sind. Wenn die Sonderbarkeit, die der Mensch an sich hat, nicht in Narrheit übergeht, dann ist er wohl eher zu entschuldigen, als zu tadeln; denn was uns lächerlich vorkommt, ist ihm, seiner Natur und seinen Vorstellungen nach, es nicht; sollen wir ihn deswegen verdammen?

Der größte Sonderling ist hier der Baron *Puterhahn*, nach einem beliebten Romane so genannt. *Anonym*

Sprache

Wir haben uns zwar hier an die hochdeutsche Mundart gewöhnt, und sollten sie mit Recht auch so in allen Gesellschaften und im gemeinen Leben sprechen; aber beim letztern Fall darf man nicht einmal die reine deutsche Sprache sprechen, wenn man nicht ausgelacht werden, oder für einen Sonderling gehalten sein will. Man wird angegafft, wenn man statt *ne*, *nein* sagt. Es ist eigentlich eine jämmerliche Sprache, welche die Dresdner im gemeinen Leben führen, und man verwechselt hier das Reine mit der schlechtern Mundart, selbst in den angesehensten Familien und Gesellschaften. Selbst der Adel und Leute von Erziehung sprechen so; z. B. »Ich war gestern recht in Verlegenhöt, daß Sie nicht kamen, zumal da mirs ooch Ihre Schwester absagen ließ.« »Ich habe könen

16. Arbeiter auf einer Baustelle zwischen Blockhaus und alter Augustusbrücke, um 1900

Vortöl davon gehabt.« So wird allgemein statt *nein*, *ne*, statt *auch*, *ooch*, statt *nicht*, *nich* gesprochen. Auch das *doch* und *noch* wird verhunzt. Man spricht nämlich: »Du wirst *dach* heute *nach* zu mir kommen?« statt: du wirst *doch* heute *noch* zu mir kommen? Überhaupt wird das *ei* allemal in *eh* verwandelt. »Ich habe *keine* Zeit, heißt hier: ich habe *kehne* Zeit«; das au wird in o verwandelt: »Ich habe mir heute Tuch zu einem Klehde gekoft.« *Lof dach nich so*, statt: Lauf doch nicht so. Wollte ich ein Wörterbuch der Art schreiben, würde ich mehrere Bogen ausfüllen können; kurz es ist eine verdorbene Sprache, die jedem Fremden besonders, und am allermeisten am schönen Geschlecht auffällt. Auch das B und P, D und T, G und K, wird hier gar nicht unterschieden und ganz einerlei ausgesprochen, daher denn auch oft bei einigen Leuten, von denen man es nicht erwarten sollte, die ungeheure Menge Schreibfehler. Man hält es nicht der Mühe wert, seine Muttersprache zu kultivieren. *Anonym*

Der Fremden-Cultus der Dresdner

Vor einigen Jahren gab einmal eine Schriftstellerin in Dresden eine Schrift zu einem wohltätigen Zweck heraus. In einem Vorwort fand sich ein Verzeichnis einiger Persönlichkeiten, welche bereits vor Erscheinen der Schrift eine Anzahl Exemplare bestellt hatten, und da waren hintereinander etwa folgende Persönlichkeiten aufgezählt: »Herr Staatsminister X., Frau Konsistorialrat Y., *Frau Amerikanerin J.*«

Diese Bezeichnung »Frau Amerikanerin« unter allen den Titeln und Würden ist für eine *Dresdnerin höchst charakteristisch.* In Dresden kann der größte Abenteurer zu Ehren kommen, wenn er nur ein Ausländer ist.

Wenn irgendwo das bekannte Wort des Franzosen *»Les extrèmes se touchent«* seine Anwendung finden kann, so darf dies in diesem Falle bei meinen lieben Dresdner Mitbürgern geschehen.

Deutschtümelei und Verdeutschungssucht auf der einen Seite, Fremdencultus auf der anderen.

Dresden ist eine Fremdenstadt! Das ist oft gesagt worden.

Zahlreiche Existenzen leben von den Fremden in Dresden, und ein Entgegenkommen der Fremdenwelt gegenüber wäre nicht allein aus Gastfreundschaft, eine Tugend, die bei den ältesten und wildesten Völkern übrigens weit mehr gepflegt wurde, als bei unseren heutigen Kulturvölkern, sondern aus reiner Geschäftsklugheit geboten.

Aber einerseits ist man in Dresden den Fremden gegenüber

allzu entgegenkommend, läßt sich von ihnen, um mich drastisch auszusprechen, sozusagen auf den Kopf spucken, läuft ihnen in falsch angewendeter »Geschäftstüchtigkeit« in devotester Weise nach, um ihnen andererseits in Pensionen und Geschäften das Fell über die Ohren zu ziehen.

Es ist ja nur recht und billig, daß die Fremden dieselben Rechte und Annehmlichkeiten genießen wie die übrigen Bewohner Dresdens, und daß ihnen der Aufenthalt nicht durch polizeiliche und anderweitige behördliche Schikanen bez. der Anmeldung, der Steuern u. s. w. erschwert werde; es ist ferner auch recht und billig, wenn wir Dresdner uns freigeistig genug zeigen, die Verschiedenheit der Nationalität zu übersehen und durch liebenswürdiges Entgegenkommen den Fremden den Aufenthalt bei uns zu einem angenehmen zu gestalten suchen. Eine Dresdner kleinstädtische Krähwinkelei aber ist es, wenn die Dresdner Behörden, Kunst-Institute, Geschäftsleute zwischen Dresdner Bürgern und den Fremden einen Unterschied zu Gunsten der letzteren machen, der für die Dresdner nicht gerade schmeichelhaft ist. Die Fremden, insbesondere die Amerikaner, genießen bei der Dresdner Kaufmannschaft allgemein fast unbeschränkten Kredit, bloß auf den Empfehlungsbrief hin, den die guten Dresdner in der fremden Nationalität erblicken. Da viele Amerikaner ja nur in Garçon-Logis wohnen, so bieten sie den betreffenden Geschäftsinhabern, streng genommen, doch so gut wie gar keine Sicherheit. Trotzdem wird ihnen, wie gesagt, unbeschränkter Kredit gewährt, während dem ansässigen Dresdner Bürger der Mittelstände, der schon durch sein Mobiliar eine gewisse Sicherheit bietet, oft ohne Grund der Kredit verweigert wird. Ich freue mich immer geradezu »diebisch«, wenn irgend ein Kaufmann oder eine Pensionsinhaberin, was alle paar Wochen in Dresden vorkommt, von Hochstaplern, die sich für Ausländer ausgeben, beschwindelt werden. Das mag ja nicht liebenswürdig von mir

17. Reklameinserat aus der »Sachsen-Post«, 1912

erscheinen, aber ich hege in solchen Fällen die gelinde Hoffnung, daß die Dresdner vielleicht durch Schaden klug würden. Charakteristisch für Dresden ist es auch, daß die Behörden die Ausländer geradezu mit Glacéhandschuhen anfassen. Bei einem vor Jahr und Tag stattgehabten Ehrenhandel war auch ein exotischer Diplomatensprößling stark beteiligt, ja er wurde sogar als der provozierende Teil der Affaire bezeichnet. Der betreffende Jüngling wandte sich an sein Konsulat, durch dessen Vermittlung die Angelegenheit als beigelegt betrachtet und *ad acta* gelegt wurde. Der Herr war eben ein Ausländer und noch dazu ein einflußreicher. Das heißt, man verstehe mich recht! Ich bin durchaus kein Chauvinist. Des lieben Friedens und der Gastfreundschaft willen lasse man sich mancherlei gefallen! Ja! Geht der bekannte Bergschotte in einem Kostüm durch die Dresdner Straßen, das unserem deutschen Anstandsgefühle nicht entspricht, selbst in diesem Falle mögen die Dresdner Damen ein Auge zudrücken und denken: »Jeder Schotte hat seine Marotte!« Eine schärfere Verurteilung aber verdienen offene Roheiten, die von Dresdnern entschuldigt werden, sobald sie von Ausländern ausgeübt werden. Hat es doch sogar vor einigen Jahren ein Dresdner Blatt fertig gebracht, die Tat eines englischen Majors zu entschuldigen, der einen zehnjährigen Knaben mit seinem Stocke über den Kopf schlug, weil er einige englische Worte ungelenk nachsprach, welche eine in einem Garten spielende englische Gesellschaft sich zurief.

Junge fremdländische Studenten des Polytechnikums lärmen in Dresdner Kneipen und Cafés, wie es sich Dresdner junge Leute niemals erlauben würden und dürften, und es ist mir oftmals passiert, daß ich in den besten Lokalen Dresdens meinen Platz wechseln mußte, um nicht durch eine überlaute Gesellschaft junger fremdländischer Zecher belästigt zu werden. Den Wirt hätte ich natürlich ebenso wenig vermocht, wie einen Kellner zu Gunsten einiger Ruhe zu intervenieren. Die langjährigen Dresdner Stammgäste durften ja belästigt werden, wenn nur die jungen Ausländer sich ungestört austoben konnten.

Daß die Geschäftswelt hingegen den Wünschen der Fremdenwelt oftmals recht wenig entgegenkommt, muß wiederum leider auch konstatiert werden. Ein Ausländer, der mit fremdländischer Münze in ein großes Geschäft käme, müßte ruhig wieder seines Weges ziehen, erst das Geld beim Bankier umwechseln und dann seine Einkäufe machen. In jeder anderen Stadt ist man in geschäftlicher Beziehung vielfach entgegenkommender.

Also: ein praktisches, geschäftstüchtiges Eingehen auf die Wünsche und Anforderungen der Fremdenwelt, die ein wichtiger Faktor im Erwerbsleben der Dresdner ist, aber fort mit dem Bewunderungstaumel für Alles, was Ausland heißt!

E. Körner, 1895

Chaisen-Träger

Man wird mich eines Widerspruches beschuldigen, wenn man diese Überschrift liest, nachdem ich wiederholt versichert habe, man gestatte keinerlei charakteristischem Wesen in Dresden eine Entwicklung, man bestreite ihm wohl gar nach altem Herkommen das Recht der Existenz – ja, man könne sich dort durch »etwas mehr als gewöhnlichen Witz und Geist geradehin um seinen guten Namen bringen«. Der Widerspruch aber dürfte sich lösen, wenn man berücksichtigt, daß doch jede große Stadt dergleichen aufzuweisen hat – ich erinnere nur an die Wiener Fiaker und Schusterjungen, an die Berliner Eckensteher, an die Hamburger Fischweiber, die Pariser Damen der Halle u. a. m. – und daß ich mir, und mit mir gewiß der nach Stand und Würden geehrte Leser, nicht denken konnte, Dresden sei so ganz verwahrlost und aus der Art geschlagen, daß es auch nicht die geringste Spur solcher Originale aufzuweisen haben sollte. Deshalb nahm ich die Überschrift hier auf – sie durfte ja nicht fehlen in diesen Spiegelbildern, und glücklicherweise (es kommt ja öfter vor, daß der Titel eines Aufsatzes erst zum Inhalt verhilft!) fand sich denn wirklich ein Etwas, das hier ohne Bedenken eingereiht werden durfte.

Dieses Etwas sind die Dresdner *Chaisenträger*. Es ist als wäre die Alles ebnende Zeit mit ihrem großartigen Nivellierungsbestreben spurlos an dieser Klasse vorübergegangen – sie scheint unveränderlich wie der Granit der Urgebirge. Das beweist

18. Zwinger, Kronentor mit Chaisenträgern, um 1914

hinlänglich schon ihre äußere Erscheinung, und es ist nur zu bedauern, daß noch kein Pariser *maitre tailleur* auf sie aufmerksam gemacht worden ist. Bei der Rokokowut unserer Zeit, bei der unleugbaren Verlegenheit um immer neue und kleidsame Moden gäbe die Uniform dieser Leute nach Form und Farbe ein vortreffliches Musterbild. Wer sie sieht mit dem fremdartigen, aus längst verklungener, und von manchen Seiten her so gern wieder heraufbeschworener Zeit stammenden Schnitt ihrer Leibröcke – wer die geschmackvolle Farbenwahl ihrer Kleidung beachtet – teils zitronengelb mit blau, teils sperlingsgrau mit gelb –: der fühlt ohne Zweifel urplötzlich, wie durch einen Zauber, der Gegenwart sich entrückt, und in die Betrachtung einer längst versunkenen Vergangenheit sich versetzt, den durchrieselt ein geheimer Schauer, wie ihn die Betrachtung alter biederer Ritter- und minniglicher Frauenbilder in den weiten Ahnensälen hochadeliger Burgen erweckt.

Viele bedeutende Männer haben behauptet, das stille Versinken in eine große Vergangenheit sei der beste Trost gegen die Misere der Gegenwart, und ich glaube wirklich, daß in diesem Ausspruche der geheime Grund liegt, um dessentwillen man diese Kleidung der Chaisenträger nicht zu modernisieren für gut findet – ein Grund, der sich übrigens auch wohl für eine große Menge von Hofuniformen und Hofstaatslivreen in Dresden anführen läßt, da man bei deren Anblick unwillkürlich des Trägers Kehrseite in's Auge faßt, um Zopf oder Haarbeutel zu suchen, die aber leider äußerlich wenigstens verschwunden sind. Es ist ein schöner Zug der Dresdner, diese kindliche Pietät gegen das Althergebrachte – ein rührender Zug, diese liebenswürdige Anhänglichkeit an die Formen der ehrwürdigen Altvordern, dieses ängstlich-gemessene Fernhalten jedes Fünkchens modernen Geistes von denselben, und nur ein Barbar vermag darüber zu lächeln und scheinbar witzig die Nase darüber zu rümpfen. Laßt ihn witzeln, ihr geliebten Dresdner! Jedes fühlende Herz wird euch beistimmen, wird die Größe solcher Gesinnung zu würdigen wissen, und nur das ist ein Unglück, daß so manche prosaische Schneiderseele, angesteckt von den modernen sozialistischen Ideen ihres Genossen *Weitling*, mit brutaler Pfiffigkeit diesem altehrwürdigen Schnitte einzelne moderne Zutaten anflickt und damit das urväterliche Galakleid zu einer Hanswurstjacke verhunzt. So ein modernisierter Bügelheld mit Bocksbart, Spindelbeinen und sonstigem Zubehör verdiente wahrhaftig – doch, ich will euren kühnen, männlichen Mut nicht entflammen, euch nicht zur Rache aufrufen: Ruhe ist die erste Bürgerpflicht!

Und mit dieser Ruhe kehren wir zur Betrachtung der

Chaisenträger zurück, jenes harmlosen Völkchens, dessen ganzes Dasein in einer Ausdehnung, wie sie vielen Staats- und Kommunalinstitutionen zu wünschen wäre, ein öffentliches ist, das nichtsdestoweniger sehr häufig mit den geheimsten diplomatischen Missionen der *Chargés d'affaires* betraut erscheint, und diesen Vermittleraufträgen oft mehr Ehre macht, als die angeblich tüchtigsten und gewandtesten, ordentlichen und außerordentlichen Gesandten und bevollmächtigten Minister.

Ihre öffentlichen Geschäfte bestehen im geduldigen Tragen aller menschlichen Lasten – welch ein Vorbild für den wahren Staatsbürger! – in ihren Portechaisen – schlechtweg Chaisen genannt –, diesen Affenkasten, für welche die Dresdner eine vielleicht aus irgend welcher unergründlichen Sympathie herrührende Vorliebe beweisen. Und wer ihren schweren Trott durch die Straßen vernimmt, dem können dabei leicht gar wunderliche Gedanken aufsteigen, gar manche lästerliche Vergleiche beifallen, z. B. wie der Mensch *für Geld* sich zu Allem brauchen läßt, selbst zum Lasttiere, oder die verfängliche Frage: wie so Mancher in der Welt fortkommen möchte, wenn ihn nicht Andere auf ihren Schultern trügen? Wie es der Packesel unter den Menschen aller Klassen, Beamte u. s. w. nicht ausgenommen, so viele gibt, die die ganze Last auf ihre Achseln nehmen und Sturm und Unwetter sich um die Nase wehen lassen, während der Nabob da drinnen sich ganz behaglich von ihnen heben, tragen und vorwärtsbringen läßt, bis er in das warme Boudoir, in den strahlenden Salon gekommen ist, und dort gänzlich vergißt, wie und durch wen er dahin gelangte.

Aber o weh! da ertappe ich mich schon wieder einmal auf philosophischen und sentimentalen Betrachtungen, die doch gar nicht mehr Mode sind. Nichts da! Die öffentlichen Geschäfte der Chaisenträger bestehen ferner in allerlei vortrefflichen Hand- und Mundarbeiten, als da sind: Anrauchen neuer

Meerschaumköpfe (Taxgebühr: ein Pfund Tabak, nicht gerade vom feinsten, etwa *Petum optimum subter solem*, oder roten Abraham Berg), Schnitzen von Holzarbeiten, als Vogelbauer, Blumenstäbe, Stiefelknechte, Mäusefallen u. dergl. (Taxe nach Belieben, aber wirklich sehr billig), endlich auch im Stricken von Strümpfen, welches Alles der Gesundheit und Ästhetik wegen möglichst auf offener Straße betrieben wird.

Zu ihren geheimen Geschäften gehört die Verwaltung eines Teils der Stadtpost, sofern die betreffenden Briefe und Bestellungen persönliche, eigenhändige und geheime Übergabe an den Adressaten oder die Adressatin bedingen, also – um mich deutlicher auszudrücken – die Besorgung verbotener Liebesbriefe, verpönter Bestellungen u. s. f. und man behauptet, daß sie dabei in ihren Forderungen, nach Stand und Rang, durchaus billig seien, so daß sie manchem Postinstitut zum Muster dienen könnten, und in echter Humanität zur gleichmäßigen Benutzung für alle Bewohnerklassen (liebesieche Herzen, feuriges Blut gibt's ja doch eben in allen!) außerordentlich geeignet sind.

Das ihnen inwohnende dummpfiffige (das ist wirklich kein Widerspruch) Bediententalent, diese Mischung von ehrlicher Derbheit und gewandter Verschmitztheit, die sich fast in den Gesichtern Aller abspiegelt, befähigt sie vorzugsweise für solche Wirksamkeit, und ich glaube, daß ihnen Gelegenheit zur Ausbildung und Übung dieser Talente auch durchaus nicht abgeht. Fast möcht' ich's bedauern, daß mir Lust und Anlaß gemangelt, hierüber eigne Erfahrungen zu sammeln. Ich bin bescheiden genug zu glauben, daß meine Persönlichkeit den Dresdner Schönen (?) nicht interessant genug erschienen ist, mir dergleichen Erfahrungen entgegenkommend zu bereiten, und mir sind, im Vertrauen gesagt, die Dresdner Schönen gemeinhin nicht hübsch genug, und zu prüde und geistlos vorgekommen, um solche süßen Heimlichkeiten anzuknüpfen, und vor der Vertraulichkeit mit Kellnerinnen, Stubenmädchen und Kammerjungfern (und unter diesen fast allein in Dresden finden sich wirklich hübsche, obwohl lange nicht so viel als z. B. schon in Leipzig) habe ich all mein Lebtage einen gewaltigen *horreur* gehabt, woraus der geneigte Leser leichtlich ersehen mag, daß ich weder Leutnant, noch Kammerherr, noch sonst ein *aimable roué*, zu deutsch: liebenswürdiger, ausgemergelter, saft- und kraftloser Müßiggänger bin. *Julius Schladebach, 1846*

Dresden – ein Dornröschen

Dresden ist die Stadt einer gewissen vornehmen Ruhe und erfreut sich in dieser Hinsicht mit Recht eines guten Rufes. Auf den Straßen ist kein Lärm und kein Schreien, kein Feilbieten von Waren, kein Ausschreien von Zeitungen und Extrablättern, man sieht keine Betrunkenen, die grölend über das Trottoir schwanken, man sieht nichts von dem Laster, das, wie in jeder anderen Stadt, natürlich auch hier vertreten ist. Man sieht aber auch kein Elend, keine bittere Not, keine Krüppel und keine Bettler, die das Mitleid der Vorübergehenden zu erwecken versuchen.

Es ist ganz sicher, daß die Anwesenheit des Hofes und die der zahlreichen Fremden der Stadt diesen Stempel der vornehmen Ruhe und Eleganz aufdrücken, so wenig man auch sonst in vieler Hinsicht von einem »Hofleben« und irgendwelchem Hervortreten der Fremden-Kolonie sprechen kann.

Dresden ist heute noch ebensowenig Großstadt, wie vor fünfundzwanzig Jahren. Es gleicht einem schlummernden Dornröschen, das da liegt und träumt. Aber im Gegensatz zu dem wirklichen Dornröschen erwartet es keinen Prinzen.

Käme der dennoch und küßte Dresden-Dornröschen auf den Mund, dann würde es *nicht* glückselig aufjauchzend die Arme um seinen Hals schlingen, ihn wiederküssen und ihm sagen:

»Ich habe ja schon so lange auf Sie gewartet – sprechen Sie mit meiner Mama.« O nein, Dresden-Dornröschen würde sich entrüstet aufrichten und zornbebend sagen: »Mein lieber Herr! Was fällt Ihnen ein! Ich verbitte mir, daß Sie mich küssen! Küssen tut man in Berlin, in Klotzsche und in anderen Großstädten, aber nicht hier. Ich bin ein anständiges Mädchen und küsse überhaupt nicht, und wenn schon, dann schon ganz heimlich und im tiefsten Dunkel der Nacht. Denn wenn jemand das sieht, dann ist mein Ruf für immer untergraben. Denn gerade hier wird so etwas nie verziehen. Hier ist man sehr *keusch und tugendhaft*, wenigstens nach außen hin. Man sündigt zwar selbst, und wie der Berliner sagt: nicht zu knapp, und man hat für das, was man selbst tut, tausend Erklärungen und Entschuldigungen, aber wenn ein anderer dasselbe tut, wenn er es wagt, irgendwie vom Pfade der Tugend abzuweichen, – dann sei Gott ihm gnädig. Nein, wir sind hier *sehr anständig*, und wenn man erfährt, daß Sie mich küßten, dann bin ich verloren. Geben Sie mir sofort den Kuß zurück, den Sie mir raubten – und lassen Sie mich weiter schlafen, denn ich darf nicht küssen, um meinen Ruf der Solidität, der Keuschheit, der Frömmigkeit, der Ruhe nicht zu untergraben.«

Gehorsam würde der Prinz als wohlerzogener junger Mann, der da weiß, was er hübschen jungen Mädchen schuldig ist, den Kuß zurückgeben, und gleich darauf würden regelmäßige, tiefe Atemzüge verraten und verkünden: Dresden-Dornröschen schläft!

Es schläft und träumt, es träumt und schläft, – und es wird nie erwachen.

Es schläft, mit einem geschlossenen und einem offenen Auge. Es wäre ein leichtes, auch das zweite Auge zu öffnen, aber warum: es ist so schön, so still dazuliegen, halbwachend zu träumen und zu denken, zu grübeln und zu sinnen.

Dresden-Dornröschen schläft und träumt, Dresdens Geselligkeit an der Spitze. Mit Ausnahme von einigen reichen Häusern, die ich an anderer Stelle nenne und deren Zahl leicht hätte vermehrt werden können, gibt man sich garnicht die Mühe, die Geselligkeit anders zu gestalten, als es von Adams Zeiten her Mode ist. Man ladet seine Gäste ein, wenn man sie einladen muß und versucht, dies so billig wie möglich zu machen, man läßt womöglich außerhalb des Hauses kochen, weil das so schön bequem ist. Und wenn die Gesellschaft vorüber ist, dann freuen sich alle, und es ist schwer zu entscheiden, wer sich am meisten freut: die Gastgeber, daß sie die Gesellschaft hinter sich haben, oder die Gäste, daß sie die Sache glücklich überstanden.

Mit Ausnahme von zwei oder drei Dutzend Familien weichen die Feste, die man ebensogut Abfütterungen nennen kann, in keiner Weise von der Schablone ab, und doch wäre es gerade in Dresden so leicht, hier eine Änderung eintreten zu lassen. Es leben hier zahllose berühmte Künstler, Maler, Bildhauer, Gelehrte, Musiker allerersten Ranges, jedes Gebiet der Wissenschaft und der Kunst ist durch glänzende, weltbekannte Namen vertreten, – und doch ist hier in keiner Weise von einem künstlerischen oder geistigen *Leben* zu sprechen. Die Gelehrten begraben sich in ihren vier Wänden, um in Ruhe arbeiten zu können, die Künstlerkreise kommen mit dem großen Publikum nur wenig in Berührung, und ein Zusammenleben von Kunst und Wissenschaft, Finanziers, den Groß-Industriellen, findet fast gar nicht statt. Und dasselbe gilt auch von den Künstlern unserer Hofbühnen und unserer anderen Theater. Wie selten begegnet man ihnen auf einer Gesellschaft, und fast nie spielen sie dort eine irgendwie bemerkenswerte Rolle. Und doch haben wir Künstler, um die alle großen Theaterstädte uns beneiden.

Wie anders ist das in der Hinsicht in Berlin, Wien, Frankfurt am Main und anderen Städten! Dort feiert man die Größen der Bühne, man bewirbt sich um ihre Gunst, man ist glücklich, sie

19. Altmarkt mit Siegesdenkmal, um 1900

bei sich empfangen zu dürfen, und freut sich, auch bei ihnen zu verkehren. Wo ist hier in Dresden eine Jenny Groß, deren Salon in Berlin sich früher eines solchen Rufes erfreute, daß die Grafen Bismarck, die Fürsten Henckel-Donnersmark und die vornehmsten Namen bei ihr ein- und ausgingen? Wo sind hier Künstler, die sich der besonderen Gunst des Hofes erfreuen, wo ist hier ein Matkowsky, der zu wiederholten Malen den Besuch seines kaiserlichen Gönners empfing und diesem seine reichen Kunstschätze zeigen durfte? Wo sind hier Künstler und Künstlerinnen, die durch ihre Gespanne, durch die Pracht ihrer Toiletten irgendwie von sich reden machen? Wo sind die Mäzene, die die Kunst unterstützen, die um der Kunst willen sich des Künstlers annehmen?

Der Dresdener geht in keiner Weise aus seiner Ruhe und aus

seiner Bequemlichkeit heraus, jeder lebt nach dem Beispiel, das ihm der andere gibt, keiner weicht von dem Althergebrachten ab, um nicht aufzufallen und um nicht »besprochen« zu werden. Wie selten ist hier in Dresden etwas imstande, die Gemüter wirklich zu erregen! In der letzten Zeit hat Buffalo-Bill dieses Kunststück fertig gebracht, und auch Barnum und Bailey waren für einige Tage bekannte Helden. Aber das ist alles nur vorübergehend, für einen Augenblick öffnet Dresden-Dornröschen dann auch ihr zweites Auge und blickt blinzelnd in die Luft, dann aber denkt es wieder daran, daß es nach alter Tradition zu schlafen hat, – und es schläft und träumt weiter.

Wie selten vermag hier eine Première allgemeines Interesse zu erwecken. Wo ist hier das Premièren-Publikum, das es für seine Pflicht hält, bei jeder Erst-Aufführung zugegen zu sein? Wo sind hier die Leute, für die jedes Rennen ein Ereignis ist, die dorthin gehen, um ihre eigenen Toiletten zu zeigen und die ihrer befreundeten Feindinnen zu kritisieren? Wo sind hier literarische Salons, in denen sich alles trifft, was zur Kunst und zur Literatur gehört, wo sind hier Häuser, in denen wirklich den ganzen Abend hindurch nicht ein einziges Mal von Kindern, Dienstboten, Klatsch und ähnlichen Geschichten geredet wird? Wo sind hier bedeutende Politiker, die gleichgesinnte Männer um sich versammeln, und in deren Hause man geistige Anregung findet?

Dresden ist reich an Künstlern – und ist doch keine Kunststadt. Es ist reich an Schriftstellern und Literaten und hat doch kein »literarisches Leben«. Es ist eine der größten Fabrikstädte Sachsens und ist doch keine Industriestadt. Es ist reich an Musikern und berühmten Komponisten, und doch ist das Interesse für Musik nicht allzustark. Allerdings, wenn Wagner gespielt wird, dann strömt alle Welt in die Oper, und diejenigen, die den großen Meister am wenigsten verstehen, strömen am meisten. Aber sonst ist das Haus meistens halb leer. Eine rühmliche Ausnahme bilden die Konzerte auswärtiger großer Künstler, die stets überfüllt sind. Aber sind es nicht auch da meistens Mädchen-Pensionate, die den Saal füllen und die durch ihr zwar gutgemeintes, aber zuweilen grenzenlos rücksichtsloses Beifallklatschen den doch vollständig ermüdeten und ermatteten Künstler zu immer neuen Zugaben zwingen?

Dresden-Dornröschen schläft und träumt. Nicht nur im gesellschaftlichen Leben und im künstlerischen, sondern auch in seinem Leben auf den Straßen und in den Restaurants. Wer Menschen sehen will, muß mittags zwischen elf und zwei und nachmittags zwischen fünf und sieben Uhr durch die Prager- und die anderen Straßen gehen, – sonst trifft er niemanden. Abends um acht Uhr, wenn die Geschäfte schließen, wird es noch einmal für kurze Zeit lebendig, aber dann wird es still, man hört nichts mehr. Und so da ein einsamer Wanderer abends zwischen neun und zehn doch noch durch die Straßen schreitet, hallen seine Schritte so unheimlich laut wider, daß er erschrokken zusammenfährt und nach einem Schutzmann ruft. Der aber weiß dann auch keinen Rat: was hat der Mann noch so spät auf der Straße zu tun, wo doch schon abends um neun Uhr die Beleuchtung auf halb gestellt wird, was doch soviel heißen soll: ihr lieben Bürger, geht zu Bett, die Stadt, die hat's befohlen.

Und spärlich wie die Menschen, die sich zeigen, sind die Equipagen und Fuhrwerke. Nur die Elektrische fährt in regelmäßigen Zwischenräumen, der Omnibus schaukelt, einem Ozeandampfer auf hoher See ähnlich, durch die Pragerstraße. Und hin und wieder taucht ein Automobil auf, hinter dem diejenigen am meisten herschimpfen, die am liebsten selbst eins besäßen. Auch die Zahl der Droschken ist in den Straßen gering, und jeder Fahrgast wird beredet und besprochen. Ist es ein Fremder, so möchte man gerne wissen, »woher er kam der Fahrt und wie sein Nam' und Art«, und ist es ein Einheimischer, zerbricht man sich erst recht den Kopf, warum der Mann es nötig hat, Droschke zu fahren, wo er doch für fünf Pfennige die ganze Pragerstraße entlangfahren kann und wenn er Glück hat, für diesen geringen Betrag sogar noch seekrank werden kann.

Die Straßen sind abends um neun tot, die Restaurants meistens um zwölf. Schon mit Rücksicht auf die Kellner wagt man es nicht, noch länger sitzen zu bleiben, und tut man es dennoch, so wird man unter Umständen von diesen hinausgegähnt, wie es mir einmal in einem ersten Restaurant erging, als ich dort mehrere Berliner Herren zu Gaste hatte. Da diese aber noch keine Lust hatten, zu Bett zu gehen, taten sie das Klügste, was sie tun konnten, sie setzten sich in den Nachtzug, fuhren nach Berlin und kneipten da weiter.

Man erlebt überhaupt so manches. Ich erinnere mich eines Abends, als die leider viel zu früh verstorbene Jenny Groß hier im »Bunten Rock« gastierte und mich und einige andere Gäste nach der Vorstellung zu einem Souper eingeladen hatte. Wir saßen im Frack und weißer Binde, die Damen im Décolleté, an der festlich geschmückten Hotel-Tafel, als im Speisesaal nachts um zwölf, als wir mit dem Essen noch nicht einmal fertig waren, mit Rücksicht auf die Hotelgäste die Luftheizung ausgedreht wurde. Es wurde so kalt, daß uns nichts anderes übrigblieb, als unsere Pelze anzuziehen und uns anstatt des Champagners Grog zu bestellen.

Jetzt soll der Speisesaal seine eigene Heizung haben. Ob es besser geworden ist, habe ich noch nicht ausprobiert.

Wolf Graf von Baudissin, 1907

Vogelwiese

»Vogelwiese« heißt seit über 500 Jahren ein Volksfest in Dresden. Auch »Vogelschießen«, denn darum ging es zunächst. Wie sehr mich das beschäftigt hat, mag an einer explodierenden Antwort erkannt werden. Ich war wohl acht Jahre alt, und mein Vater machte mit mir eine »Fahrt ins Blaue«, wie er das nannte. Als wir aus der Straßenbahn gestiegen waren, standen wir vor dem Zoologischen Garten. Mein Vater fragte: »Na, wo sind wir angekommen?«

»Auf der Vogelwiese!« schrie ich begeistert. Etwas Schöneres gab es nicht. Erst war ich enttäuscht, dann zufrieden. Doch die richtige Vogelwiese war besser.

Inzwischen weiß ich, daß einer bei solchen Spaziergängen sein Kind dorthin zu lotsen versucht, wohin er selber möchte. Mein Vater hatte Tiere gern. Er war aber auch fasziniert von Orchestrions. Diese vieltönigen Tschingbum-Maschinen, vor denen er als Kind auf der Vogelwiese gestanden hatte wie gebannt. An der Schauseite des Orchestrions bewegten sich Figuren mechanisch, gaben das zu tun vor, was im Innern des Musikautomaten geschah. Ein Trommler, dessen Schlegel nie die Pauke berührte, eine rosige Dame mit einem Triangel, und vor allem der Dirigent mit Dreispitz und weißer Perücke, der seine Musikanten anstarrte, mit dem Kopf ruckte und den ewigen Takt schlug.

Man konnte auf der Vogelwiese mit einem richtigen Namen sein Glück machen wie zuweilen im Alltag. Es gab Glücksbuden, die boten zwei Dutzend Vornamen zum Aussuchen an, zum Daraufwetten. Waren alle Zettel verkauft, dann zuckten hinter den auf Glas gemalten Namen Lichter auf, ganz kurz und schnell. Darunter immer einer, an dem deine Hoffnung hing. Dann flackerte es langsamer und noch langsamer, bis schließlich ein Name stehenblieb.

So und kaum anders läßt sich etwas über Vogelwiesen sagen. Ein paar aufblitzende Erinnerungen, Einzelheiten, Vergangenheiten, ein Freilos.

Bei Volksbelustigungen muß man nach den militärischen Ursachen suchen. Was die Vogelwiese angeht, so war sie der Übungsplatz der Bogenschützen und derjenigen, die am Wochenende mit der Armbrust antreten mußten. Daran hat die Einführung des Schießpulvers nichts wesentlich geändert. Doch einmal im Jahr war alles nur Spaß. Zur Belohnung und in gepflegter Erinnerung an die gute alte Zeit wurde mit Bolzen auf hölzerne Vögel geschossen. Sogar der allergeringste kleine Mann durfte dabei zuschauen und ungestraft über Fehlschüsse spotten. So eine Art Fastnacht. Wer sonst befahl, mußte hier schießen. Wer sonst schießen mußte, blieb hier ungetroffen.

»Nicht ohne Neid betrachtet die Innung der Venuspriesterinnen, welche der Abend in Masse herbeibringt, die Opfer so ihrer Göttin von mancher Unzünftigen gereicht werden. Doch beruhigen sie sich endlich mit dem Unterkommen, welches auch sie gemeiniglich noch finden; und an den vom Mittelpunkte des Tumults entfernten Stellen der Wiese verwittert manches Denkmal der ewigen Zärtlichkeit, indem es gesetzt wird.« (Zeitung für die elegante Welt, 1801)

Wir hatten zu Hause ein Vogelwiesenspiel. Irgendein besonders geschickter oder lange arbeitsloser Mensch wird mit der Laubsäge die Einzelteile angefertigt und kunterbunt bemalt haben. So ließ sich ein Vogel zusammensetzen, flach auf dem Tisch als gewaltiges Wappentier mit zwei Köpfen und goldenen Kronen, ausgebreiteten Schwingen, Zepter und vielen Federn, die ihm eine nach der anderen weggewürfelt werden mußten, bis das Mittelstück übrigblieb, für das man zwei Sechsen brauchte. Vorher, wenn noch eine Kralle oder ein anderes Stück übrig war, nützte dieser gute Wurf nichts. Die beiden Sechsen mußten dann kommen, wenn sie gebraucht wurden.

So etwa spielte sich das auf dem Festplatz ab. Die Armbrust lag auf einem Pult und wurde unter Trommelwirbel abgeschossen. Der Flug des Bolzens war zu sehen, meist als Vorbeiflug. Deshalb dauerte die Vogelwiese so schön lange.

»Stellen Sie sich eine sehr ansehnliche Wiese vor, in deren Mittelpunkt drei Stangen mit hölzernen Vögeln stehen, wovon der mittelste der größte und höchste ist«, so steht es in der »Zeitung für die elegante Welt« vom 25. August 1801. »Zelte, in denen Wein, Bier, Essen und Erfrischungen jedermann gegen Bezahlung gereicht werden; Glücksbuden aller Art, und Tische für Spiellustige. Mit dem Nachmittage wird das Leben auf der Wiese immer voller, die Farben bunter, die Töne greller. Aus jedem Winkel kriecht Musik hervor, deren Verschiedenheit die Ohren so lange schrecklich zerreißt, bis der durch alle Eingänge hereinquillende Strom der Menschen groß genug wird, um durch sein Geräusch einen vermittelnden Ton in die zahllosen Disharmonien zu bringen.«

Vor dem Vergnügen lag in meiner Kindheit die Sperre des Elends. Zu beiden Seiten des Eingangs, längst die sich hörbar drehenden Karussells vor Augen, wurde man von Bettlern abgelenkt. Invaliden in Rollstühlen unter der Wachstuchdecke, Blinde, Kriegsverletzte. Da standen auch Wägelchen, nicht sehr groß, weil ein Mann ohne Beine wenig Platz einnimmt. Manche drehten einen Leierkasten, mindestens einer strich die singende Säge – es wird an dem kindlichen Entsetzen über verstümmelte Menschen und ihre Armut liegen, daß ich diese beiden Instrumente nicht recht mag (was ich aber nicht überall laut sagen darf, denn heute hat man den Leierkasten zu mögen wie so manches andere Alte!). Diese armen Teufel durften Streichhölzer verkaufen oder ihre Mütze als Sammelteller hinhalten.

Durch dieses Spalier ging jeder möglichst schnell, indem er so tat, als triebe das zu erwartende Vergnügen ihn zu mehr Eile.

20. Karussells auf der Vogelwiese, um 1910

So wurde Eintritt bezahlt; die Besucher kauften sich los, schickten ihr Kind mit einer Münze hin, um es nicht selber tun zu müssen vor Scham.

»Nicht lange, so sind alle Buden umringt«, schreibt die »Elegante Welt«, »und die Menge Würfel, die von nun an unaufhörlich in den blechernen Bechern klingen, fügen ein neues Geräusch zu den übrigen, unter denen ich das Zischen der zahllosen Würste, die hier gebraten werden, nicht übergehen darf.«

Hereinspaziert. Ich ging lieber in die Schaubuden. Das Schaukeln und Karussellfahren war zu schnell vorbei. Vogelwiesengeld mußte sorgsam aufgeteilt werden zwischen Eis, Glückslos, Besuch abenteuerversprechender Zelte, Türkischem Honig, Geisterbahn und Gelegenheitskäufen. Einmal war da so ein Zwitscherding, am Gaumen zu verbergen, mit dem sämtliche Vogelstimmen nachgeahmt oder wenigstens Lehrer geärgert werden konnten. Ein andermal ein Zauberkartenspiel. Es funktionierte aber nur einmal. Dann mußte man die Karten oder sein Publikum wechseln, das mach mal.

Der feuerspeiende Mann trat auf, nachdem sich sein Vordermann spielerisch aus der Zwangsjacke befreit hatte und von den Ketten mit Handschellen – zuvor von zwei Unparteiischen aus dem Publikum so unkundig überprüft, wie es demokratische Laiendarsteller mit öffentlich verborgenen öffentlichen Angelegenheiten tun.

Der Feuerspeier saugte an einem Gasschlauch wie andere an der Wasserpfeife, tat einen großen Lungenzug und zündete sich den Atem an; spie Feuer, solange seine Lungen etwas hergaben. Selbstverständlich war dieser menschliche Bunsenbrenner ein unglaublich beeindruckendes Schauspiel, doch erinnere ich mich, daß keiner von uns es zu Hause nachmachen mochte. Der Mann sah schaurig aus mit seinen eingefallenen Wangen, erregte Mitleid, gab kein Berufsbild. Wenigstens das hat er übermittelt.

Vor jeder Bude wurde stimmgewaltig versprochen, was drinnen zur Not gehalten werden konnte. Als die Vorstellung lief, trat ein starker Mann auf, und sein Besitzer schrie, hundert Mark bekäme der auf die Hand, der seinem Kämpfer eine Niederlage beibrächte. Zuerst dachte ich, es müßte allein schon dafür Geld geben, daß einer es wagte, anzutreten.

Schon wollte sich der Koloß ungeschlagen und hohnlachend entfernen, da rief einer aus unseren Reihen, ein Mann im Straßenanzug, seine Zustimmung und kam nach vorn. Im Nu war sein Oberkörper frei, er boxte in langer Hose, bekam einen Eimer und einen Sekundanten mit Schwamm. Noch während der ersten Runde zog unser Mann den kürzeren. Seine Nase blutete. Uns war, als ob wir geschlagen worden waren und wegen unserer Ohnmacht weiter an den starken Mann zu glauben hatten. Die Vogelwiese erzieht mit Sinnbildern.

Wenn nicht solche Jungen mehrfach und bei jeder Gelegenheit auf die Vogelwiese gegangen wären. In der Nähe des Zeltes, in dem der starke Boxer seine Gegner zerschmetterte, holte eines Nachmittags ein Mann mit einem Eimer Wasser. Jener von neulich, der Herr aus dem Publikum. Ein bestellter Diskussionsredner.

Dies bemerkt zu haben, war ein Hauptgewinn. Und wer solche Erfahrung nicht selber machen kann, weil er gerade eine Minute später dort vorbeigeht oder eine zu früh, dem soll sie erzählt werden.

Heinz Knobloch, 1979

Revolutionen, Unruhen, Kriege

Attentat

Am 21. Mai [1726] ward der Archidiakonus an der Kreuzkirche, M. Hahn, durch einen Trabanten, Franz Laubler von Oberhausen bei Augsburg, in seinem Zimmer ermordet. Der Mörder war katholischer Konfession, und war schon 1723 vom Archidiakonus unterrichtet und an den Prinzen Adolph von Weißenfels empfohlen worden, unter dessen Trabanten er drei Jahre diente, bis er sich närrisch stellte und den Abschied erhielt. Laubler hatte sich einen Strick, drei sieben Zoll lange Nägel und auf dem Neustädter Jahrmarkt am 20. Mai ein Messer gekauft. Mit diesen Werkzeugen trat er Mittags 12 Uhr, den 21. Mai in's Zimmer des M. Hahn und fragte ihn, ob er den Spruch verstehe: ein guter Hirt läßt sein Leben für seine Schafe? Hahn sagte ja, und Laubler brachte ihm sofort mit dem Messer fünf Stiche bei, daran er alsbald verschied. Der Mörder entsprang mit dem blutigen Messer über den Altmarkt, die Roßmarin- und Schloßgasse in die Schloßwache, wo er vom Regimentsprofos alsbald kreuzweis geschlossen ward. Laubler küßte seine Fesseln, nannte sie die Banden Jesu, und sagte, er habe einen Lucifer vom Dresdner Kirchenhimmel herabgestürzt, einen Seelenmörder erlegt, nun aber sei ihm das Herz leicht. Abends 10 Uhr ward er, von 200 Mann eskortiert, ins Stockhaus gebracht. Durch diese Mordtat ward ganz Dresden in die höchste Aufregung versetzt, denn die wunderlichsten Gerüchte fanden bei der untersten Volksmasse lebendigen Anklang. Feldmarschall Wackerbarth, der eben in Sedlitz war, kam denselben Abend noch herein und traf Gegenanstalten; der Rat, der eben seinen Jahrmarktschmaus auf dem Neustädter

21. Bernardo Bellotto, gen. Canaletto:
Ansicht der ehemaligen Kreuzkirche zu Dresden, 1757

Rathaus hielt, blieb beisammen, die Bürgerschaft trat in's Gewehr, 4 Regimenter rückten ein und lagerten auf der Mönchs- und auf der Vogelwiese. Der Superintendent Dr. Löscher hielt, in Gegenwart des Grafen Wackerbarth, vom Rathause eine Rede an das Volk, das nicht zu beruhigen war, doch ging am 24. Mai das Begräbnis des Ermordeten, den 20 Kandidaten trugen, und wobei der Superintendent, am 6. Juni die Leichenpredigt hielt, unter Eskorte ohne Störung vorüber. Die Hauptwache auf dem Neumarkt wurde mit 4 Kanonen und alle Gassen mit Soldaten besetzt; den 14. Juni ward ein neues Wachthaus auf dem Altmarkt begonnen und binnen 14 Tagen vollendet; auch hier wurden 4 Kanonen aufgepflanzt. Es verbreitete sich noch das Gerücht, man wolle auch die übrigen lutherischen Geistlichen ermorden, und deshalb erhielt der

Superintendent 16, der Stadtprediger Woeg 4, der Hofprediger Engelschall 2 Mann Bürgerwache, die aber nur 23 und 24 Mann aufzog. Den 2. Juli ward ein Tumultmandat angeschlagen, und am 18. der Mörder hingerichtet. Auf dem Altmarkt war ein fünf Ellen hohes Schafott errichtet, die Straßen durch Militär gesperrt. Um das Schafott standen 600 Bürger im Gewehr, dahinter 1000 Mann Soldaten, und einige Kompagnien Kürassiere. Der Superior, Pater Hartmann, geleitete den Delinquenten, konnte aber denselben keineswegs zur Reue bewegen. Er ward durch 12 Stöße von oben hart gerädert; der Körper ward auf das Rad geschleift und mit Ketten und Nägeln aufs Rad befestigt. Den 6. August ward dann Gottfried Mittag, ein Artillerist, der bereits zweimal aufgeboten, wegen Teilnahme an Tumult vor der Hauptwache nach Kriegsrecht erschossen, und am Lazarett begraben. Weil er aber alle Nächte vor dem Bett des Feldmarschalls Wackerbarth erschien und diesen beunruhigte (!!), ward er am 28. wieder ausgegraben und der Leichnam auf dem böhmischen Kirchhof bestattet. Der Stadt kehrte aber Ruhe zurück. *Gustav Klemm, 1835*

Augenzeuge des Bombardements

Unsere Briefe sind so oft vergnügt und scherzhaft gewesen; dieser mag einmal traurig sein. Nicht allzu traurig, ich geben Ihnen mein Wort; denn mein Verlust, so weh er mir auch tut, hat mich doch nicht eine Träne gekostet, und mir keine unruhige Minute gemacht. Mir selbst ist das unbegreiflich. Es war weder Unempfindlichkeit, noch Philosophie; eine Gnade von Gott war es, ich erkenne es dafür, daß ich mit der größten Gelassenheit mein Haus brennen sah, und mit eben der Gelassenheit hernach anhörte, daß Alles verloren sei. – Der 19te Juli war dieser schreckliche Tag. Schon am 14ten, da unsere Not anging, da war mein Haus der Gefahr am meisten ausgesetzt. Früh um acht Uhr zerschmetterte eine Haubitzgranate das Zimmer meines Bedienten und zündete. Wir löschten damals noch das Feuer. Ich ließ meine Sachen, so gut es möglich sein wollte, zusammenpacken, und teils in den Keller, teils in ein Gewölbe schaffen, welches wir fest genug zu sein glaubten. Weil sich aber die Gefahr vermehrte und es Kugeln und Karkassen auf die Gegend meiner Wohnung regnete, so flüchtete ich noch selbigen Abend um sieben Uhr nach Neustadt zu Herrn D***, meinen Bedienten aber ließ ich, mit seinem guten Willen, zurück. Neustadt ward vom 15ten an auch beschossen, und zwei Zwölfpfünder fuhren durch unser Haus, aber wir waren doch mit dem Feuereinwerfen daselbst verschont.

So gefährlich und ängstlich dieser unser Aufenthalt war, so viel komische und lächerliche Auftritte kamen doch dabei vor. Die Madame Z*** mit ihrer Bedienung, und ich, waren die meiste Zeit bei Herrn H** in seiner Stube, und da schliefen wir auch. Hinten im Hof, in zwei gewölbten Stübchen, stack die ganze D*** Familie und noch vierzig Personen, alt und jung. Die Fensterladen waren mit Mist verschüttet, der obere schöne Saal mit Mist bedeckt, und mit eben so viel Mist der ganze Hof bestreut. Unter diesem Mist lagen alle diese Personen. Einige waren still und verdrießlich, einige beteten, und man sah es ihnen am Maul an, wie sie mit ihrem Gott zankten, daß er es doch so weit habe kommen lassen, ungeachtet sie ihm nun seit vier Jahren die Ehre angetan und fleißig gebetet. In einem andern Winkel saßen einige politische Kannegießer und machten für Daun einen Operationsplan, wurden aber sehr uneinig, weil sie sich über den kleinen Nebenumstand nicht vergleichen konnten, ob sie den König von Preußen mit seiner Armee wollten zu Kriegsgefangenen machen, oder nicht lieber Alles über die Klinge springen lassen. Ich war fürs Letztere, aber ich ward überstimmt. Eine Priesterwitwe kriegte mich immer auf

22. Bernardo Bellotto, gen. Canaletto: Die Trümmer der ehemaligen Kreuzkirche zu Dresden, 1765

die Seite und zischte mir ins Ohr: Wir sollten Gott danken! nur der lieben Religion wegen schösse uns der König von Preußen tot und unsere Häuser in Grund. – Aber, zum Henker, Madame, was haben meine Perücken mit der Religion zu tun (denn kurz vorher hatte ich erfahren, daß eine dreißigpfündige Granate meinen ganzen Apparat von Perücken zerschmettert habe)? Lassen Sie es gut sein, antwortete sie mir, es wird sich schon geben, danken Sie Gott dafür! – Die verwünschte fromme Frau hat mich grausam gepeinigt. Ich und ein paar gute Freunde vertrieben uns die Zeit in unserer Stube, und mich däucht, das war noch am solidesten gedacht. Unter dergleichen Abwechselung und Unruhe brachten wir den 19ten heran, den schrecklichsten Tag meines Lebens. Schon um drei Uhr Nachmittags stand die Kreuzkirche, das Amtshaus und meine Wohnung in voller Flamme. Ich lief vor in das Gouvernementshaus (hier war es eben, wo ich die Frau Mama und Ihre Babet antraf), und sah diesem Greuel der Verwüstung zu. Ich blieb einige Zeit dort, und gegen fünf Uhr kam mein ehrlicher Bedienter mit der Nachricht, daß mein Haus niedergebrannt, das Gewölbe von den Bomben eingeschmissen und darin alles verbrannt, der ganz unbeschädigte Keller aber von den zum Löschen kommandierten Soldaten rein ausgeplündert sei. Das tat weh, mein lieber Ferber, sehr weh; all mein Hausrat, meine Kleider, Wäsche, Vorräte, alle meine Bücher und Manuskripte, alle Briefe, die ich von Ihnen und andern guten Freunden so sorgfältig gesammelt hatte, Alles war verloren; von Sachen, die ich wohl auf dreitausend Taler rechnen kann, habe ich nicht zehn Taler Wert gerettet. Der älteste Zeugrock, den ich anzog, um desto bequemer zu löschen, eine alte abgelebte Perücke, die ich in eben der Absicht aufgesetzt, ein paar alte Hemden, die ich schon für meinen Bedienten bestimmt hatte, und ein Schlafrock: das war meine ganze Garderobe. Die witzigen Manuskripte, welche nach meinem Tode sollten gedruckt werden, sind, zum kräftigen Trost der Narren künftiger Zeit, alle, alle mit verbrannt. Nun verlohnt es sich beinah der Mühe nicht, daß ich sterbe, weil nach meinem Tode weiter nichts gedruckt werden kann. Dieser Gedanke hatte mich bisher noch beruhigt, wenn ich, als Autor, an den Tod dachte; aber nun will ich immer leben bleiben und mich in die Welt schicken, so gut ich kann. Meine schönen Bücher dauern mich sehr; aber manchmal dauern mich doch meine Hemden noch mehr, und meine Kleider und meine Betten, und ... kurz, Ferber, ich bin so nackig, wie ein Gratulant! Ein Glück für mich, daß ich noch meine Wechsel und Dokumente gerettet habe. An barem Geld habe ich nicht viel über vierzig Taler verloren; aber wie viel bares Geld hat denn ein Steuersekretär, der ein Jahr in preußischem Depot und zwei Jahre unter der Vormundschaft der Landesdeputation gestanden? Das schmerzt mich am meisten, was ich durch die Plünderung verloren habe. Einige von unsern

Freunden, unsern Hilfsgenossen, unsern Errettern, Leute, die sich das größte Gewissen machen würden, am Karfreitag Schweinebraten zu essen, die plündern uns selbst in der größten Beängstigung, und brechen die Keller auf, in welchen man vielleicht vor der Wut der Feinde noch etwas hätte retten können. Sagen Sie es auf mein Wort in Warschau nach, daß uns die Feinde zwei Drittel verbrannt, und diese Freunde ein Drittel gestohlen haben; aber sagen Sie auch, daß alle Ehrliebende von der Garnison, Offiziere sowohl, als Gemeine, einen Abscheu vor diesen Gewalttätigkeiten gehabt, und sagen Sie auch zum Ruhm unsers tapfern Kommandanten, daß er die strengste Ordre gestellt habe, diesem Unwesen zu steuern; doch hat es nichts geholfen: denn einen Räuber macht kein Galgen ehrlich. *Gottlieb Wilhelm Rabener, 1760*

Die Russen sind da! März 1813

Der »Gottessegen« war ein hohes Haus, außer dem Erdgeschoß noch vier Etagen übereinander; dann folgte erst der Dachboden, an welchem alle Mietsleute ihren Anteil und Verschluß hatten. Hier oben war eine romantische Welt, ein Labyrinth von dunklen winkligen Gängen, Verschlägen und Rumpelkammern, voll alten, weggesetzten Hausrates und voll Reiz für Kinder. Überdem erfreute man sich aus den Dachluken einer weiten Aussicht auf die Meißener Gegend wie auch nach Norden über das Schwarze Tor hinaus bis auf die waldigen Höhen der Radeberger Heide.

Indem mein Bruder und ich nun eines Morgens hier unser Wesen hatten, fiel es uns ein, doch einmal auszuschauen, ob die Russen noch nicht kämen. Wir blickten angestrengt und lange in die Ferne und wollten eben die Köpfe wieder einziehen – da! – nein, es war keine Täuschung: da zeigten sie sich wirklich!

23. Kügelgenhaus mit Türmchen und der Aufschrift »An Gottes Segen ist alles gelegen«, 1990

Am Saum des fernen Kiefernwaldes, wo dieser an eine öde Sandfläche grenzte, die sich bis zur Stadt heranzog, war plötzlich ein neuer Gegenstand erschienen, ein dunkles Etwas, das sich lebhaft hin und her bewegte. Dann waren es zwei und immer mehrere. Bald schwärmte es wie ein Mückenschwarm der Stadt zu.

»Die Russen! die Russen!« frocklockten wir, und fort ging's mit Sturmeseile, den Eltern das entzückende Ereignis zu verkünden. Mein Bruder krallte sich fest an meine Jacke, schreiend, er wolle es auch mit sagen, denn er habe es zuerst gesehen, was auch nahe an die Wahrheit streifte. So wirbelten wir gekoppelt und gedoppelt die Treppe hinunter und drangen atemlos in das Arbeitszimmer des Vaters, der empört über unser Ungestüm den Malstock hob und uns die Flegelei verwies. Da er aber den Grund unserer Aufregung erfuhr, eilte er, die Arbeit vergessend, mit uns auf den Boden und blickte mit seinem scharfen Auge in die Ferne. Wir hatten recht gesehen: es waren Kosaken, die lustig auf dem Sande schwärmten und sich der Festung immer kecker nahten.

Ob wir hier Zeugen des ersten Schusses wurden, der aus der Stadt fiel, oder ob meine Phantasie die Erzählung Anderer zum eigenen Erlebnis umgeprägt, kann ich nicht sagen; doch glaube ich gesehen zu haben, wie einer der Kosaken, nahe an die Palisaden heranreitend, auf den Knall einer Flinte taumelte und dann tot vom Pferde fiel, das ruhig neben ihm stehen blieb. Plötzlich aber war er wieder lebendig, sprang in den Sattel, schwenkte seine hohe Mütze gegen seine Mörder und jagte dann zurück zu seinen Kameraden. Dies Stückchen gefiel uns dermaßen wohl, daß wir es nachher, um es Margareten und Anderen anschaulich zu machen, des öfteren wie eine Komödie aufgeführt haben. Ich kam auf einer Fußbank angesprengt, mein Bruder feuerte hinter dem Holzkorb vor und dann geschah alles so wie dort.

An demselben Morgen sahen wir aus unsern Fenstern, wie zwei schlanke hechtblaue Sachsenleutnants einen kleinen stämmigen Kosakenoffizier mit verbundenen Augen vorüberführten.

»Sie haben ihn ins Gesicht geschossen – sagte mein Bruder ruhig – und ihn dann gefangen.« Aber der Vater belehrte uns, daß das ein Parlamentär sei, den man zum Kommandanten führe. Ich sah den kleinen straffen Parlamentär mit so lebhaftem Interesse an, daß er mir mit seinen festen kurzen Schritten, seinem breiten Nacken und der stolzen Haltung seines verbundenen Kopfes noch heute ganz lebendig vor den Augen steht. Nach einigen Stunden verbreitete sich die sehr willkommene Nachricht, daß die Neustadt am folgenden Morgen übergeben werden solle.

Nächsten Tags in aller Frühe zog denn auch die sächsische Besatzung ab, während sich unsere Neustädter Honoratioren am Schwarzen Tor versammelten, um die Kosaken zu empfangen. Diese, geführt vom Obristen Prendel, etwa 800 Mann stark, zogen in guter Ordnung ein und machten unweit des Tores auf dem damals noch freien Platz zwischen Kirche und Kaserne halt. Auch mein Vater war mit uns Knaben hingegangen.

»Das sind deine Landsleute« sagte er mir, in welcher Bezeichnung für mich eine Aufforderung zu ungemessener Zärtlichkeit lag. Gern hätte ich wenigstens Einigen die Hand gedrückt, da ich's nicht Allen konnte, wenn mein Vater mich nicht an der seinigen festgehalten und die strenge Haltung dieser wilden Krieger mir nicht einiges Bedenken eingeflößt hätte.

Inzwischen dauerte die anfängliche militärische Erstarrung des jovialen Kosakenvölkchens nicht allzu lange. Was irgend Beine hatte in der Neustadt, war nach dem Tore geeilt, und von allen Seiten drängten die Bürger mit freudigem Zuruf auf ihre Befreier ein. Diese Russen waren als Feinde der Franzosen teure Freunde und Gesinnungsgenossen; sie wurden wie Brüder empfangen und enthusiastisches Jauchzen erfüllte den Platz. Der Branntwein strömte; Jeder hatte ihn mitgebracht und Jeder wollte der erste sein, den langersehnten Barbaren den Hals damit zu füllen. Halb zog man sie, halb sanken sie im Freudentaumel aus den Sätteln. Man umarmte, man küßte sich und sprach in Zungen, bis die Quartierbilletts verteilt waren und die glücklichen Wirte mit ihren Mannschaften abzogen. Es war ein Funke der weltgeschichtlichen Begeisterung einer großen Zeit, der in die Herzen des Dresdener Volkes gefallen war.

Wilhelm von Kügelgen, 1870

Die Niederlage

Napoleon sah ein, daß er nur noch auf dem Wege der Unterhandlungen einen Frieden zu Stande bringen könne. Wie sehr auch sein Stolz sich verletzt fühlte, so fand er doch in seinem Schwiegervater, dessen Parteilichkeit die Verbündeten in keiner Beziehung fürchteten, den passendsten Vermittler. Und so wurde ein Kongreß zu Prag verabredet, welcher den Frieden auf unerschütterlichen Grundlagen herstellten sollte. Dies geschah in Folge einer Unterhandlung mit dem General Bubna im Marcolinischen Palast zu Dresden, nachdem auch Graf Stadion Rußland und Preußen zur Annahme der österreichischen Vermittlung bewogen hatte.

Graf Bubna hatte es Napoleon nicht verhehlt, daß der Wiener Hof in Italien die illyrischen Provinzen, auf der Seite gegen Bayern und Polen eine Ausdehnung seiner Grenzen, Verzichtleistung auf Holland, Spanien und auf das Protektorat der Schweiz, endlich in Deutschland selbst die Auflösung des Rheinbundes verlange. Napoleon hielt es für Schwäche, mit solchen Opfern eine bloße Neutralität zu erkaufen, und antwortete auf den von Kaiser Franz ihm eigenhändig geschriebenen Brief, daß er vorzöge, mit den Waffen in der Hand zu sterben, als nachzugeben, wenn man darauf bestände, ihm Bedingungen vorzuschreiben. Warum aber hätte Österreich, als bewaffneter Vermittler, nicht von seiner angenehmen Stellung Gebrauch machen sollen? Würde Österreich durch den allgemeinen Frieden seine Wünsche erreicht haben, so hätte es sich in keine Koalition eingelassen. Von diesem Gesichtspunkte ausgegangen, handelte ich gewiß aufrichtig. Napoleon weigerte sich, diese Vorteile zuzugestehen, ich mußte folglich suchen, durch einen Krieg meinem Kaiser wieder einzubringen, was das Geschick der Schlachten ihm entrissen hatte. Seit damals entwickelte ich in meinen Noten die Grundsätze über das europäische Gleichgewicht, welches einzig darauf abzweckte, Napoleons ungeheure Macht zu Gunsten der koalisierten Staaten zu schwächen.

Kaiser Franz hatte indes sich mit seiner Kanzlei der auswärtigen Angelegenheiten nach Gitschin in Böhmen begeben, um durch diese nahe Stellung seinen Einfluß auf die kriegführenden Mächte desto sicherer benutzen zu können. Napoleon und der Herzog von Bassano stellten in schnell sich aufeinanderfolgenden Noten an Kaiser Franz und sein Kabinett fortwährend das Ansuchen, endlich einen festen Entschluß wegen der Unterzeichnung der Präliminarien eines Friedensvertrags zu fassen.

Auf diese dringenden Anforderungen verfügte ich mich selbst nach Dresden, Napoleons Hauptquartier, wo ich am 28. Juni eintraf. Ich übergab ihm ein eigenhändiges Schreiben meines Monarchen als Antwort auf die demselben mitgeteilten Eröffnungen. Dasselbe konnte jedoch mehr für einen Austausch wohlwollender Gesinnungen zwischen einem Schwiegervater und seinem Tochtermann, als für eine diplomatische Note gelten. Ich war übrigens ganz allein von Seiten des Kabinetts mit der Unterhandlung beauftragt. Napoleon befand sich damals noch im Marcolinischen Palais, wo er dem Grafen Bubna Audienz erteilt hatte. Als ich ihm gemeldet wurde, beeilte er sich, mich zu empfangen, denn er fühlte nur zu gut, wie wichtig es für ihn sei, die Allianz mit Österreich aufrecht zu erhalten. Fast einen halben Tag währte diese Konferenz. Frankreichs Kaiser war, wie gewöhnlich, in seiner militärischen Uniform; mit großen Schritten ging er im Gemache auf und nieder; sein Blick, obgleich ungemein belebt, sprach dennoch ein gewisses Wohlwollen aus. Allein nichtsdestoweniger eröffnete er die Konferenz nach seiner gewöhnlichen Art mit den Worten: »Metternich, Ihr Kabinett will meine Verlegenheit benutzen. Die Hauptfrage in dieser Hinsicht ist nur: ob Sie mich aus derselben ziehen können, ohne Krieg zu führen, oder

24. Marcolini-Palais, heute Krankenhaus Friedrichstadt, um 1935

ob Sie sich bestimmt an die Reihen meiner Feinde anschließen müssen? Nun wohl, lassen Sie hören, unterhandeln wir. Ich füge mich. Was wollen Sie?«

Ich beschränkte mich auf diesen etwas starken, vielmehr ungeschickten Ausfall zu bemerken »daß der einzige Vorteil, den der Kaiser, mein Gebieter, zu erlangen strebe, sich auf den Einfluß beschränke, welcher den österreichischen Kabinetten den Geist der Mäßigung und die Achtung der Rechte und des Besitzes unabhängiger Staaten mitzuteilen geeignet wäre; Österreich wünsche nichts weiter, als eine Ordnung der Dinge herzustellen, welche durch eine weise Verteilung der Streitkräfte die Friedensbürgschaft unter die Ägide einer Vereinigung der unabhängigen Staaten stellen würde«.

Diese, obgleich in unbestimmte Formen eingekleidete, diplomatische Erklärung sprach deutlich die Absichten meines Hofes aus. Der eingestandene Zweck war kein anderer, als die Vernichtung des Napoleon'schen Übergewichts in der europäischen Waagschale. Ich wollte durch mein System, an welchem Österreich, Preußen und Rußland teilnehmen sollten, die gänzliche Unabhängigkeit dieser Staaten von Frankreichs ungeheurer Macht bezwecken. Mit einem Wort, ich verlangte nicht nur Illyrien zurück, welches Österreich durch den Vertrag von 1812 als eine Entschädigung zukam, sondern auch noch eine weitere Ausdehnung gegen Italien zu. Polen sollte einer neuen Teilung unterliegen, und der Papst in seinen Staaten wieder eingesetzt werden. Außerdem wiederholte ich noch die schon durch den Grafen Bubna gestellten Forderungen, daß Napoleon seinem Einfluß als Protektor des Rheinbundes und als Vermittler der Schweiz entsage und Spanien und Holland räume. Waren diese Bedingungen auch hart, so waren sie doch der Lage der Dinge angemessen. Frankreich hatte ungeheure Besitztümer verschlungen und dadurch das ehemalige Gleichgewicht Europa's gestört. Österreich wollte, von den Umständen Vorteil ziehend, es wiederherstellen.

»Wie!« nahm Napoleon wieder das Wort, »Metternich, Sie wollen, ohne den Degen zu ziehen, eine solche Bedingung vorschreiben? Ohne Schwertschlag soll ich, auf Euer Gebot, Europa räumen? Meine siegreichen Legionen mit umgekehrtem Gewehr hinter den Rhein, die Alpen, die Pyrenäen zurückführen? Auf einen verstümmelten Thron will mein Schwiegervater seine Tochter, seinen Enkel verweisen? Das französische Reich soll förmlich geteilt werden? Ha, Metternich, wieviel hat England Ihnen gezahlt, um Sie zu dieser Rolle gegen mich zu bestimmen?«

Bei den kränkenden Worten des Kaisers entfärbte ich mich, kein Laut ging über meine Lippen, und als er in der Hitze des Gesprächs seinen Hut fallen ließ, bückte ich mich nicht, um ihn aufzuheben, was unter andern Umständen sicher geschehen wäre. Das Schweigen zwischen uns beiden währte fast eine halbe Stunde lang. Das Gespräch nahm hierauf eine kältere und zugleich ruhigere Wendung. Als ich mich beurlaubte, ergriff Napoleon meine Hand und sprach: »Illyrien ist übrigens nicht mein letztes Wort, und wir können uns vielleicht noch über bessere Bedingungen verständigen.«

Einer der größten Fehler des »kleinen Corporals« war, daß er die Menschen immer zu tief unter sich stellte, befehlende Manieren machten seine Reden heftig, seine Einwürfe rauh, und wenn sie an einen Mann von höherer Stellung gerichtet waren, verletzten sie ihn oft. Ich war im Jahr 1813 nicht mehr der Botschafter des erniedrigten Österreich nach dem Preßburger Frieden; ich stand damals schon an der Spitze einer mächtigen Monarchie, und meine Ratschläge konnten das Wiener Kabinett zu einer Allianz mit Frankreich vermögen. Da es eine diplomatische Unterhandlung betraf, so mußte sie mit der äußersten Mäßigung, aber nicht mit Verachtung oder im Zorn betrieben werden.

Ich verließ das Hauptquartier in Dresden nicht gleich nach jener Szene; zur Abhaltung eines Kongresses lebhaft aufgefordert, willigte ich in die Konferenzen von Prag, während ein neuer Waffenstillstandsabschluß denselben bis zum 10. August verlängerte. Zwischen Gitschin, dem damaligen Aufenthaltsort meines Monarchen, und Dresden wurden mehrere Noten gewechselt, welche die Fortdauer des Allianz-Traktats vom abgewichenen Jahre zum Gegenstande hatten. Österreich wich indes der Schlinge, welche ihm hierdurch gelegt wurde, geschickt aus, und man kam überein, daß die Eröffnung des Kongresses den 12. Juli erfolgen sollte. Um seine Unparteilichkeit vorläufig an den Tag zu legen, gestattete Kaiser Franz einem polnischen Armeecorps, welches sich in den von den Russen unbesetzt gebliebenen Teilen des Herzogtums Warschau unter dem Fürsten Poniatowsky gesammelt hatte, den Durchzug durch Böhmen nach Sachsen.

Clemens Fürst von Metternich, 1849

Der Maiaufstand in Dresden 1849

Die Dresdner Bürgerwehr, richtiger »Kommunalgarde«, wollte im Schloßhof eine Demonstration zu gunsten der Reichsverfassung machen, sie wurde durch ihren Oberkommandanten, da er im entscheidenden Moment von seiner Stelle zurücktrat, daran verhindert. Die Bürger schämten sich, ohne etwas getan zu haben, wieder nach Hause zu gehen, sie hatten durch die Zeitungen eben erst erfahren, wie leicht es den Württembergern geworden, den Widerstand ihres Königs zu brechen, und es war auch eine allgemein verbreitete Ansicht unter den Dresdnern, Friedrich August wolle sich nur ein wenig drängen lassen, um dem König von Preußen gegenüber sich damit entschuldigen zu können, daß er vom Volkswillen zum Nachgeben gezwungen worden sei. Um 1 Uhr mittags sollte der Zug nach dem Schloßhof stattfinden und noch mehrere Stunden nachher stand die Kommunalgarde eines Kommandos gewärtig auf dem alten Markt. Das Volk sammelte sich während dieser Zeit sehr langsam auf den Straßen, erst allmählich sah man größere Trupps erscheinen, die sich aber ziemlich passiv verhielten bis auf einige Äußerungen, die man hie und da vernahm, die aber keineswegs sehr leidenschaftlichen Charakters waren. Es befanden sich noch in keiner Straße soviel Menschen, daß eine Hemmung der hin- und herrollenden Wagen hätte entstehen können. Das Militär war im Schloß, im Zeughaus und in allen öffentlichen Gebäuden in der Nähe der Elbbrücke zusammengezogen, es ließ sich noch nirgends blicken; es unterließ es sogar, einzuschreiten, als ein kleiner Haufen junger Leute, die Pferde, die, wie man sagte, den König aus der Stadt bringen sollten, zurückhielt und vor alle Eingänge des Marstalls einige Stangen und Bretter hinlegte, die kaum eine Andeutung von Barrikaden waren. Ich ging mit einem

Freunde nach der Elbbrücke. Auf einem Wirtshause in ihrer Nähe flatterte eine schwarzrotgoldene Fahne, etwa zwanzig Menschen sammelten sich um dieselbe und sprachen gegen den Besitzer den Wunsch aus, sie mitzunehmen. Dieser weigerte sich, sie herzugeben, tat es aber endlich, als sie ihm bezahlt wurde. Die Kommunalgarde blieb immer noch untätig, die geringe Anzahl tatkräftigen Volkes aber, das sich zusammen gefunden, war unbewaffnet, und nichts natürlicher, als daß es seine Demonstrationen gegen das Zeughaus begann. Es lärmte in dessen Nähe und machte auch Miene, sich durch Gewalt Waffen zu holen. Da wurden drei Personen niedergeschossen und jetzt erst sah ich leidenschaftliche Gesichter.

Es wurde eine Leiche nach dem alten Markt gebracht. Es findet sich in solchen Momenten stets ein leerer Wagen, der dazu den Dienst leisten muß; es finden sich immer Menschen, die den Wagen mit seiner blutigen Last durch die erschreckten Straßen ziehen. Wir hörten Rachegeschrei. Eine Frau im Hause des zurückgetretenen Oberkommandanten, es war die berühmte Opernsängerin Schröder-Devrient, reißt das Fenster auf und schreit in unartikulierten Tönen zu uns hernieder, daß uns graust. Wir können keine Silbe verstehen, ihre heftigen Gebärden aber sagen allen nur zu klar, daß sie zum Kampf aufruft. Alles schreit nach Waffen und eilt hier- und dorthin, um sich in den Kampf zu werfen.

Auch die Kommunalgarde und die Turnerkompagnie erhielten plötzlich den Befehl, nach dem Zeughaus zu marschieren. Ich schloß mich ihnen, wenn auch unbewaffnet, mit vielen andern an. »Haltet aus, Brüder!« so wurde ihnen vom Volke zugerufen, doch wir bemerkten manches bestürzte Gesicht unter den privilegierten Bewaffneten. Sie hatten keine Munition. Ein Teil dieser Mannschaft mochte wohl glauben, man marschiere vor das Zeughaus, um das dort zum Sturm bereitstehende, wütende Volk zu vertreiben; ein anderer, kleinerer

25. Abführung der Aufständischen über die Elbbrücke zu Dresden, 1849

Teil, um selbst mit Hand an das Zeughaus zu legen, dessen Haupttor jetzt durch eine verwegene Schar mehrfach mit einem Wagen angerannt wurde. Doch kaum gab es den Stößen nach, so öffnete es sich auch von innen und drei Kartätschenschüsse wurden hintereinander auf den dichten Volkshaufen abgefeuert. Die Kommunalgardisten stoben nach allen Seiten auseinander, nur die Turner hielten Stand und erschossen zwei Offiziere und einen Kanonier. Die Leichen der Volksstreiter wurden in das dem Zeughause gegenüberliegende Klinikum getragen. Während der darauffolgenden Nacht erstanden in allen Hauptstraßen die Barrikaden, die während sechs Tagen und Nächten mit hartnäckiger Ausdauer gehalten wurden.

[...]

Ich darf nicht vergessen, an dieser Stelle eine Persönlichkeit zu erwähnen, die ich im Rathause antraf, als mir auf den Antrag der zu einer notwendigen Besprechung einberufenen Viertelskommandanten nach dem Verschwinden des Oberstleutnants Heinze das Oberkommando übertragen wurde: es war Michael

Bakunin, der überall dabei sein mußte, und hier, wie wahrscheinlich an allen anderen Orten, wo nicht das Wort, sondern die Tat entschied, sehr überflüssig war. In einigen Lebensskizzen, die ihm gewidmet sind, wird Bakunins vermeintlicher Mitwirkung am Aufstande zu Dresden Erwähnung getan. Er war in früher Jugend Leutnant in der russischen Artillerie gewesen. Wahrscheinlich deshalb schrieb man ihm eine wichtige Rolle in Dresden zu. Ich habe nur so viel bemerkt, daß er den Mitgliedern der provisorischen Regierung, die im Rathause amtierten, sehr unbequem war, indem er in alles dreinredete und alles von ganz falschen Gesichtspunkten aus betrachtete. Man denke nur einen Augenblick an den ungeheuren Unterschied der Geistesbildung und Weltanschauung deutscher Juristen wie Heubner und Todt und dieses, wenn auch kosmopolitisch angehauchten, immerhin nur stockrussischen ambulanten Revolutionärs. Die genannten Mitglieder der provisorischen Regierung waren liberale deutsche Bürger, die ihr gefährliches Amt gewiß nicht ohne inneren Kampf angenommen hatten und sich ihrer Verantwortlichkeit voll bewußt waren; aber Bakunin! Er träumte von der Errichtung einer großen panslavistischen Republik, die von der sächsischen Grenze, denn Böhmen gehörte ja dazu, bis über den Ural hinaus sich ausdehnte, ihre Macht über den ganzen Osten Asiens erstreckte, überall das russische Gemeineigentum der Bauern an Grund und Boden einführte und damit die Welt erlöste, wenn sie auch gar nicht darauf versessen war, ihre Zivilisation auf den Kulturgrad des russischen Landvolks zurückzuschrauben. Dieser Russe, der absolut kein Auge, keinen Sinn für die wirklichen Verhältnisse hatte, unter denen er in Deutschland lebte, hat natürlich in Dresden auch nicht den geringsten Einfluß auf den Gang der Dinge gehabt. Er aß und trank und schlief im Rathaus, und das war alles. Er hatte auch wirklich Glück in Dingen der Selbsterhaltung. Als die Nacht angebrochen war, meldete man mir, daß ein Zuckerbäcker dem Oberkommando einen Kuchen und zwei Flaschen Rotwein gesandt habe. »Ein cherrlicher Mensch!« rief er aus. »Dem wird der Chimmel seine Sorge für die Chungrigen lohnen.« Er aß und trank, legte sich dann auf eine bereit gehaltene Matratze hin und schnarchte, während ich mit Heubner über die Sorge des kommenden Tages mich besprach und wir beide in der Erwartung der nahenden Dinge kein Auge schlossen.

Stephan Born, 1898

Inferno

Am Sonnabend, dem 9. Februar [1945], besuchte uns am Nachmittag eine Bekannte, die die kleine Gastwirtschaft innehatte, in der wir Maler zu verkehren pflegten. Da man mich im ›Krokodil‹ wie auch im Kreise meiner Freunde und Bekannten bereits tot geglaubt hatte, begrüßte mich die gute Wirtsfrau in freudigster Überraschung. Sie lud mich nebst allen erreichbaren Leuten für den Fastnachtsabend zu einem geselligen Beisammensein ein und versprach auch, etwas Besonderes zur Verschönerung dieser Wiedersehensfeier zu spendieren. Meine Frau schlug für sich die Einladung ab, da sie unbedingt bei den Kindern bleiben wollte.

Im Kreise der Familie verbrachte ich zum letzten Male die Behaglichkeit des Sonntags in der uns liebgewordenen Wohnung am Fürstenplatz, die wir so gut und gediegen einzurichten wußten, daß auch alle unsere Besucher sich sehr wohl fühlten.

Wie oft hatte ich mich zuvor nach einem solchen Sonntag gesehnt, der nun endlich Erfüllung wurde!

Der Montag blieb still.

Am Fastnachtsdienstag kramten die Kinder allerlei Maskerade aus den Kästen des alten, bunten Bauernschrankes und zogen lärmend in den Straßen herum, was nun einmal das

Privileg der Jugend ist, die sich dieses auch in der Kriegszeit nicht nehmen ließ. Ich selbst hatte mir, wie gewöhnlich, mein rundes Tischchen neben den Sammlerschrank ans Fenster gerückt und gab mich unbesorgt musischen Dingen hin.

Nach dem Abendbrot zog ich mir dann meinen Mantel über, setzte den Hut auf und steckte zwei Tabakspfeifen in die Tasche zur wohlgefüllten Tabaksbüchse. Ich fuhr mit der Elektrischen bis zur Neuen Gasse, in der reges Leben herrschte, und trat dann bald in den Kreis meiner Bekannten und Freunde, die bereits rings um den Stammtisch versammelt saßen.

Nun gab es viel zu erzählen, wobei mir verständlicherweise der Hauptteil zufiel. Die Wirtin traktierte uns nobel mit selbstgebackenen Plinsen und schwarzem Tee, dem ein ordentlicher Schuß langgehüteten Rums zugegossen ward. Tabak spendierte ich, und so wurde es immer gemütlicher im altvertrauten Kreise, wobei wir kaum merkten, wie die Zeit verstrich.

Trotz aller Geselligkeit trieb es mich, in der zehnten Stunde aufzubrechen. Zwar schlug die Wirtin vor, nach der festgesetzten Polizeistunde hinter geschlossenen Fenstern und Türen noch ein wenig weiterzufeiern, aber ich mochte nicht und stand bereits angekleidet und mit dem Geld in der Hand an der Theke, als plötzlich das Heulen der Alarmsirenen ertönte.

Ein Schreck fuhr mir in die Glieder. Auch eine anwesende Bekannte, die ihre Kinder allein daheim auf der Chemnitzer Straße gelassen hatte, erbleichte.

Rasch stellten wir das Radio ein und hörten, daß sich feindliche Kampfgeschwader im Anflug auf die Stadt befänden, die einen Angriff erwarten müsse. Man hatte das zu oft schon vernommen, und erst auf mein Drängen hin wurde der Keller aufgesucht. Auch die übrigen Hausbewohner kamen nur zögernd herab, doch da dröhnten schon die Motorengeräusche über uns.

Ein vielfaches Pfeifen durchschnitt die Luft, und dann erzitterte das Haus von einer Reihe rasch aufeinander erfolgender und immer heftiger werdender Detonationen, die uns in eine Ecke des Kellers trieben, wo wir uns an einer Kartoffelkiste zusammenhockten. Das sausende Fallen und Krachen der einschlagenden Bomben nahm nun kein Ende mehr. Der Luftdruck stieß die eisernen Türen der Bierzufuhr auf, und das ins Flackern geratene elektrische Licht setzte mit einem Male ganz aus.

Immer enger schmiegten sich die zitternden Frauen an mich und begannen, laut zu jammern und zu beten, trotzdem ich sie fortwährend zur Besonnenheit und Ruhe zu ermahnen suchte, und die Wirtin meinte, der Keller sei fest genug, um einen Treffer zu überstehen. Einige der Schläge fuhren uns förmlich ins Genick. Wir duckten uns immer tiefer und warteten von einem Hieb zum anderen. Einmal schien es, als drehe sich das ganze Gebäude in seinen Fundamenten.

Dann brach rote Lohe durch die Kellerlöcher. Noch dröhnten die Motoren der Flugzeuge so gut vernehmbar, daß wir annehmen mußten, der Angriff erfolge aus einer geringen Höhe. Nachdem eine reichliche halbe Stunde des Bangens und Schreckens verstrichen war, ließ die Stärke des Bombardements nach. Schon atmeten wir auf, und ich machte mich daran, allerlei Geräte und Gegenstände, die den Kellerausgang verlegten, zur Seite zu räumen.

Als nach einer Weile auch das elektrische Licht wieder einsetzte, wagte ich zögernd, nach oben zu gehen. In diesem Augenblick drängte sich von oben zu uns in den Keller herab eine schluchzende Frau, die einen Luftschutzhelm trug, und schrie in den Armen ihres Gatten, des Musikers Scheinpflug – der auch mit uns gefeiert hatte –: »Wir haben alles verloren!« Durch ein geborstenes Fenster des Lokals sah ich nun, daß die ganze Neue Gasse in Flammen stand und fast taghell erleuchtet

26. *Blick vom Schloßturm über den Stallhof nach Osten, 1947*

war. Von allen Seiten stoben Funken heran, und mitten durch ihren Wirbel hasteten aufgeregte, oft nur notdürftig bekleidete Menschen.

Inzwischen hatten sich auch die anderen emporgefunden. Da wir die schweren Jalousien herabgelassen hatten, war das Lokal ziemlich glimpflich weggekommen.

Vor Freude darüber rückte die Wirtin ihre letzte und lange aufgehobene Flasche Korn heraus. Allerdings war jetzt keine Zeit mehr für mich, in dem Lokal zu verbleiben und mich des Entrinnens aus diesem unsäglichen Unheil zu freuen. Mit jeder Minute vergrößerte sich mein Bangen um das Schicksal der daheim gebliebenen Angehörigen. Auch die Bekannte drängte, da sie ebenfalls zu ihren Kindern mußte. Ohne zu ahnen, daß sich die meisten von uns zum letzten Male die Hand drückten, gingen wir, durch den Alkohol etwas ermutigt, auseinander.

Überall, wohin wir uns auch wandten, brannten die Häuser lichterloh. Die funkendurchwirbelte Luft war zum Ersticken und beizte unsere ungeschützten Augen. Aber hierbleiben konnten wir nicht. Ganze Brandfladen kamen auf uns zugeflogen, und je tiefer wir in die Straßen drangen, desto heftiger wurde der Sturm, welcher brennende Fetzen an uns vorübertrieb.

An einem alten Manne vorbei, der mit seinem Pferd mitten in der brennenden Serrestraße stand, eilten wir dem Amalienplatze zu, in der Hoffnung, daß es dort vielleicht weniger schlimm sein würde. Doch an allen Orten das gleiche.

Die Pillnitzer- und Marschallstraße waren voller Feuer. Aus dem Gebäude des Albertinums, das ebenfalls getroffen war, entströmten Menschen in Scharen den brennenden Kellern, in denen sie während des Angriffs Schutz gefunden hatten. Um mich besser orientieren zu können, ging ich mit der Bekannten zur Brühlschen Terrasse empor und überblickte nun, zwischen dem Gebäude des ›Sächsischen Kunstvereins‹ und dem ›Belvedere‹ am Geländer stehenbleibend, den angerichteten Schaden und die schier unfaßbare Verheerung, welche auch die Neustadt betroffen hatte, die ebenfalls rot von Feuersbrunst war.

Ich sah, elbabwärts schauend, das Opernhaus lichterloh brennen und die scheinbar noch heilen Türme der Stadt dunkel gegen den brandhellen Nachthimmel ragen.

So schaurig und ungeheuerlich war das alles, daß ich es nur mit den Augen, kaum aber mit den Sinnen zu erfassen vermochte. Das tut man mit Dresden – einer der schönsten und kulturreichsten Stätten der Welt!

Ich wandte den Blick zur Carolabrücke, von der eine seltsam farbene, hohe Flamme flackernd emporstieg. Hier hatte sich die getroffene Rohrleitung des Gasnetzes entzündet, und ich überlegte im selben Moment, in den Brückenpfeilern könnten ja bereits Sprengladungen eingelassen sein; am Tage vorher waren hier Soldaten einer Pioniereinheit tätig gewesen.

Also wandten wir uns schleunigst von diesem gefährlichen Platze dem breiten Ring zu und gelangten bis zum Georgsplatz. Hier trennten wir uns; ich selbst bog nun in die Johann-Georgen-Allee ein und mußte etliche Male in Hauseingängen Schutz vor dem ständigen Funkenwirbel suchen.

Auch das Hygiene-Museum brannte und zeigte wüste Zerstörungen. Als ich eben daran vorübergegangen war, tat es plötzlich einen jähen Blitz und Knall, und im nämlichen Moment schleuderte mich der Luftdruck über einen dicken, am Boden liegenden Baumstamm hinweg zwischen eine Anzahl von Leuten, die erhobenen Kopfes dahinterhockten. »Verdammt, das konnte schiefgehen«, wandte ich mich an einen Mann neben mir. Aber der glotzte geradeaus und war tot. Tot waren auch die übrigen, die hier kauerten, und ich lief rasch weiter, wobei ich allerdings die Befürchtung nicht los wurde, daß abermals eine spät krepierende Bombe explodieren könnte.

Fast schlimmer noch als in den Straßen der Stadt sah es im

Großen Garten aus. Überall lagen Bäume gefällt, zwischen denen Gruppen von Menschen herumirrten. Ich mußte tiefe Bombentrichter umgehen und sah am Ende der Hauptallee die am Palais gelegenen Pavillons sämtlich lichterloh brennen. Eine vor dem Palais eingeschlagene Bombe hatte dieses prächtige Gebäude in eine öde Ruine verwandelt. Gewirre von Ästen und Stämmen sperrten die breite Fürstenallee.

Als ich dann eben den Comeniusplatz überqueren wollte, hörte ich eine kindliche Stimme rufen: »Dort kommt der Papa!«; und nun sah ich die Meinen, die Frau und alle Kinder nebst einigem geborgenem Gepäck auf einer Bank des Platzes sitzen und lief erlösten und dankbaren Herzens auf sie zu. Unsere Jüngsten, die Zwillinge, waren noch ganz befangen von dem, was sie eben überstanden hatten und kaum zu begreifen vermochten. Mit Mundtüchern und Schutzbrillen angetan, blickten sie angstvoll in die blutroten Brände, welche die Nacht erhellten, während mir meine Frau hastig berichtete, daß unser Nachbarhaus bereits brenne und auch unseres wohl nicht mehr zu retten sei.

Trotz meiner Müdigkeit und Erschöpfung gönnte ich mir nur einige Augenblicke Ruhe und tat erquickende Schlucke aus einer Selterswasserflasche. Dann hieß ich Jack, den mir verbliebenen Ältesten, mitzukommen und schritt mit ihm durch die Funkenwirbel der Fürstenstraße unserem Hause zu, das noch zugänglich war. Schnell eilten wir die Treppen empor zur offenstehenden Wohnung. Auf dem Dachboden oben befand sich unsere Hausfeuerwehr im Einsatz. Mit Mühe riß ich ein flaches Rollwägelchen hinter dem Ofen des Baderaumes hervor, trug es nach unten und bepackte es mit Betten, Kleidern und Wäsche, die wir aus den Kellern emporholten.

Otto Griebel, 1986

Zuführung

Am 8. Oktober 1989 stieß ich, vom Sachsenplatz kommend, in Höhe des Serumwerkes, gegen 16.30 Uhr auf einen stillen Zug von ca. 500 bis 1000 Menschen und schloß mich dem an. Die Absicht einer friedlichen Demonstration wurde von allen Teilnehmern getragen und sich gegenseitig dazu ermuntert. Es kam zu keiner Zeit zu Gewalttätigkeiten. Gerufen wurde unter Klatschen im Chor: »Wir bleiben hier, Reformen wollen wir!« Den herausschauenden Anwohnern und Passanten wurde zugerufen: »Schließt euch an, wir brauchen jeden Mann!«

Der Zug bewegte sich langsam zum Fetscherplatz und blieb dort plötzlich stehen. In diesem Moment stürmten hinter der Ecke, aus der Fetscherstraße kommend, Bereitschaftspolizisten in Zweierreihe hervor und sperrten die Straße ab! Dadurch begann die Menge sich panikartig zu zerstreuen und zurückzulaufen. An zwei Stellen sammelten sich jedoch unweit der Polizeikette zwei Gruppen. Die Polizisten trugen keine Helme und Schilde und hatten die Knüppel nicht in der Hand.

Ich begab mich zu der Gruppe, die sich auf der Striesener Straße über die ganze Straßenbreite niedersetzte (ca. 5 bis 8 Reihen) und der Polizei zurief: »Keine Gewalt!« Die Polizeikette wurde immer dichter. Alle Hauseingänge und Durchgänge zwischen den Häusern wurden abgeriegelt. Wir Sitzenden standen auf, als die Polizeikette nähergerannt kam. Es gab keine Aufforderungen der Polizei, daß die Demonstration illegal und der Platz zu verlassen sei. Manche versuchten nun noch, das Gebiet zu verlassen, wurden aber von der Polizei nicht durchgelassen.

Auffallend ruhig verlief diese ganze Absperraktion. Auch die stehengebliebenen Demonstranten blieben ruhig und riefen sich gegenseitig zur Besonnenheit auf.

Nach ca. 10 Minuten wurden LKWs rückwärts angefahren. Die Menge machte sich auf einen Abtransport gefaßt. Langsam und ohne Widerstand zu leisten bestiegen wir die LKWs. Auch ein Rollstuhlfahrer wurde aufgeladen. In unserem LKW mußten wir, ca. 20 bis 25 Männer und Frauen, die Sitze hochklappen und uns auf den Boden setzen. Vorn saßen sechs Polizisten mit einem Hund. Die Planen wurden zugeknöpft. Es dauerte eine Weile, ehe wir gegen 17.40 Uhr losfuhren.

In einem Kasernengelände angekommen – wie sich herausstellte, eine Kaserne der Bereitschaftspolizei auf dem Heller –, wurden die LKWs nacheinander entladen. »Die Frauen nach links! Die Männer nach rechts!« lauteten die Anweisungen. Sofort wurden wir an Garagentore verteilt und mußten uns mit dem Gesicht zur Wand, mit gespreizten Beinen und Händen schräg an die Wand lehnen. »Fliegerstellung« nannte man dies. In dieser Haltung mußten wir uns einer Leibesvisitation unterziehen und bekamen Ausweise und Gürtel weggenommen. Diese Aktion verlief sehr zackig, jede Bewegung wurde kommandiert und wir wurden angeschrien. Eine große LKW-Garage mußten wir einzeln betreten. Dort mußten Name und Geburtsdatum zur Registrierung gerufen werden. Dann wurden wir in Reihen aufgestellt. In einer Reihe standen ca. acht Mann hintereinander. Die Abstände zwischen den Reihen ca. einen Meter. Der Befehl lautete: »Absolute Ruhe«, »Beine gespreizt«, »Hände auf den Rücken« und »Blick frei geradeaus« (was zur Wand bedeutete). Verstöße gegen diese Anordnungen wurden mit Anschreien und Androhen von Knüppelschlägen geahndet. Ich wurde in dieser Art gegen 18.15 Uhr abgestellt.

In der Garage befanden sich ca. 100 Männer in Verwahrung. Ein Offizier in Kampfanzug, wahrscheinlich der Einsatzleiter, teilte uns mit, daß er erstens nicht in der Lage ist, auf Fragen zu antworten, und daß wir zur Klärung eines Sachverhaltes zugeführt wurden. Wir würden dann zu der Truppe geführt, wo wir unser Verhalten erklären könnten. Außerdem befänden wir uns in einem militärisch gesicherten Objekt. Bei Fluchtversuch würde von der Waffe Gebrauch gemacht. Auf Bitten nach Informationen von Angehörigen – es waren 16jährige und Familienväter darunter – wurde geantwortet: »Halt den Mund!« Auch Männer, die zur Schicht mußten, wurden ignoriert.

Das Stehen an einer Stelle wurde unerträglich. Einige am Bewegungsapparat Geschädigte bekamen dann nach mehrmaligen Bitten einen Stuhl. Mit Bewachung durften wir einzeln nach draußen auf einen Sandhaufen pinkeln gehen.

Nach ca. 3 Stunden Stehen wurde von einigen wieder nach dem Vorgesetzten verlangt, um die Anliegen nach Information der Angehörigen, Information über den weiteren Ablauf der Zuführung, Beschwerde über die unangemessenen Mittel (die Zuführung doch nur wegen Klärung eines Sachverhaltes), Fragen nach Befinden der mitverhafteten Frauen, Verlangen eines Rechtsanwaltes und einer Raucherpause anzubringen. Die Antwort: Der Einsatzleiter sei nicht da, und ein Stellvertreter wollte sich nicht finden. Einige »Zugeführte« versuchten, mit den Bewachern über ihr »Vergehen« und die Folgen dieser Polizeieinsätze zu sprechen.

Die bewachenden Bereitschaftspolizisten wurden des Schreiens müde, und die Ordnung lockerte sich. Da stürmten gegen 22.30 Uhr Offiziersschüler des Strafvollzuges in Kampfanzügen lauthals in die Garage. Mit Knüppeln schlugen sie in Rücken und Genick, packten die zuhinterst Stehenden und stellten sie brutal in die geforderte Stellung. Dabei schlugen sie mit den Knüppeln oder mit den Stiefeln zwischen die Beine, bis die geforderte Spreizung der Beine erreicht war. Wer nicht gleich reagierte oder sich beschwerte, wurde angebrüllt, brutal aus der Garage geschleift und draußen gegen die Tore geschleudert.

Die Nacht war sehr kalt. Die Hinausbeförderten mußten bei diesen Temperaturen, wieder in »Fliegerstellung« gegen die Blechtore gelehnt, draußen stehen.

In der Garage herrschte Totenstille; jeder hatte Angst vor weiteren Repressalien. Immer wieder wurden einzelne Leute herausgeholt. Unter anderem auch ein 16jähriger, der auf ein Hüftleiden verwies, weshalb er die Beine nicht so weit spreizen kann. Sein Schreien beim brutalen Versuch der Wächter, seine Beine draußen zu spreizen, ging durch Mark und Bein.

Das Stehen wurde zur Qual, psychischer Druck durch die Brutalität der Wächter und die Ungewißheit des Fortgangs immer stärker.

Endlich wurden nach ca. fünf Stunden die ersten Gruppen herausgeholt. Ich selbst stand sechs Stunden, andere Mitgefangene mußten insgesamt acht bis neun Stunden in der Garage stehen.

Vor dem Weg in die Kaserne wurden wir belehrt, daß bei Fluchtversuch polizeiliche Mittel bis hin zum Schußwaffengebrauch ohne Ankündigung eingesetzt werden.

In einem Gang der Kaserne standen wir mit dem Gesicht zur Wand. Hinter uns tranken die Wächter Kaffee, rauchten und schrien nur kurz, wenn wir den Kopf drehten. In einen Raum wurden dann jeweils zwei Verhaftete hereingeführt. Dort mußte ich alle Taschen und das Portemonnaie leeren, die Schuhe ausziehen und, wiederum in »Fliegerstellung«, an der Wand stehen und mich einer Leibesvisitation unterziehen. Meine Personalien wurden aufgenommen. Alle Wertsachen, die Uhr und der Inhalt der Taschen wurden aufgeschrieben und in einen Beutel verstaut.

Es erfolgte keine Information, was mit mir weiter geschehen würde. Zweimal bestand ich darauf, daß mein Betrieb zumindest informiert würde, da mein Fehlen zu spät bemerkt und negative Folgen auf die Produktion hätte. Dies wurde nicht getan.

Ich wurde gegen 0.30 Uhr in einen Gefängnis-LKW verladen. Die Frage, wohin wir gebracht würden, wurde von dem Wächter lakonisch abgetan: »Das hätten Sie eher fragen müssen.« Dicht gedrängt saßen wir in den Zellen des LKWs. Die Fahrt dauerte lange. Fehlende Straßenlaternen und schlechter Zustand der Straße ließen uns vermuten, daß man uns nach Bautzen brachte.

Wir hatten Angst, rechneten mit einem Schnellverfahren, Standgericht. Sollten in der Nacht Sondergesetze in Kraft getreten sein?

Unter lautem Gebrüll wurden wir aus dem LKW gejagt. »Hände in den Nacken!« »Im Laufschritt!« Wächter bildeten eine Gasse. Überall hagelte es Schläge. Es ging zu wie beim Viehtreiben. Ich bekam im Laufen Fußtritte, Knüppelschläge auf das Gesäß und einen gezielten Knüppelschlag auf den Hinterkopf (ärztliche Diagnose: Kopfprellung).

Abgehetzt erreichten wir über eine schmale Treppe einen Kirchenraum; die Gefängniskirche. Da saßen schon, in einem hörsaalähnlichen Raum auf Bänken, vor uns eingelieferte Gefangene. In Fünferreihen, Hände im Nacken, mußten wir wieder stehen. Auf die Plätze wurden wir verteilt. Nach ca. einer halben Stunde wurde ich herausgerufen und nach einer dritten Leibesvisitation zum Verhör in den Keller gebracht. Kam jemand, so mußte ich wieder mit dem Gesicht zur Wand stehenbleiben.

Der Vernehmer wurde von dem Wächter nur mit Nummer angesprochen. Namentlich stellte sich der Vernehmer nicht vor und begann mit der Befragung: »Warum wurden Sie zugeführt?« Auf meine Frage nach Rechtsmitteln und was das hier sei, wurde mir erklärt, daß es kein Verhör sei, sondern nur eine Befragung zwecks Klärung eines Sachverhaltes.

Der Vernehmer schien sehr müde. Die Untersuchung lief unter der Beschuldigung der »Zusammenrottung«. Nach dem Unterschreiben des Protokolls informierte mich der Oberst der K (wie sich auf dem Protokoll herausstellte), daß ich maximal 24 Stunden festgehalten werden dürfte und entschieden würde, ob ich dem Haftrichter vorgeführt werde oder nicht. Nach ca. einer dreiviertel Stunde nahm ich wieder in der Gefängniskirche Platz.

Der letzte Transport aus Dresden kam wohl gegen 5.00 Uhr morgens an. Das Sitzen, geschweige das Schlafen in den Bänken, war äußerst unbequem, da die kurzen Sitze und die hohe Brüstung nur eine Haltung zuließen. Etwa gegen 7.00 Uhr wurden wir zur »Zählung« aufgerufen. Wieder standen ca. 125 Männer in Sechserreihen und wurden offensichtlich aus Schikane ca. 20-30 Minuten stehengelassen.

Die Vernehmungen waren gegen Mittag abgeschlossen. Nur noch vereinzelt wurden Gefangene herausgeholt. Bewegt werden durfte sich nur mit den Händen im Nacken, selbst beim Gang auf die Toilette. Erst am Nachmittag kam der Befehl, nur noch die Hände auf dem Rücken halten zu müssen.

Die Zeit wurde elend lang, das Sitzen unerträglich. Für die 125 Mann stand eine verdreckte Toilette ohne Brille zur Verfügung. Dabei mußte die Tür noch offenbleiben, um vom Wächter beobachtet werden zu können. Waschen war nicht möglich. Die Fenster waren verdunkelt. Zu essen gab es erst nach dreimaligen Beschwerden, ca. 20 Stunden nach unserer Zuführung, Suppe mit Brot und Tee.

Manche Mitgefangene waren schon etwas eher als ich zugeführt worden. Sie waren schon über 24 Stunden im polizeilichen Gewahrsam. Proteste und Gespräche mit den Vorgesetzten wurden abgetan. Wir hätten kein Recht, und wenn wir drei Tage dort bleiben müßten. Dann wurde gedroht, uns herauszuholen und uns anders Ordnung beizubringen. Drei Mann, die sich dennoch beschwerten, wurden herausgeholt; was mit ihnen geschah, weiß ich nicht; sie kamen nach ca. 15 Minuten wieder.

Endlich gegen 17.00 Uhr holte man kleine Gruppen heraus, was auf eine Entlassung (aber evtl. auch Inhaftierung) schließen ließ. Ich selbst gehörte zur mittleren Gruppe. In einem Kellerraum teilte uns ein Polizeibeamter mit, daß entschieden worden sei, keine Strafverfolgung einzuleiten, aber ein Ordnungsstrafverfahren eingeleitet wurde. Nach einer Unterschrift unter eine nochmalige Stellungnahme und wieder im Gang mit dem Gesicht zur Wand, bekamen wir unsere Sachen wieder. »Es konnte Ihnen keine Straftat nachgewiesen werden. Sie sind frei.« Wie wir nach Dresden kommen, sei unsere Sache. Geld hätten wir ja. Auf meine Beschwerde hin, daß ich mir die Fahrt nach Bautzen nicht ausgesucht hätte, bekam ich zur Antwort, daß ich mich nicht an illegalen Demonstrationen zu beteiligen brauchte.

18.30 Uhr verließ ich mit vier Mitgefangenen die Strafvollzugsanstalt Bautzen. Wir ertappten uns dabei, noch immer die Hände auf dem Rücken zu halten. *Michael Dulig, 1989*

Brief eines Bereitschaftspolizisten an seinen Seelsorger

(Zu den Ereignissen am 4. und 5. Oktober 1989 in Dresden)

Aufgrund der Ereignisse der letzten Tage hier in Dresden möchte ich Dir schreiben.

Ich stehe ja nun wegen meiner Inkonsequenz vor der Einberufung als Christ auf der anderen Seite. Glaube mir, daß sich die Sache so entwickelt, wollte niemand von uns Wehrpflichtigen. Wir sind nur leider die, die den Kopf hinhalten müssen.

Für uns gibt es nur zwei Möglichkeiten, entweder die Befehle ausführen, oder für lange, für sehr lange Zeit nach Schwedt ins Militärgefängnis zu gehen. Am Mittwoch und am Donnerstag war die Situation noch eine ganz andere. Dort standen uns Leute gegenüber, die die Polizei mit Steinen, Brandflaschen und Säureflaschen bewarfen. Unser Zug war am Mittwoch mit dabei, als der Hauptbahnhof belagert wurde, und am Donnerstag auf der Prager Straße. Uns holte man erst relativ spät und stellte uns zuerst dorthin, wo es am gefährlichsten war. Wir hatten nur Angst. Auf unsere Schilde prasselten Steine, vor uns schlugen Brand- und Säureflaschen auf den Asphalt. Zwei Mann von uns kippten um. Steine hatten ihre Visiere durchschlagen.

Danach wurden wir aus der ersten Reihe herausgenommen und mußten unsere Schilde ablegen. Dann wurden wir zu Fünfergruppen aufgeteilt und wurden in die Massen reingejagt, um die Steinwerfer herauszuholen. Unsere Offiziere, die Schutzpolizei und die Stasi blieben in sicherem Abstand hinter der Sperrkette. In diesen Minuten hatte ich das erste und bis jetzt das einzige Mal in meinem Leben das Gefühl von Todesangst. Vor uns die wütende Menschenmasse und hinter uns Offiziere, Stasi und in der Kaserne der Militärstaatsanwalt. Das, was wir dort drinnen (in der Menschenmenge) gemacht haben, taten wir aus Angst und einfach aus Überlebenswillen.

Was sich aber in den letzten Tagen, und auch schon seit den ersten von bestimmten Gruppen der Schutz- und Sicherheitsorgane praktiziert, abspielte, ist für jeden noch normal denkenden Menschen abstoßend und erschütternd. So werden unbeteiligte Zuschauer und gewaltlos demonstrierende Menschen von »Leuten« des Strafvollzuges in der Kaserne genauso »empfangen« wie die Leute, die mit Brandflaschen geworfen haben. Besonders erschütternd ist, wie von diesen »Leuten« (es können keine Menschen mehr sein) Frauen, Mädchen und ältere Menschen geschlagen werden. Nicht nur bei mir schwindet langsam im Angesicht solcher Aktionen die Angst vor dem Staatsanwalt. Das ist auch der Grund, warum ich Dir diesen Brief schreibe. Ich bitte Dich bloß um eins: Bete für mich und vergib mir, wenn Du kannst.

Verlies diesen Brief bitte in der Jungen Gemeinde und zeige ihn jedem, der wissen möchte, wie es in uns Wehrpflichtigen aussieht, die zu solchen, einem sozialistischen Staat unwürdigen Aktionen gezwungen werden.

Die Künste

Kunstsammlungen in Dresden

Für Deutschland und das Kurfürstentum Sachsen war es ein Verlust, daß ein Fürst von so seltnen Vorzügen, die *Friedrich August* körperlich und geistig besaß, durch die Polnischen Verwirrungen und Kriege gehindert ward, für Deutschland allein zu leben. Der großmütige, durch Reisen gebildete, Kunst- und Welterfahrne Kurfürst würde den Wissenschaften in Seinem Lande, das reich an Naturprodukten und Anlagen zur Wissenschaft ist, für vielen andern Ländern Deutschlands *den* neuen Glanz gegeben haben, auf den es seit der Reformation den ersten Anspruch hatte. Leibnitz schlug dem Kurfürsten eine *Akademie der Naturmerkwürdigkeiten* zu Sammlung und Erforschung derselben nach einem großen Plan vor, den Er einesteils durch reiche Sammlungen dieser Art in Wirkung setzte, andern Teils unter den Polnischen Händeln aufgab. Dresden indes zierte sein prachtliebender Geist mit Gebäuden; unter ihm war es eine Schule der Artigkeit und ist es geblieben. Vor Allem aber sind die *Kunst- und Altertumssammlungen*, die er mit ansehnlichen Kosten stiftete, Tropheen seiner Regierung. Was *ein Friedrich August* im Anfange des Jahrhunderts anfing, hat ein anderer *Friedrich August* am Ende desselben vollendet. Durch sie ist Dresden in Ansehung der Kunstschätze ein *Deutsches Florenz* worden.

»Wie aber, sagt man, ists gut, daß Italien seiner Kunstreichtümer beraubt werde? Dies Land, das zu ihrer Aufbewahrung erschaffen zu sein scheinet. Unter jenem glücklichen Himmel, in Regionen der Ruhe, milder Regierungen und eines Pontifikats standen sie da, jedem Künstler zu jeder Zeit zugangbar.

Ein großer Teil war anvertraut-erbliches Gut alter Familien. Aus Vorurteil und Stolz der Geschlechter waren sie der Nation wert. Verpflanzt in andre Gegenden, hie und da in ein Gewühl, das den ruhigen Künstler stört, oder gar in unsichtbar-gewordne einzelne Schlösser und Paläste, sind sie nicht mehr, was sie in den Museen und Villen Italiens waren.«

So spricht man und hat in einigem sehr Recht. Wenn Pluto z. B. die schönsten Statuen in Albions zerstreute Parks entführt: so sind sie dort, der Proserpina gleich, verschwunden. Der Lord und die Lady studieren an ihnen nicht; und welcher ausländische Künstler ist reich genug, um in den zerstreuten Parks der Großen Albions Kunstwerke zu sehen, wie er sie in Rom sah und studierte? Auch in das schöne, aber ferne Spanien sind Kunstwerke wie ins ferne Elysium nahe den Herkulischen Grenzen verflogen. Und wer mag sie besuchen am Nordpol? – Wie im geräuschvollen Paris ihre Anwendung sein werde, wird die Zeit lehren. – Verglichen mit allen diesen Ländern macht Deutschland (verzeihe man dem Deutschen diese Vorliebe) eine Ausnahme. Mit Italien ist Deutschland nur eigentlich ein Land: denn ein großer Teil der Einwohner dieses Sitzes der Kunst ist deutscher Abkunft, und seit einem Jahrtausend waren beide Länder in Ansehung des Handels und der Regierung fortwährend in Streit oder in Gemeinschaft. Aber auch diesen Zusammenhang nicht gerechnet, hat Deutschland seit Wiedererwekkung der Künste mit Italien in ihnen gewetteifert, und war ihm, aller seiner Nachteile ungeachtet, in manchen Erfindungen vorgeeilt. Vielleicht hat auch der Deutsche Künstler vor andern fremden Nationen den Vorzug, daß er keine unablegliche Manier zu den Kunstwerken Italiens bringt; es müßte denn, seit *Dürer*, *Holbein* und ihren Vorgängern, Richtigkeit der Zeichnung und Charakterwahrheit, die oft in strenge und dürre Härte überging, ihre Manier sein. Von solchen aber fingen die Griechen und ältern Florentiner auch an, ja sie ist aller Kunst

27. Antikensammlung im Japanischen Palais, Saal der Satyrisken, 1888

Eingang. Wenn also *deutsche* Fürsten Gemälde und Altertümer in ihren Ländern sammelten, als es noch Zeit war, und die Galerieen zu *Wien*, *München*, wo auch *Manheim* und *Düsseldorf* ist; *Dresden*, *Kassel* u. f. noch blühen; so sind sie als *Kolonien der Kunst*, als Vorbereitungen zu betrachten, die den Schüler über die Alpen hin leiten. Sind (um nur die neusten Zeiten zu nennen) *Mengs* und *Winkelmann* nicht Deutsche? Von *Dresdens* Kunstsammlungen geweckt, wurde Winkelmann Lehrer der Kunst für alle Nationen. Sein erstes Buch: »Über die Nachahmung griechischer Kunstwerke« schrieb er in Deutschland. Seitdem sind alle Völker Europa's, die an der Kunst teilnehmen, seiner Spur gefolgt.

Blühe, *Deutsches Florenz*, mit Deinen Schätzen der Kunstwelt!
Stille gesichert sei *Dresden Olympia* uns.
Phidias-Winkelmann erwacht' an Deinen Gebilden,
Und an Deinem Altar sproßete *Raphael-Mengs*.

Über alles Kunstlob erhebt sich der kurze Zusatz, daß wenn ein *Friedrich August* vor Anfang des verflossenen Jahrhunderts die polnische Krone kostbar suchte, ein anderer *Friedrich August* sie vor Ausgang des Jahrhunderts fürs Beste seiner Länder gerecht und würdig ausschlug. Das Jahrhundert, das ein *Alkibiades* begann, beschloß ein *Aristides*.

Johann Gottfried Herder, 1802

Vom Dresdner Kreuzchor

Harten Fleiß und manchen Verzicht setzt ein Chorschülerleben voraus. Mit acht Jahren bereits stellt sich der Junge als Anwärter zur Vorprüfung ein. Schon hier wird eine strenge Auslese getroffen. Nur etwa fünf Prozent aller Bewerber stehen in engerer Wahl. Noten- und Anfangskenntnisse im Klavierspiel werden vorausgesetzt oder müssen auf schnellstem Wege erworben werden. Darauf erfolgt der Eintritt in eine der Versuchsklassen der Vorbereitungsabteilung. Vier bis sechs Wochen lang werden die Jungen hier in die Anfangsgründe des Chorsingens eingeführt. Sie werden mit Gesangs- und Gehörübungen bekannt gemacht, erwerben musiktheoretische Grundkenntnisse und mühen sich, die verschiedensten Intervalle genau zu bestimmen und selbst zu singen. Während dieser Wochen scheiden sich bereits wiederum die Geister. Wer die Klippe der abermaligen Auslese überwunden hat, wird nun in die planmäßige Vorbereitung eingereiht, deren Ziel die musikalische Hauptprüfung am Ende des vierten Schuljahres ist. Das ist ein großer Tag, an dem die kleinen Kerle ihre Arien, Klavierstücke, Treffübungen, ihr Vom-Blatt-Singen und ihre blitzgeschwinden musiktheoretischen Antworten vor der Prüfungskommission, vor Eltern- und Schülerschaft in Wettbewerb stellen. Nur eine kleine Zahl von besten Sängern kann im Chor aufgenommen werden. Die Neulinge ziehen mit Beginn des Schuljahres mit Sack und Pack im Alumnat ein, in dessen Räumen auch der Schulunterricht erteilt wird. An den allgemeinen Chorproben nehmen sie zunächst mehr hörend und nachlesend teil, während sie im übrigen meist ihre Einzelproben haben. Aber es dauert nicht lange, und dieser und jener wird »flügge«. Er hört auf, ratlos in den Noten zu blättern und ängstlich auf den Nachbarn zu lauschen. Noch einige Wochen, und sein Name steht erstmalig auf der Konzertliste. Bald gehört er zu den Stützen des Soprans und wird ins »erste Glied« eingereiht. Im übrigen läuft sein Leben in streng geregelten Bahnen des Chorbetriebes. Morgens sieben Uhr erwacht er zusammen mit seinen Kameraden im großen Schlafsaal. Vor dem Frühstück erklingt das Morgensingen. An den allgemeinen Unterrichtsschluß fügt sich sofort die etwa eineinhalbstündige Gesamtprobe.

Die Jungen studieren nebeneinander doppelchörige Sätze alter Meister, Bach-Motetten und moderne Werke, die sie zur Ur- oder zur Erstaufführung bringen. Eine Anzahl junger, hoffnungsvoller Komponisten steht in persönlicher Verbindung mit dem Chor, der ihre Werke ausprobiert, manchmal für das Experiment einer einzigen Aufführung. Eine besondere Pflege erfährt das reiche Lebenswerk des großen Dresdner Altmeisters Heinrich Schütz, die durch die Stiftung einer Schütz-Gedächtniskapelle in der Kreuzkirche durch den Kreuzkantor, die alljährliche Veranstaltung von Heinrich-Schütz-Tagen des Kreuzchors und die Verlegung des Internationalen Schütz-Festes 1956 nach Dresden nachdrücklich bekräftigt ist. Alles dieses ganz auf die Eigenart der Knabenchor- und Knabeneinzelstimme abgestellte Musizieren setzt eine in jeder Hinsicht ausgefeilte Form der Einstudierung und der künstlerischen Kleinarbeit voraus. Viel zu rasch ist die Übungszeit vergangen. Der Nachmittag ist aufgeteilt in Freizeit, Arbeitsstunde, Klavierübung und Einzelproben.

Allmählich begreift jeder der kleinen Sänger, daß sich die gesamte Chor- und Probenarbeit auf den Wettstreit der einzelnen Leistungen gründet. Immer wieder dienen die Einzel- und Gruppenübungsstunden dazu, die Stimmen gegeneinander abzuwägen, ihren jeweiligen Stand zu kontrollieren und etwaige Fehler auszumerzen. Nach den Ergebnissen dieser Proben wird die monatliche Leistungsliste aufgestellt, die öffentlich aushängt. Die Leistungsliste dient als Grundlage für die Auswahl der Konzert- und Reisebesetzungen, und sie wird jedesmal mit Herzklopfen in Augenschein genommen. Oft werden auch die Leistungen verschiedener Gruppen, die getrennt geprobt haben, in Wettbewerb gestellt. Die älteren Alumnen, voran die beiden Musikpräfekten, werden hier beim Abhalten von Gruppenproben bereits mit eingespannt. Eine besondere Stellung nehmen die Solisten ein. Ihre Stimmen

28. Kreuzchor vor dem Altar der Kreuzkirche, 1957

werden noch sorgfältiger als die der übrigen Sänger überwacht. Allmählich, meist im Verlaufe des achten Schuljahres, stellt sich dann der Stimmwechsel ein, nachdem der Sänger bereits vom 2. Sopran in den 1. oder 2. Alt hinübergewechselt ist. In der Regel verläßt er jetzt für einige Monate das Alumnat, um nachwachsenden Sängern Platz zu machen. Am Ende des achten Schuljahres erfolgt die Auswahl für den Besuch der Oberschule. Nun steht der ersehnte Tag offen, sich gradlinig zu einem tüchtigen Männerchoristen heranzubilden, Musik- oder Hauspräfekt zu werden und schließlich am Ende seiner Laufbahn als Bassist oder Tenorist das Abitur zu bestehen.

Ebenso alt wie die Stadt, ja vielleicht noch älter, ist jenes Sängerknaben-Institut, aus dem sich der heutige Kreuzchor entwickelt hat. Ursprünglich ein Konvikt von Ministranten, dem Bischof von Meißen unterstellt, später Chorknaben-Schola im Dienst der zum Wallfahrtsort erhobenen Nikolaikirche (der späteren Kreuzkirche), nach Einführung der Reformation Lateinschule und Hauptkantorei, deren Kurrendesänger von Haus zu Haus durch die Straßen zogen oder in der Kreuzkirche tapfer ihre Motetten und Figuralmusiken erschallen ließen, gehörten die Kruzianer von Anfang an zur Stadtgeschichte.

Wir sehen sie im Geiste nachts durch verwinkelte Gassen ziehen, geleitet von Meßglöckchen und schwankender Laterne, dem Priester folgend, der zu später Stunde zu einem Kranken eilt; oder beim Altdresdner Kirchweihfest, dem berühmten Johannismarkt, wie sie, unter einer natürlichen Kalbshaut verborgen, in der Festprozession die biblische Szene vom »Goldenen Kalb« zu verkörpern haben, indes der Stadtrat ein Fäßlein Bier für die durstigen Kehlen im Kalbskopf verborgen hält. In enger Schulstube zusammengepfercht, werden sie in Latein und Gesang unterwiesen und verdienen sich ihren Lebensunterhalt durch Ziegeltragen in der Ratsziegelei, durch Heumachen auf den Pfarrwiesen, als Ausschreier von Ratsverordnungen oder Eintreiber von Biersteuern in Begleitung der Stadtknechte.

Die Glaubenskämpfe der Vorreformation gingen nicht spurlos an ihnen vorüber. Die Schülerherberge zum Heiligen Kreuz wurde zur Zuflucht freiheitlich gesonnener Geister, insbesondere der aus Böhmen vertriebenen Anhänger hussitischer Lehren. In einer dreiwöchigen Fehde der Kreuzschüler mit den Schneidergesellen wurden soziale Spannungen ausgetragen, so leidenschaftlich, daß mehrere Wochen hindurch Stadtväter mit Hellebarden aufgeboten werden mußten, um die streitenden Parteien auseinanderzuhalten. Wenige Menschenalter später vereinigten sich Stadtrat, Stadtgeistliche und Kreuzchor als letzte Träger freiheitlicher städtischer Gesinnung im Widerstand gegen die Willkür des kurfürstlichen Hofes, die im machtpolitisch bestimmten Konfessionswechsel Augusts des Starken einen besonders deutlichen Ausdruck fand.

Neben den vielfältigsten kirchenmusikalischen Verpflichtungen agierten ein Jahrhundert lang Kruzianer als Opernchoristen beim italienischen Hoftheater und »auf dem Linck'schen Bade« unter Antonio Lotti, Joh. Adolph Hasse, E. T. A. Hoffmann und Carl Maria von Weber. Richard Wagner, vier Jahre lang Kreuzgymnasiast, schrieb seinen »Lateranchor« und »Chor der Friedensboten« in »Rienzi« und den »Gesang der Knaben aus der Kuppel« in »Parsifal« für den »Singchor der Kreuzschule«, wenn auch der auf strenge Schulreform bedachte Rektor die Mitwirkung der Buben auf der Theaterbühne untersagte, nachdem durch Carl Maria von Weber ein berufsmäßiger Opernchor gegründet worden war.

Lehrer und Schüler der »Schola crucis« waren auch an den Aufständen der Dresdner Revolutionsjahre 1830 und 1849 beteiligt, und erst in der 2. Hälfte des 19. Jahrhunderts begann jene unfruchtbare Zeit, die mehr ein kleinbürgerliches Stagnieren als eine künstlerische Entwicklung zeigte.

Der Weltkrieg von 1914-1918 mit seinen sozialen und revolutionären Umschichtungen sowie den schweren wirtschaftlichen Nöten der Folgezeit leitete auch für das Chorinstitut einen grundlegenden Strukturwandel ein. Aus der im allgemeinen Gymnasialbetrieb nur mehr mitlaufenden »Chorgesangsklasse der Kreuzschule« begann wieder, wie in früherer Zeit, ein selbständiger Kulturfaktor zu werden. Konzertreisen wurden unternommen, im Jahre 1920 fuhren die Kruzianer erstmalig ins Ausland, auf eine Tournee nach Schweden. Als der Unterzeichnete im Jahre 1930 das Amt des Kreuzkantors übernahm, besaß der Dresdner Kreuzchor bereits seine Konzertgemeinde in Schweden und Holland.

Die nächstliegende Aufgabe war, den Chor auf den Stand der emporstrebenden zeitgenössischen Musikpflege zu bringen. Dies geschah einmal durch Rückkehr zum werkgerechten A-cappella- und Generalbaß-Musizieren, vor allem jedoch durch die enge Fühlungnahme mit der kirchenmusikalischen

Moderne. Unter neuem Vorzeichen wurden Auslandstourneen unternommen: nach Holland, zweimal nach Nord- und Mittelamerika, nach Schweden, Finnland, Norwegen und Dänemark, nach Osteuropa, Ungarn und wiederum Holland. Der Name Dresdens wurde im Jubilieren heller Knabensoprane in die Welt hinausgetragen.

Die Veranstaltungen der Kruzianer in ihrer Heimatstadt, die regelmäßigen Kreuzchorvespern, glanzvolle Oratorienaufführungen, Serenaden vor der schönen Kulisse des Dresdner Zwingers, Matineen im Kurpark Weißer Hirsch, Kurrendeumgänge in historischer Tracht und die traditionellen Christvespern in der Kreuz- und Frauenkirche lockten Scharen von Fremden herbei, bis Faschismus und Krieg nach und nach jede Kunstausübung zunichte machten. Mit dem sterbenden alten Dresden ging auch die Kreuzschule unter.

Harte Arbeit und große Entbehrungen standen vor uns, nachdem sich im Juli 1945 eine armselige Schar von Sängern in den Kellerräumen einer zerstörten Oberschule zusammengefunden hatte. Unter den Toten der Stadt betrauerten wir elf Kreuzschüler. Wie die Kruzianervorfahren des Mittelalters ging man um Brot und Unterhalt auf die Dörfer der Umgebung Dresdens »singen«. Aus mühsam von Kinderhand mit Bleistift kopierten Notenblättern trug man allmählich wieder eine Chorbibliothek zusammen. *Rudolf Mauersberger, 1956*

Die »Brücke«

Ostern 1905 siedelte Schmidt-Rottluff zum Studium der Architektur nach Dresden über, traf dort Heckel wieder, der seit einem Jahre wie Kirchner bei Fritz Schumacher an der Technischen Hochschule studierte, und lernte Kirchner kennen. Im Gegensatz zu den beiden belegte er nur zwei Semester die Vorlesungen und begann schon 1905 zu malen, nachdem Heckel und Kirchner sich inzwischen endgültig entschlossen hatten, Maler zu werden. Nur Kirchner absolvierte die Hochschule und machte 1905 die Abschlußprüfung, Heckel dagegen trat als Zeichner in das Büro des Architekten Wilhelm Kreis ein, um einen finanziellen Rückhalt zu haben. Eine Kunstschule besuchten sie nicht, allein Kirchner hatte 1903 bis 1904 zwei Semester an der Kunstschule von W. Debschitz und H. Obrist in München gearbeitet.

Juni 1905 beschlossen die angehenden Maler, ihre Zusammengehörigkeit durch die Gründung einer Gruppe zu manifestieren, und nannten sie auf Vorschlag Schmidt-Rottluffs die »Brücke«. Karl Schmidt fügte als Maler von da an seinem bürgerlichen Namen den Namen des Geburtsortes bei und signierte Schmidt-Rottluff. Gründungsmitglieder waren Ernst Ludwig Kirchner, Fritz Bleyl, Erich Heckel und Schmidt-Rottluff. Bleyl war mit Kirchner befreundet, den er als Architektur-Student 1902 bei Schumacher kennengelernt hatte, und gehörte der Gruppe nur reichlich ein Jahr an. Von ihm sind die ersten Drucksachen sowie Titel und Inhaltsverzeichnis der ersten »Brücke«-Mappe. Er hat sehr viel später nochmals mit Erich Heckel zusammen in der Galerie Emil Richter, Dresden, ausgestellt.

»Brücke« sollte nicht etwa Brücke zu einer neuen Zeit, einer neuen Kunst bedeuten, sondern Weg zu den Mitgliedern der Gruppe. Sie wollten die Mutigen um sich sammeln und forderten diesen und jenen aus Deutschland und dem Ausland auf. Was sie wollten, geht aus einer programmatischen Erklärung Kirchners hervor, die den Wortlaut hat: »Mit dem Glauben an Entwicklung, an eine neue Generation der Schaffenden wie der Genießenden, rufen wir alle Jugend zusammen, und als Jugend, die die Zukunft trägt, wollen wir uns Arm- und

Lebensfreiheit verschaffen gegenüber den wohlangesessenen älteren Kräften. Jeder gehört zu uns, der unmittelbar und unverfälscht das wiedergibt, was ihn zum Schaffen drängt.« Die Erklärung ist reichlich allgemein gehalten und besagt nicht viel. Etwas mehr geht aus einem Brief hervor, den Schmidt-Rottluff am 4. Februar 1906 Emil Nolde schrieb, nachdem dieser kurz vorher mit seinen Bildern in der Galerie Arnold-Dresden den Beifall der »Brücke«-Maler gefunden hatte. Er lautet: »Daß ich gleich mit der Sprache herausrücke – die hiesige Künstlergruppe ›Brücke‹ würde es sich zur Ehre anrechnen, Sie als Mitglied begrüßen zu können. Freilich – Sie werden ebenso wenig von der Brücke wissen, als wir vor Ihrer Ausstellung bei Arnold von Ihnen wußten. Nun, eine von den Bestrebungen der Brücke ist, alle revolutionären und gärenden Elemente an sich zu ziehen – das besagt der Name Brücke. Die Brücke besorgt außerdem jährlich mehrere Ausstellungen, die sie in Deutschland turnieren läßt, so daß damit der einzelne der Geschäfte enthoben wird. Ein weiteres Ziel ist die Schaffung eines eigenen Ausstellungsraumes – vorläufig Ideal, denn es fehlt noch das Geld. – Nun, geehrter Herr Nolde, denken Sie, wie und was Sie wollen, wir haben Ihnen hiermit den Zoll für Ihre Farbenstürme entrichten wollen. Ergebenst und huldigend die Künstlergruppe Brücke i. A. Karl Schmidt.«

Nolde nahm die Einladung an und blieb einundeinhalb Jahre Mitglied. Er fuhr sogar 1906 mit seiner Frau für einige Monate nach Dresden und »sah durch die Brückekünstler das Selbstdrucken von Holzplatten«. Er kam also durch die jüngeren Freunde zum Holzschnitt, wie diese durch ihn mit der Radierung vertraut wurden.

[. . .]

Die »Brücke« erleichterte die dürftige wirtschaftliche Lage der jungen Maler in Dresden nicht, wie sie gehofft hatten. Sie kamen alle nicht aus wohlhabenden Häusern, Kirchners Vater war Papiersachverständiger, der Schmidt-Rottluffs Müller, Heckels Vater war Eisenbahnangestellter, der Pechsteins Appreturmeister. Kirchner war übrigens der einzige Nichtsachse, er war seiner Abstammung nach Märker und in Aschaffenburg geboren, Schmidt-Rottluff war aus Chemnitz, Heckel aus Döbeln, Pechstein aus Zwickau, provinziellen Industriestädten. Nur Pechstein besuchte nach praktischer Lehre als Malerlehrling die Akademie, die anderen waren mehr oder weniger Autodidakten. Es ist bezeichnend, daß es Pechstein als Schüler Otto Gußmanns etwas leichter hatte, er konnte es sich schon 1908 leisten, nach Berlin überzusiedeln, und wurde von der Sezession bevorzugt behandelt.

Der Zuschuß, den Schmidt-Rottluff von zu Hause erhielt, war klein und reichte um so weniger, als er an der Technischen Hochschule belegen und mancherlei für das Studium anschaffen mußte, daneben aber gezwungen war, Mal- und Zeichenmaterial zu kaufen, denn sein Entschluß, Maler zu werden, stand fest. Um leben zu können, bemühte er sich um gebrauchsgraphische Aufträge. Jeder suchte einen Nebenverdienst, Kirchner zum Beispiel malte zeitweilig für einen Ofensetzer Kacheln. An Verkäufe war nicht zu denken, auch mit graphischen Blättern hatten die Maler keinen Erfolg. Der Direktor des Dresdner Kupferstichkabinetts nannte die Radierungen und Holzschnitte Noldes, die dieser ihm gesandt hatte, kindliche Versuche, jammervoll schlecht und ein Zerrbild der Natur; dasselbe bekamen die Dresdner zu hören, als sie ihm ihre Blätter vorlegten. Man mußte sich selbst helfen und suchte eine gemeinsame Basis, man arbeitete in einem Schuhladen, den Heckel in der Berliner Straße in der Friedrichstadt entdeckte und den er und die Freunde in ein Atelier verwandelten. Ein wenig später hatte Heckel ein ähnliches Laden-Atelier für sich an der nahegelegenen Falkenbrücke. Die Einrichtungsgegenstände fabrizierte man selbst. Im Sommer gingen die Maler

29. Otto Dix: Blick von der Brühlschen Terrasse auf Hofkirche und Oper

in die Umgebung der Stadt, nach Goppeln oder an die Moritzburger Seen, wo sie mit ihren Modellen primitiv und billig existieren konnten. Sie waren unbürgerlich und träumten von einer vernünftigeren Gesellschaft, als es die war, in der sie lebten. Sie wollten die Welt verbessern, wollten zurück zur Natur und voran zu einer natürlicheren Ordnung der politischen und sozialen Verhältnisse. Andererseits waren sie Aristokraten und führten ein Tagebuch mit dem Horazischen Titel »Odi profanum vulgus«, in das sie ihre Meinungen über Kunst und Leben schrieben und zeichneten. Es ist leider verschollen und dürfte vernichtet sein.

[. . .]

Vorzuzeigen hatten sie noch nicht viel, aber ihr Stolz erforderte es, sich der Öffentlichkeit zu präsentieren. Das geschah 1906 in der Lampenfabrik Seifert in Dresden-Löbtau und war ein Schlag ins Nichts, niemand beachtete sie. Erst als der Kunstsalon Richter in der Prager Straße ein Jahr später die

Maler zeigte, nahmen Kritik und Publikum Stellung und lehnten in gröbster Weise ab. Nur Paul Fechter, damals Feuilletonredakteur der »Dresdner Neuesten Nachrichten«, brachte Verständnis für diese Bilderstürmer auf, besonders für Pechstein, dessen Graphik er später katalogisierte. Immerhin, von nun an existierte die »Brücke« mit ihrer neuen deutschen Kunst im Bewußtsein der Zeitgenossen. Sie wurde von Jahr zu Jahr sogar wirksamer, und zwar durch ihre Mappen.

Als Nolde 1906 sich in Dresden aufhielt, schlug er den Malern vor, zur Verbesserung ihrer wirtschaftlichen Lage passive Mitglieder der »Brücke« zu werben und ihnen gegen einen Beitrag von 12 Mark, später von 25 Mark, eine graphische Mappe als Jahresgabe zu liefern. Der Vorschlag wurde angenommen, und 1906 erschien die erste jener sagenhaft berühmt gewordenen »Brücke«-Mappen mit drei Holzschnitten, in der zweiten 1907 war auch Schmidt-Rottluff vertreten, die vierte von 1909 war ihm gewidmet, den Titelholzschnitt, das Porträt Schmidt-Rottluffs hatte Kirchner geschnitten. Es folgten eine Kirchner-, eine Heckel- und 1912 als siebente und letzte eine Pechstein-Mappe. Von 1909 an waren die Titelholzschnitte der Mappe von einem anderen Künstler als der Inhalt. Man wollte auch damit die Idee der Gemeinschaft unterstreichen. Außer den Mappen wurden Mitgliedskarten, kurze Berichte und Mitgliederverzeichnisse verschickt. Die »Brücke«-Berichte von 1910 und die Mitgliedskarten von 1911 sind von Schmidt-Rottluff. 1910 waren es 68 Mitglieder, wie wir dem Katalog der »Brücke«-Ausstellung in der Galerie Arnold entnehmen. Wir erfahren, wer zu ihnen gehörte, natürlich Gustav Schiefler und Rosa Schapire in Hamburg, die unter den ersten »Brücke«-Anhängern waren, Professor Fehr, der Nolde-Sammler und Kirchner-Freund, Professor Otto Gußmann, der Lehrer Pechsteins, Graf Harry von Keßler, der Gründer des Deutschen Künstlerbundes und Maillol-Entdecker, der Kaufmann Ludwig Delbanco und die Sammlerin Martha Rauert in Hamburg, Paul Ferdinand Schmidt in Magdeburg, einer der ersten Museumsbeamten mit Verständnis für die neue Kunst, einige Ärzte, Schriftsteller, Sammler, Studenten. Nicht Mitglied war Professor Robert Sterl von der Dresdner Kunstakademie, der trotzdem mutig für die junge Generation eintrat und sich besonders für Schmidt-Rottluff interessierte. Aber das war 1910, als die ersten Erfolge sichtbar wurden, eine repräsentative Ausstellung in der besten Dresdner Kunstgalerie, der Galerie Arnold, stattfand und Kirchner, Schmidt-Rottluff und Heckel bereits daran dachten, Dresden mit dem aktiveren Berlin zu vertauschen. Denn so angenehm Dresden als Wohnort war, als Musik- und Kunststadt (die Richard-Strauss-Premieren fanden hier statt), als Fremdenstadt und Treffpunkt internationaler Berühmtheiten, für die jungen Maler war die Stadt kein Boden. Der Ankauf der berühmten »Steinklopfer« Courbets im Jahre 1904 führte schon zu heftigen Diskussionen, der erste Monet kam 1909 in die Staatliche Gemäldegalerie, Heckel und Nolde folgten erst 1920, Kirchner 1925, Munch 1926, Pechstein und Schmidt-Rottluff 1928!

Will Grohmann, 1956

Otto Ludwig in Dresden

Als Otto Ludwig im Frühling 1843 in Dresden eintraf, war die malerisch gelegne Elbestadt in eine der kurzen Glanzperioden ihres geistigen und geselligen Lebens eingetreten, in denen sie mit Recht als ein Mittelpunkt deutscher Kunst gelten durfte. Ihrer räumlichen Ausdehnung und ihren sozialen Zuständen nach immer noch nur eine behagliche Mittelstadt, mit anmutigen Umgebungen, mit überreichen Hilfsmitteln geistiger Genüsse in ihren herrlichen Kunstsammlungen, ihrem ausgezeichneten Theater, ihrer schon ein Jahrhundert lang gleichmäßig vorzüglichen Hofkapelle ausgerüstet, jetzt aber, just am Ausgang der dreißiger und Eingang der vierziger Jahre, von einem veränderten und frischen Geisteshauch durchweht, begann sie neue Anziehungskraft zu üben. Die Restaurationsperiode zwischen 1815 und 1830 hatte die wunderlichsten Gegensätze und Widersprüche auf allen den Gebieten gesehen, auf denen Dresdens Bedeutung und alter Ruhm beruhte. Während die diesseits der Alpen unübertroffne Gemäldesammlung die Besucher zu Tausenden nach der sächsischen Residenz zog und das Entzücken aller mit Augen begabten Menschen bildete, hatte man mit einer bis zum Lächerlichen verzopften, mit den geistlosesten Mittelmäßigkeiten, ja mit unfähigen Stümpern besetzten Kunstakademie und mit der Begünstigung lebloser und nichtiger Kleinkunst, Malerei und Plastik größern Stils schier bis zur Unglaublichkeit verkümmern lassen; während man am Hoftheater Carl Maria von Weber, den besten Dirigenten der Zeit, den unsterblichen Komponisten des »Freischütz« und der »Euryanthe«, an die Spitze einer deutschen Oper gestellt hatte, war man eifersüchtig und kleinlich bemüht gewesen, die reichsten Mittel, die größten Ehren für die überlebte italienische Hofoper vorzubehalten; während man einen wahrhaften und bedeutenden Dichter, Ludwig Tieck, den Romantiker, in jeder Weise ausgezeichnet, zum Dramaturgen des Hoftheaters ernannt hatte, und Tiecks Lesepult von der Aristokratie umdrängt worden war, hatte man doch alle seine offnen und heimlichen literarischen Gegner, die Vertreter der Trivialpoesie, die Männer des Liederkreises und der Theodor Hellschen »Abend-Zeitung«, die ebensowohl Feinde der Romantik als Feinde jeder tiefen und künstlerisch edeln Auffassung der Dichtung waren, zu begünstigen, zu ermuntern, zu hegen verstanden. Die Mittelmäßigkeit, die geistige Armseligkeit hatten einen großen Teil der Dresdner Kunst und Literatur jahrzehntelang beherrscht und in nur zu vielen Kreisen recht eigentlich als ein besondres Verdienst gegolten. Unter der Tarnkappe gemütlicher Einfachheit, anspruchsloser Unterhaltung war von der Impotenz der breiteste Raum beansprucht und im Gefolge dieser Dresdner Gemütlichkeit ein häßliches kleinliches Kabalenwesen und unversieglicher Klatsch gepflegt worden.

Das Jahr 1830 und die ihm folgende Umgestaltung der Verfassung und aller politischen Verhältnisse des Königreichs Sachsen, die Mitregentschaft eines liebenswürdigen, echt kunstsinnigen Fürsten wie des Prinzen und nachmaligen Königs Friedrich August, der bedeutende Einfluß eines geistvollen und hochgebildeten Ministers wie Bernhard August von Lindenau waren dem beginnenden Umschwung zum Bessern, dem frischern Zug auf allen Lebens- und Schaffensgebieten sehr zu gute gekommen.

Um die Zeit, in der der noch völlig unbekannte thüringische Dichter Dresden zu seinem vorläufigen Wohnsitz wählte, war der Höhepunkt des Aufschwungs so ziemlich erreicht. Ein neues frisches Kunstleben entfaltete sich unter der Mitwirkung genialer und strebsamer Künstlernaturen. Der Berufung des Großes verheißenden Schülers Rauchs, des Bildhauers Ernst Rietschel, war die des geistvollen und energischen jungen Architekten Gottfried Semper gefolgt, mit Eduard Bendemann und Julius Hübner hatte die Düsseldorfer Malerei ihren Einzug in Dresden gehalten, und was ihren Meistern auch fehlen mochte, sie brachten gegenüber der seither in Dresden gepflegten Kunstweise Bewegung, Licht, Leben und Schönheit mit sich. In den veränderten Zuständen war auch für das größte eingeborne Talent, das Dresden besaß, für den Landschaftsmaler und den wie kein zweiter aus der Tiefe des deutschen Lebens und Gemüts schöpfenden phantasievollen Zeichner Ludwig Richter, Raum zu froher Wirkung geworden. – Mit den plastischen Arbeiten für das neue Theater hatte Ernst Hähnel seine schöpferische Tätigkeit begonnen, die neben und mit der größern Rietschels eine bedeutende und angesehene Dresdner Bildhauerschule ins Leben rufen sollte. Auch jüngre Talente begannen sich unter dem neuen Lebenshauch zu regen und zu entfalten. Die Dresdner Hofbühne hatte ihre goldnen Tage. Ein Schauspielerpersonal, dem in voller Leistungskraft Emil Devrient, Friedrich Porth, Karl Quanter, Eduard Winger, Gustav Räder, Franziska Berg, Karoline Bauer und Marie Bayer, eine Oper, der Wilhelmine Schröder-Devrient, Josef Tichatschek, Anton Mitterwurzer angehörten, eine Kapelle, der eben wieder in Richard Wagner ein Leiter von glänzender und eigenartiger Begabung gewonnen war, berechtigten die sächsische Hauptstadt zu dem Stolz, den sie auf ihr Theater empfand. Dazu ließ sich die Intendanz des Kunstinstituts angelegen sein, fortwährend neue Talente – wirkliche, nicht Scheinkräfte – heranzuziehen, im Verlauf des Jahres, das Otto Ludwig zunächst in Dresden verweilte, traten Eduard Devrient als Schauspielregisseur und Darsteller, die jugendliche Johanna Wagner als Sängerin in den Verband der Hofbühne ein.

Auch das Bild des literarischen Dresdens der Restaurationsepoche war schon ein völlig verändertes geworden. Das Scheiden Ludwig Tiecks aus dem Eckhause am Dresdner Altmarkt, wo er an Hunderten von Empfangs- und Leseabenden Tausende von Menschen bei sich gesehen hatte, hinterließ allerdings eine fühlbare Lücke, da der alte Romantiker der einzige gewesen war, der Sinn und Verständnis für poetische Originalität, für größere Gestalten, tiefere Stimmungen und kühnere Laute besessen hatte. Doch kam Tiecks Wegzug den untergeordneten Widersachern des Meisters und ihrer spezifischen Dresdner Poesie nicht mehr zu gute. Der Tod Karl Försters (am 18. Dezember 1841) und Friedrich Kinds (24. Juni 1843) hatte den alten »Liederkreis« seiner besten Mitglieder beraubt; eben jetzt (Juli 1843) verkaufte der kluge Hofrat Winkler (Theodor Hell) seine vielgeliebte Abendzeitung an einen Rechtsanwalt Robert Schmieder, weil er spürte, daß die Tage ihrer Geltung gezählt seien. Seit Jahren hatte die jüngere Literatur einen hochstrebenden und talentreichen Vertreter in Dresden an Julius Mosen, dem Dichter des »Ritter Wahn« und »Ahasver«, dem Lyriker und Erzähler besessen, der mit einer Reihe von rhetorisch-tendenziösen Dramen den Kränzen, die er mit Recht trug, auch noch den Lorbeer des Dramatikers hinzuzugewinnen suchte. Vor kurzem waren die Herausgeber der ehemals Hallischen, zuletzt Deutschen Jahrbücher Arnold Ruge und Ernst Theodor Echtermeyer nach Dresden übergesiedelt und hatten sich einen Kreis gebildet, dessen Anschauungen freilich bedenklich von der Philosophie und Literatur zur Politik hinüberschaukelten und schillerten. Die Erzähler Ernst von Brunnow, Karl von Wachsmann, obschon keine schöpferischen Naturen im höchsten Sinne, überragten doch die Gehe, Tromlitz, Bronikowski der alten Vespertina schon sehr bedeutend. Auch die jüngern Lyriker wie Adolf Peters, Ernst Fischer und andre schlugen kräftigere Töne an, als die vom Liederkreis her gewohnten. Ein Element der Gärung brachte die zwischen ihren großen Reisen jahrelang in Dresden lebende und ein Haus machende Gräfin Ida Hahn-Hahn. Sie stand damals auf der Höhe ihres Rufes als Romanschriftstellerin, sie hatte soeben vier ihrer Hauptwerke: »Der Rechte«, »Gräfin Faustina«, »Ulrich« und »Sigismund Forster« veröffentlicht und alle die Probleme und Emanzipationsfragen, mit denen das junge Deutschland die Literatur zu erneuern meinte, mit vornehmer Insolenz als das besondre Eigentum der guten Gesellschaft in Anspruch genommen. Ungesund, wie ihre Lebensanschauungen und ihre literarischen Selbstverherrlichungen waren, forderte doch die Gräfin Hahn ohne alle Frage größere Maßstäbe als das triviale Blaustrumpftum, und der Beifall, den ihre launenhaften Bücher fanden, durfte in Wahrheit ein Zeichen der Zeit heißen. –

Der Neuankömmling hatte zunächst an alle diese Herrlichkeiten sehr geringfügige Anknüpfungen, und in seiner Natur lag es nicht, dergleichen eifrig zu suchen. Seiner neuen Gönnerin Karoline Bauer war er von Leipzig her angemeldet worden; mit einer Empfehlung an den Mathematiker und lyrischen Dichter Adolf Peters, der Lehrer am Blochmannschen Institut und Vitzthumschen Geschlechtsgymnasium war, seinerseits zu Julius Mosen in Beziehungen stand, hatte ihn Johannes Minckwitz ausgerüstet, von Eisfeld und Hildburghausen her waren ihm mancherlei Grüße an in Dresden verschollene Vettern und Freunde aufgetragen. Er hatte das Glück, eine seinem Sinne und seinen Gewohnheiten sehr zusagende Wohnung vor dem Falkenschlage in einem Gartenhause, in dem sich eine Wirtschaft »Zur Hoffnung« befand, zu finden, und nahm dies Wirtsschild für ein gutes Zeichen. Seine Fenster gewährten ihm einen Ausblick auf Gärten und Felder, auch das gegenüber befindliche Taubstummeninstitut lag damals noch völlig im Grünen. Seine Lebensweise richtete er ähnlich wie in Leipzig ein, nur daß er in der ersten Zeit seines Dresdner Aufenthalts weniger schrieb und dafür die Bildergalerie fleißig besuchte, in deren Schätzen ihm in der Tat neue Offenbarungen aufgingen, und daß er einen großen Teil seiner Abende im Theater verbrachte, was in Leipzig nur in längern Zwischenräumen der Fall gewesen war.

Der erste Brief Ludwigs aus Dresden, der sich erhalten hat, zugleich der letzte, den er seinem Onkel Christian in Eisfeld schrieb, trug das Datum des 2. August 1843 und berichtete natürlich vor allem über das Zusammentreffen mit der berühmten Cousine und über die Beziehungen zu ihr: »Lieber dicker Herr, ich soll dir viele herzliche Empfehlungen von der Bauer sagen, nächstens wird sie dir ihr neustes Bild schicken. Sie fragte mich, wie es wohl möglich zu machen sei, daß du sie, wie du gewünscht, einmal spielen sehen könntest. Von meinem Stücke konnte ich nicht gleich beim ersten Besuch sprechen, auch war da noch ein Baron von Bredow aus Berlin bei ihr. Sie empfing mich auf das freundlichste, freute sich, daß sie nun einen Kavalier habe, der sie auf Spaziergängen u. s. w. begleiten könnte und als ›Vetter‹ dabei nicht dem Verdacht aussetze, den sie auf alle Weise vermeidet, was bei einem großstädtischen Publikum, welches selbst nichts taugt, sehr schwer ist. Sie schickt mir, so oft sie spielt, früh ein Billett in die Loge. Da habe ich sie denn gesehen im ›Fabrikanten‹ (von Eduard Devrient), in den ›Quälgeistern‹ und als Maria Stuart. In komischen Rollen besitzt sie eine unvergleichliche Natürlichkeit, auch die tragischen gibt sie ausgezeichnet; dabei kommt ihre Figur ihr sehr zu statten, die wahrhaft königlich ist, und neben der die andern Schauspielerinnen und selbst die meisten Schauspieler klägliche Figuren spielen. In den ›Quälgeistern‹ saß in meiner Loge noch eine fremde Dame, der Sprache nach eine Russin, eine Frau von vornehmer und dabei bedeutender geistiger Bildung. Die war außer sich über die Bauer und sagte: ›Daß sie die Männer alle gewinnt, das kann wohl eine andre auch, aber auch die Weiber in sich verliebt machen, das kann nur die Bauer.‹«

[. . .]

Inzwischen lebte sich Ludwig in Dresden während des schönen Herbstes von 1843 um so mehr und um so besser ein, als er in erfreulichen und dauernden Verkehr mit einigen bildenden Künstlern und durch diese und seine Leipziger Bekannten Dr. Wimmer und Minckwitz mit einigen schlichtbürgerlichen, aber kunstsinnigen und für alle geistigen Bestrebungen empfänglichen Familien getreten war. Unter jenen war es namentlich der Kupferstecher Langer und der Landschaftsmaler Ernst Ferdinand Öhme, denen Ludwig näher trat. Öhme, der aufs innigste mit Ludwig Richter befreundet war, vermittelte die Bekanntschaft unsers Dichters auch mit diesem, und der Künstler fand großes Wohlgefallen an der Persönlichkeit wie an den Schöpfungen Ludwigs, die ihm in der Handschrift mitgeteilt wurden, an dem Lustspiel »Hanns Frei«, der Novelle »Maria« und dem »Märchen von den drei Wünschen«. Zu den Familien, in deren Kreise sich Ludwig wohl und heimisch fühlte, gehörte außer denen der genannten Künstler die des Dr. Jenke, des Direktors des Taubstummeninstituts, in deren Garten und behaglichen Zimmern er sich meist am Mittwochabend einfand. Beziehungen wie diese, und dazu die Eindrücke Dresdens und seiner Umgebungen, die Ludwig wiederholt in Briefen in die Heimat und an seine Leipziger Genossen zu rühmen wußte, halfen ihm über das Mißbehagen hinweg, das ihn bei der bisherigen Erfolglosigkeit seiner poetischen Bestrebungen da und dort beschleichen wollte.

Adolf Stern, 1891

Theater, Theater

Die schon bei Beginn meiner Tätigkeit durch das Billett des Königs gereizte Empfindlichkeit des Intendanten zeigte sich gleich in den ersten Tagen meines Wirkens bei einem Stück, das ich gern in erster Reihe befördert hätte. Gustav Freytag war nach Dresden gekommen und wollte das Schicksal seiner »Valentine« erfahren. Der gewandte weltmännische Dialog des Stückes, die geschickte Gipfelung der Spannung, der vorherrschende Salonton, dem die Nachahmung einer gewissen englischen Sitte sogar einen romantischen Hauch gab, ließen vergessen, daß sich hier ein junger Freiheitsheld zum *Maitre de plaisir* eines fürstlichen Hofes machte und sich die letzten Szenen zu sehr in Auseinandersetzungen verlieren. Man konnte sich einen glänzenden Erfolg versprechen. Die Rollen sind ausgeschrieben und nach Teplitz zum Signieren geschickt worden, durfte ich dem siegesgewiß auftretenden Autor sagen. Der Intendant hatte mitten im Winter, gichtischer Schmerzen wegen, die ihn über den Acostaärger befallen hatten, eine Badekur in Teplitz begonnen. Das eigenhändige sogenannte »Signieren« der Rollen war bei ihm wie der Vollzug eines Gesetzes durch königlichen Namenszug. Ich selbst sprach dem Dichter nur einige Bedenklichkeiten über das Fenstereinsteigen bei einer Hofdame aus und schlug vor, für den jungen Fürsten lieber den Erbprinzen zu wählen. Wie verdroß mich da die Nachricht, die plötzlich aus Teplitz kam! In einem langen Briefe protestierte der Intendant aufs entschiedenste gegen die Aufführung dieses Stücks. Es sei eines, schrieb er, das wieder den Hof beleidigen und geradezu meine Stellung untergraben würde. »Solange ich Intendant bin, wird dies unmoralische Stück nicht auf dem Königlichen Theater aufgeführt werden« – waren seine eignen Worte. Stärkere Ausdrücke lasse ich weg. Ob nun Fürst oder Erbprinz, schrieb er, wie soll ich es vor dem Könige verantworten, daß Prinz Johann, der seine Söhne ins Theater schickt, dergleichen leichtfertige Sitten, Hofdamen dieser Art vorgeführt bekommt? »Solange ich Intendant bin –!« Als ein Jahr darauf die ersten Nachrichten von Louis Philippes Flucht, vom Zusammenbruch des Bundestags erschollen und ich selbst einen mir dringend notwendig gewordenen Erholungsurlaub angetreten hatte, war der erste Schreck des Intendanten so groß, daß derselbe zur Konzession an den gefürchteten Zeitgeist der für mich stellvertretenden Regie ohne weitres gestattete, jenes Stück einzustudieren und zu geben. Der Hof besuchte in dieser Zeit nicht mehr das Theater. Nun sah es aus, als sei meine Person das bisherige Hindernis der Zulassung gewesen! Die maßlos gehässige Sprache über mich, die in dem von Freytag angekauften Organ: »Die Grenzboten«, in vieljährigen Gebrauch kam, schien darauf mir und andern erklärt.

»Meinen Boden erschütterte« bei der Kunstgenossenschaft zunächst gar nichts. Die Kunstgenossenschaft nahm willig und gern meine Winke an. Sie freute sich des endlichen Kommens von Rollen, des Ansetzens neuer Vorstellungen. Sie sah mich mit Dank an das Grab einer Schauspielerin treten und dieser einen Nachruf sprechen, von welchem Hunderte von Exemplaren in der Stadt verkauft wurden. Und Lüttichau selbst schenkte mir nach seiner Rückkehr von Teplitz unbedingtes Vertrauen. Klagte er doch über den Druck, den ihm die Spaltungen im beratenden Personal machten. Bald waren es die katholischen Mitglieder der Bühne, die sein streng-lutherisches Gemüt in steten stillen Ärger versetzten, bald die Kapellmeister, unter denen Richard Wagner der widerhaarigste, bald die Matadore im darstellenden Personal. Alles hätte, sagte er, Rückhalt an Beichtvätern oder am Hofe. Sein Grundsatz war der: Was beim Theater zu erzielen ist, muß aus dem guten Willen der Matadore (Emil Devrient, Schröder-Devrient, Räder, Tichatscheck) gewonnen werden! Wollte jemand von den Matadoren in dieser oder jener Oper singen, gut, so hielt er das Singenwollen fest und legte wenig Wert auf die Partie, ob diese etwas einbrachte oder nicht. Er will singen? Da kann eine Vorstellung herauskommen. Nur kein Absagezettel! Der Schreck vor einem Anschlag: »Eingetretener Hindernisse wegen –« war für immer in seinen Nerven sitzen geblieben. Der Spott über das dennoch häufige »Landhaus an der Heerstraße« und »Tanzdivertissement« tat ihm nichts. Zuzeiten ließ sich vortrefflich mit dem unheimlichen Manne leben. Ich erfreute mich der Protektion seiner geist- und gemütvollen Gattin, wurde oft in deren Nähe gerufen und besaß die Teilnahme des im Hause maßgebenden, sich sonst um die Jüngeren in der Literatur wenig kümmernden Leibarztes des Königs, *C. G. Carus*. Beide, Frau von Lüttichau und Carus, verbunden durch ein magnetisches Band, dem leider physische Erkrankung und stete ärztliche Beobachtung als Bindeglied dienen mußte, galten für die eigentlichen Schicksalsgötter der königlichen Bühne. Von diesen beiden, glaubte man, hingen alle Maßregeln ab. Dem war jedoch nicht so. Man hatte wirklich dem Charakter des Intendanten nachzurühmen, daß er ein sozusagen religiöses Gewissen hatte und sich für jede Lage sagte: Sei gerecht! Höre auf jede Partei! Überstürze nichts! Erkenne deine eigene Unwissenheit an, und erst nach dem Hören anderer Meinung entscheide! Darum quälte es ihn, von jemandes Rat allein abzuhängen. Wenn der ältere Kapellmeister gesprochen hatte, wollte er auch die jüngeren hören. *Richard Wagner* lebte in der Vorstadt wie ein Exilierter. Er hatte mit dem Chef, vielleicht mit dem Hofe Differenzen gehabt. Sein Wiedererscheinen am Kapellmeistersitz und bei den Beratungen im Büro schien von beiden Seiten an Bedingungen geknüpft, die ich nicht kannte. Der ältere Kapellmeister, *C. G. Reissiger*, hatte die ständige Miene des zärtlichen Vaters, des liebevollen Freundes, der für jeden nur das ihm Wohlgefällige bedachte, und auch »für Richard Wagner alles getan« haben würde, wenn nur gerade dies oder jenes, z. B. für den noch nicht gegebenen »Lohengrin«, der Besitz von drei ersten Altistinnen oder von acht Klappenhörnern oder sechs Bässen »in seiner Macht gelegen« hätte. Die sächsische Kunst der Verstellung war es nicht allein, die sich in dem etwas pietistisch gezeichneten Manne mit Virtuosität offenbarte. Auch war es nicht ganz der Typus des »deutschen Kapellmeisters«, der einige Opern von sich selbst hatte aufführen lassen, die keinen Erfolg erzielten und die ihn dann zum geschwornen Feinde aller andern Opern außer »klassischen« machte. Wenn von Marschners Bitten die Rede war, endlich doch eine seit Jahren angenommene Oper herauszubringen, rief Reissiger im gemütlichsten Tone und wie mit Tränen: »Aber, Exzellenz, da fehlt uns ja der hohe Alt!« Oder: »Aber, Exzellenz, ohne die Veltheim ist die Oper nicht möglich, und die will doch keiner mehr hören!« So lagen die Opern, seit Jahren angenommen, und kamen nicht heraus. Und am wenigsten dann noch durch Wagner! An Reissiger ist wirklich eins zu bewundern: Nachfolger und Verehrer Webers, war er ein hochgebildeter Mann, vielseitiger, strenger Theoretiker, Kirchenkomponist, heimisch in Gluck, Mozart, Haydn, Beethoven, wie einer; und nun mußte er den ersten Anprall dessen aushalten, was wir später als »Musik der Zukunft« mit ihren Prätentionen haben kennen lernen! Das Chaos von Ideen, das jetzt jene Bretter in Bayreuth aufschlägt, um die in Musiküberschwemmung versetzten Lehrbücher der nordischen Mythologie genießbar zu machen, stürmte in seinem ersten vulkanischen Brodeln und Sprühen unmittelbar auf diesen wackern, in seinen Formen immer liebenswürdigen Biedermann ein! In seinem innersten Wesen haßte er, was er zu – hassen um alles in der Welt nicht scheinen mochte! Denn er wollte nicht neidisch erscheinen. Er wollte nicht zeigen, daß »der Schiffbruch der Medusa«, seine letzte Oper, für ihn dem »Tannhäuser« gleichkam. »Ich bewundere ja den Mann, ich schätze ja sein Talent«, rief er oft in den Konferenzen aus und hob die schönen Stellen, das Kunstvolle in manchem Wagnerschem Gefuge hervor. »Aber man kann doch nicht mit dem Kopf gegen die Wand rennen!« Reissiger ist der erste jener Märtyrer, die später vom Übermut der neuen Schule aus dem Wege geworfen wurden.

Eines Tages kam der zürnende Achill von seinen Schiffen in der Friedrichsstadt und nahm wieder an einer der Beratungssitzungen teil. Was ihn zum Kommen bewogen hatte, weiß ich nicht. Die Sitzung ist mir unvergeßlich. Der Intendant war in der Regel im Punkt der künstlerischen Beschäftigungen *tabula rasa*. Was vor acht Tagen abgemacht war, war in acht Tagen vergessen. Dann nahm er einen Kalender und orientierte sich. Er hatte sich ja notiert, daß dort Gluck, dort Shakespeare, dort Bauernfeld standen und, was ihm die Regisseure und Kapellmeister von Ostern auf Pfingsten, von Pfingsten auf Himmelfahrt, von Himmelfahrt bis zum ersten Advent als möglich und herauszubringen versprochen hatten, das fixierte er sorgfältig. Er nannte das »das Netzmachen«. Wir würden sagen: Das Abstecken einer Eisenbahn mit flatternden bunten Fähnchen. Wenn er alle die Resultate vorführte, die innerhalb dieser Vorzeichnungen standen, so schienen uns Opiumwolken zu umnebeln, süße Träume von Erfüllung senkten sich nieder, wobei auch regelmäßig der Sänger der »Lyratöne« und ehemalige Herausgeber der Abendzeitung, Theodor Hell, sanft zu entschlummern begann, und nie anders, als mit einem »Jawohl, Exzellenz!« wieder erwachte. Richard Wagner sollte sich in jener Sitzung, wo wieder der Kalender mit den schönsten Fata-Morganen bedeckt wurde, über die Möglichkeit, in einer Oper von – jedenfalls einem andern als von ihm – eine Rolle zu transkribieren, aussprechen. Das glückliche Gefühl: Nun sind wir wieder alle so fröhlich beisammen! machte möglich, daß der Intendant dem Dichterkomponisten gestattete, gleichsam seinem Urteil die gesamten Hauptgedankengänge seiner noch nicht erschienenen Schrift: »Oper und Drama« voranzuschikken. Ruhig hörte man zu. Wagner war im vollsten Fluß seiner sächsischen Suada. »Meinen Sie also, daß Frau Kriete –« unterbrach endlich mit leiser Ungeduld der Intendant, als Wagner noch beim Aufziehen der Saiten auf die bekannte Schildkröte des Apollo stand und den Unterschied zwischen Melodie und Rhythmus definierte. – »Wie sich nun aber schon Gluck an die reineren Formen der Antike angeschlossen hat –« fuhr Wagner unerschütterlich fort. »Glauben Sie denn, daß die Kriete –« erhob sich der Chef schon dringlicher. »Bitte! Bitte!« mahnte leiser der ältere Kollege den begeisterten Schöpfer des Tannhäuser, der sich nicht stören ließ, im Bewußtsein, der neuern Zeit und dem Stimmregister der Frau Kriete schon näher gekommen zu sein, seine Ideengänge zu verfolgen. »Ja, die Transkription«, rief endlich der Intendant, auf die Uhr sehend, »würde denn diese für die Kriete –«. – »Gluck hatte vor den Piccinisten gerade bei der Führung der Stimme den Vorteil voraus –.« »Aber, Herr Jesus, wir wollen ja nur bloß wissen, ob die Kriete die Partie singen kann?« schrie der Intendant und unterbrach zuletzt gewaltsam eine Wortverwicklung und einen Ideenreichtum, der ihn in Verzweiflung versetzt hatte. Diesem ersten Wiedererscheinen des »zweiten Kapellmeisters« bei den Direktionsberatungen folgte kein zweites. Wagner machte meiner ruhigeren Beobachtung den Eindruck, als sei durch ihn die seltsamste psychologische Verbindung ermöglicht, sozusagen eine Vernunftehe zwischen Verstand und Phantasie.

Übrigens war mir der Abgott aller Unklarheiten unserer Zeit nicht abgeneigt. Der schon damals Vielgefeierte trat mich eines Tages an und forderte mich auf, mit ihm die gleichen Bahnen zu wandeln. Der zweite und vierte Akt meines »Uriel Acosta«, sagte er, bewiesen dazu meine Fähigkeit. Da hätte ich die Zusammenwirkung von Oper und Drama gewiß nicht in Abrede gestellt. Nach einigen Worten des Dankes zog ich mich auf meine Zweifel an einem dauernden Bunde zwischen beiden Kunstgattungen zurück: jede Zwittergattung in der Kunst, sagte ich, ginge mir wider den Strich. Oper müßte Oper, Drama Drama bleiben. Letzteres hätte ja zugleich auf den Verstand zu wirken, auf das Urteil, nicht minder auf eine ganz bestimmte, ausdrücklich erzielte Erregung des Herzens; nicht wie die Musik, die in ihrer Wirkung immer nur das Allgemeine, Unsichre träfe, dämmernd sei und unklar bliebe. Auf die Phantasie hätten dann allerdings beide Kunstgattungen zu wirken. Hätte ich die Ahnung schon von Götterdämmerung und Rheingold und Ring der Nibelungen und Bayreuther Theater gehabt, würde ich gesagt haben: Nur auf die Phantasie zu arbeiten, ist nichts als Sinnlichkeit und verweichlicht ein Volk! Da meine Erfahrungen im Musikalischen nicht ganz oberflächliche waren, weil mich das treffliche Klavierspiel meiner Frau, einer Schülerin von Aloys Schmitt, täglich innerhalb musikalischer Eindrücke erhielt, so sprach ich mich, wenn nicht zu Wagner, doch zu andern, offen aus, daß mir die Tannhäuserouvertüre wie ein angreifender und teilweise geschmackloser Kanon erschiene; ich verglich sie mit jenem Shakespeareschen Kanon, der einem »die Seele aus dem Leibe haspeln« könnte; die Sextolen in ihrer ewigen Wiederkehr seien nervenerschütternd. Die charmante Polonäse ausgenommen, schien mir der Tannhäuser langweilig. Dem Schöpfer selbst aber sagte ich damals am Dippoldiswalder Platz: »Warum haben Sie sich bei Ihrem Wartburgkrieg den Klingsohr entgehen lassen? Dieser gehörte doch zum Text. Sie würden eine kräftige Baßpartie *à la* Bertram im Robert dem Teufel mit ihm gewonnen haben und für die Handlung einen Vertreter des Dämonischen, der in dramatischer Form auf den Tannhäuser wirkt! Daß nun alles aus dem Tannhäuser allein, aus seinen Reminiszenzen herauskommen soll, ist wahrlich nicht dramatisch!« Nach dieser Offenherzigkeit fand keine Begegnung mehr statt. Ich hörte nur noch bei jeder Vorstellung einer Wagnerschen Oper (dem ersten Hervortreten des »Lohengrin« wohnte ich später in Weimar bei) die outrierteste Beflissenheit des kundgegebenen Beifalls, den Anfang dieser in ganz Deutschland organisierten Claque, die Wagner, Liszt u. a. einst in der Geschichte der Kunst zu verantworten haben werden. Hinter mir im Theater raste förmlich mit demonstrativem Fanatismus eine deutsch-russische Familie, die im Wagnerkultus das Unglaubliche leistete. Sie gab in Dresden für diese Schwärmerei den Ton an. Frauen der höheren Gesellschaft, sinnliche Naturen, Männer von weibischem Gepräge haben sich dann die Pflege der Wagnermusik an andern Orten und in gleicher Weise zu ihrem besondern Geschäft gemacht.

[. . .]

Beziehungen zur großen Welt hatte ich in Paris so viele gehabt, daß ich diese nicht mehr suchte. In Dresden gebot es dem Neuangestellten der Anstand, der literarischen Kollegin, *Prinzessin Amalie*, die Aufwartung zu machen. Sie betrachtete mich durch die Brille ihres literarischen Agenten Theodor Hell, dem ich in meiner früheren kritischen Wirksamkeit wenig Gutes erwiesen hatte. Daß ich auch sie selbst getadelt hatte, deshalb, bei vielem Lobe, getadelt, weil sie ihre Stücke regelmäßig auf den Sieg des Unscheinbaren, auf den Triumph des sich prosaisch Anlassenden, des scheinbar Gewöhnlichen anlegte, wußte sie wohl kaum, oder es war möglich, daß ihr die Zuträgerei diese Rüge im vergrößerten Maßstabe vorgeführt hatte. Ich fand die Dame schwunglos. Die hohe Aristokratie Dresdens begegnete mir oft. Auch in Berlin, wohin ich zuweilen reisen mußte, hatte ich Anknüpfungen genug, sogar solche, die mich wieder mit den Pulsschlägen der Zeit, mit andrer Literatur, als dramatischer, in Verbindung brachten. Wie steht die geniale Frau, die Schwester des Malers Wach, *Henriette Paalzow*, so, ich möchte sagen, wie auf Goldgrund gemalt, in meiner Erinnerung! Welch ein Gegensatz gegen die frostige fürstliche Dame in Dresden!

Karl Gutzkow, 1872

Im Zentrum der Altstadt

Die königliche Residenzstadt

Dresden war im Jahre 1812 noch eine Festung mit gewaltig hohen Backsteinwällen und finstern Toren. Dies gab für den Verkehr manche Unbequemlichkeit. Die Tante Keiner wohnte vor dem Pirnaischen Tor und vor dem Falkenschlag auf dem Poppitz. Die Stadt ward für Fuhrwerke aller Art mit Sonnenuntergang geschlossen, für Fußgänger eine Stunde später; wer noch später kam, der kroch gegen Erlegung des Torgroschens durch ein enges Pförtchen, das nur einer Person den Durchgang gestattete. Das an 100 Fuß lange Tor ging nicht gerade durch den Wall, damit nicht der Feind es mit Kanonen bestreichen könne, sondern es machte einen starken Winkel. An der äußern Seite starrte ein mächtiges Fallgatter aus schweren eisengespitzten Balken von oben herunter. In der Mitte des Tores hing an der bombenfest gewölbten Decke eine Lampe, die den ganzen Tag brannte, und die düstre Höhle nur notdürftig erhellte. Die Durchfahrt war so schmal, daß nur ein Wagen Raum fand. Die außen und innen stehenden Schildwachen, welche einander nicht sehn konnten, korrespondierten durch Rufe. Wollte ein Wagen hinausfahren, so rief die innere Schildwache der äußeren zu: Laß halten! d. h. er solle die von außen kommenden Wagen so lange halten lassen, bis der von innen kommende passiert sei. War dies geschehn, und war kein Wagen weiter in Sicht, so rief die innere Schildwache: Laß fahren! worauf die von außen kommenden Wagen passierten. Eben so ging es umgekehrt. Das dumpf hallende Rufen: Laß halten! Laß fahren! dauerte in der finstern Wölbung den ganzen Tag; es läßt sich denken, welche Stockungen alle Morgen bei der Einfahrt der Marktbauern mit ihren Gemüsewagen entstanden.

Jene mittelalterlichen Verteidigungsanstalten, die schon damals durch die moderne Kriegführung fast allen Wert verloren hatten, gefielen den Kindern, die aus dem offnen nüchternen Berlin kamen, außerordentlich; unvergeßlich blieb es mir, als einmal der sächsische Postwagen mit dem blasenden Postillion durch die enge Wölbung rasselte; seitdem mußte ich immer an das Pirnaische Tor denken, wenn ich in Göthes Schwager Kronos den Schluß las:

> Töne, Schwager, ins Horn,
> Rassle den schallenden Trab,
> Daß der Orcus vernehme: wir kommen,
> Daß gleich an der Türe
> Der Wirt uns freundlich empfange.

Schon in Berlin hatte mein Vater uns oft von den Schönheiten der Brühlschen Terrasse erzählt, aber in Dresden fanden wir, daß es nicht so leicht sei, dahin zu gelangen. Die breite Freitreppe existierte noch nicht; sie wurde erst während der russischen Besetzung der Stadt in den Freiheitskriegen erbaut. Das Brühlsche Palais war Eigentum des Königs von Sachsen, und wie alle königlichen Gebäude fast hermetisch verschlossen. Allein Vetter Christian hatte Bekannte unter der Hofdienerschaft; er führte uns eines Tages durch viele dunkle Straßen an die Hintertreppe des Palais, wo auf wiederholtes Klingeln und gegen ein gutes Trinkgeld die Tür sich öffnete. Wir konnten uns nun an der freundlichen Aussicht erlaben, die stromaufwärts nur die bewaldeten Elbufer zeigte; von den zahlreichen jetzigen Landhäusern war außer Findlaters noch nichts zu sehn.

Auch die Bildergalerie ward als Privateigentum des Königs betrachtet; sie befand sich in einem Seitenflügel des Schlosses;

30. Das Pirnaische Tor. Stich von L. Schumann nach einer Zeichnung von Thormeyer, vor 1812

man mußte einen öden Hof voller Pferdeställe durchschreiten, und eine ausgetretene steinerne Treppe hinanklettern, dann gelangte man an eine hohe verschlossene Tür, die nur gegen ein Eintrittsgeld von einem Dukaten sich öffnete. Dieser wurde ein für allemal für jede fremde Gesellschaft entrichtet, und kam bei dem Gehalt des Galeriedirektors mit in Anrechnung. Da die Einheimischen diese Ausgabe scheuten, so waren die Schätze der Galerie bei dem Dresdner Publikum fast ganz unbekannt. Mein Vater entrichtete jedoch den Dukaten, um uns diesen seltenen Genuß zu verschaffen, allein wir waren nicht reif dafür, und wurden von der Masse der Bilder förmlich erdrückt. Vetter Christian machte zwar mit der größten Freundlichkeit den Cicerone; er führte uns zu der Madonna von Raffael und zu andern Hauptwerken, aber im Ganzen muß ich bekennen, daß dieser erste Besuch gar keinen nachhaltigen Eindruck zurückließ. Erst in den folgenden Jahren nach öfterem Wiedersehn der

Galerie konnte sich ein Urteil über die hier versammelten staunenswerten Meisterwerke ausbilden; nach und nach wurde ich so einheimisch in den hohen Sälen, daß ich oft und gern den Cicerone machte. Nachdem ich die meisten europäischen Galerien (außer Madrid und Petersburg) kennengelernt, befestigte sich bei mir immer mehr die Überzeugung, daß die Dresdner Sammlung in ihrer Totalität an die Spitze aller übrigen zu stellen sei.

Ein Gang über die schöne massive Elbbrücke, rechts hin und rechts zurück, erschien uns von einer unendlichen Länge. Der Verkehr wurde hier durch Schildwachen geregelt, welche nicht erlaubten, daß jemand auf der linken Seite hinübergehe.

Weiter stromauf- und abwärts fanden sich, wie noch jetzt, kleine Barken zum Übersetzen, deren Benutzung uns das größte Vergnügen gewährte. Die träge schwarze Spree konnte mit der breiten raschflutenden Elbe gar keinen Vergleich aushalten. Mit Verwunderung betrachteten wir in der Nähe die aus der Tiefe aufsteigenden Strudel, die bald größere, bald kleinere Kreise und Ovale auf der Oberfläche bildend, in unaufhörlicher Wandlung dahinglitten. Als wir einst mit meinem Vater übersetzten, knüpfte dieser nach seiner freundlichen Art mit dem Schiffer ein Gespräch an, und fragte unter andern, ob denn das geringe Fährgeld ihn ernähre? Er erwiderte, seine Frau sei Scheuerweib im königlichen Schloß; durch sie habe er Anwartschaft auf eine gute Stelle; er sei jetzt Vice-Portechaisenträger-Substitut, und hoffe nach und nach bis zum Portechaisenträger hinaufzurücken! *Gustav Parthey, 1871*

Der Zwinger

Zu den Glücksfällen der Kunstgeschichte kann man es rechnen, wenn dem starken Willen zum Bauen sich die gestaltende Kraft zugesellt. Denn wie ausschweifend auch die Bauleidenschaft des Fürsten war, – etwa sein Vorhaben von einem am Ufer der Weichsel in Warschau glorreich emporwachsenden Königsschloß – er hatte den Mann gefunden, der ihm das Gewollte zu formen verstand – aber es lag nicht an diesem, wenn das meiste davon auf dem Papier blieb. Pöppelmann aus Herford, ein Westfale also von Geburt, war 1686 als junger Mann im Alter von vierundzwanzig Jahren nach Dresden verschlagen, wo er seßhaft blieb, erst unter dem alten Oberlandbaumeister Wolf Kaspar von Klengel arbeitete, dann selber Landbaumeister wurde und beim König zur maßgebenden Persönlichkeit in allen Fragen der Baukunst aufstieg, bis er nach einem schaffens- und erfolgreichen Leben im Dienstkreis seiner Pflichten, unterbrochen von Reisen nach Wien und Rom 1710 (»umb die itzige Arth des Bauens so wohl an Palästen alß Gärthen zu ersehen«), nach Warschau 1713 und Paris 1715, am 17. Januar 1736 in seinem Hause in der Schloßstraße zu Dresden verstarb. Ihm und seinem Fürsten danken wir Dresden als Stadt des Barock. Die damals erlassenen Bauordnungen räumten mit den niedrigen Häusern und der mittelalterlichen Enge der Straßen gründlich auf und zwangen die Bürger in veränderte Vorstellungen von Sicherheit, Bequemlichkeit und Schönheit des Wohnens. Und mochte das hohe Beispiel auch den Adel zu kostspieligen Ausgaben verleiten, so gaben doch die zahlreichen herrschaftlichen Häuser wie die Bebauungspläne für ganze Viertel nunmehr der Stadt eine großzügige Weiträumigkeit, die wir heute fast mehr zu bewundern geneigt sind als alles einzelne. Aber der Zwingergarten war und bleibt doch die Krone.

31. Zwinger, Kronentor und Langgalerie, um 1970

Schon vor seiner italienischen Reise hatte Pöppelmann den Bau begonnen, obwohl dann auch Anregungen römischer Barockarchitektur und südlicher Gartenanlagen verarbeitet wurden. Was indessen schließlich entstand, war doch etwas, was in seiner jubelnden Musikalität außerhalb Deutschlands nicht zu denken ist. Das Viereck des Platzes, weiträumig genug, um Spiele darin zu veranstalten und zu anderen Zeiten ihn gärtnerisch zierlich zu schmücken, buchtet sich an zwei Seiten tief in großen Hufeisen aus, in deren Scheitel lusthausartige Aufbauten für Treppenanlagen liegen, zweigeschossig wie die sich entsprechenden Saalbaue an den vier Ecken, die, das Ganze weit über die ursprüngliche Zwecksetzung einer Orangerie erhebend, die wissenschaftlichen und Kunstsammlungen des Fürsten aufzunehmen bestimmt wurden. Ringsum ziehen sich die Bogenreihen in gleichmäßigem Takt, unterbrochen nur von den aufwandvollen Treppenhäusern und dem von Laune sprühenden Kronentor an der einen geraden Seite (dem ein

32. *Zwinger mit Theaterplatz von Süden, 1943*

noch prunkenderes an der nicht ausgeführten Elbseite antworten sollte). Überall bot sich den lebhaft bewegten Hofgesellschaften (August der Starke liebte nichts Steifes) Platz und Raum zum Wandeln und Verweilen, überall Gelegenheit zu schauen und gesehen zu werden, sich zu zeigen und sich zurückzuziehen. Man kann große Stücke oben auf ebener Bahn umhergehen, man wird dabei der vielfältigsten Blicke kein Ende finden und sich ohne Unterlaß am Zusammenspiel der Bildwerke (meist von der Hand Balthasar Permosers) mit Bau- und Gartenkunst erfreuen, besonders an dem machtvoll-üppigen Formenklang in der Gestaltung der zum Teil von den alten Bäumen auf dem Wall beschatteten Häuser innerhalb der klaren Fügung der Bogenreihen. Man kann niedersteigen in die (heute wieder) rauschende Wassergrotte des Nymphenbades oder im Innern die schönen hellen Säle bewundern – es ist schwer, dem Zauber mit wenigen Worten gerecht zu werden, den das Werk im ganzen wie in seinen einzelnen Teilen zu allen Jahreszeiten und in den wechselnden Stunden tags oder nachts besitzt. Man steht gebannt vor einer gottbegnadeten Erfindung.

Paul Ortwin Rave, 1951

Anderswo

Einmal sah ich im Eis des Zwinger-
teichs festgefroren eine
geriffelte Wodkaflasche mit dem
Markenbild

›Brüllender Eisbär‹ auf blauem
Grund klar und still-
gelegt wie eine Sache, die man

als abgeschlossen betrachtet
bis sie nach Jahren plötzlich
sich anderswo
unverwandt zeigt.

Durs Grünbein, 1988

Königliche Kunstakademie

Ich war hochbeglückt. Stolzgeschwellt erzählte ich es meinen Freunden, die noch in der Schule schwitzen mußten. Rosig gelaunt, allerdings in heimlicher Angst vor der Prüfung, sah ich diesem neuen Lebensabschnitt entgegen. Mit meiner Tante, die mit meiner Mutter das Stolper Kasino bewirtschaftete, wurde ich nach Dresden geschickt; sie hatte dort von früher her Bekannte wohnen. Und so stiegen wir denn zunächst bei Familie Kuhling in Dresden-Striesen ab, deren Gast ich sein sollte, bis die Prüfung über mein weiteres Bleiben entschieden haben würde . . .

[. . .]

So hieß es denn eines Tages früh aufstehen, und der schwere Gang zum staatlichen Kunsttempel wurde angetreten. Die damals Königliche Kunstakademie war wunderschön an der berühmten Brühlschen Terrasse gelegen. Es war ein herrlicher, ein wenig schwermütiger Herbsttag, es roch nach gefallenem Laub, Dunst lag über der Elbe – alles paßte so recht zu meiner fatalistischen Prüflingsstimmung. Es war wie aus einer Novelle von Anton Tschechow und ein klein wenig, als ginge man zum Gericht.

Ich hatte einen grünen Landjunkerhut auf und einen extra feinen neuen Anzug an. Da lag die glitzernde Elbe mit der alten Carolabrücke, die der Maler Kühl so oft gemalt hat, und da drüben lagen die jetzt von der Morgensonne beschienenen

Häuser von Dresden-Neustadt. Ganz weh wurde einem bei dem Gedanken, daß man jetzt in das mächtige, palastartige Gebäude dort hinein sollte, um sein Talent zu beweisen. Aber die Welt war nun einmal voll von Prüfungskommissionen. Es war wie in China, und um sich auszuzeichnen, mußte man früh beginnen.

Wo war die Wiese, auf der ich jetzt hätte liegen mögen, und wo war mein Fahrrad? Weg, fort. Da, die große Barocktüre, das war mein Weg. Ich öffnete und betrat die kühle Vorhalle. Man merkte schon, daß heute etwas los war. Vor der kleinen Loge des Portiers drängte sich eine Menge ebensolcher Ankömmlinge wie ich, Bescheid und Auskunft suchend. Andere, die ihren Bestimmungsort schon gefunden, kauften bei ihm Papierrahmen und für die Prüfung notwendiges Zeichenmaterial. Schon sah man diesen und jenen Prüfling mit einem großen, papierbespannten Rahmen im Korridor entschwinden, die eine freie Hand krampfhaft um ein paar Kreidestifte und einen Knetgummiklumpen geklemmt. Wieder andere, wohl schon ältere Schüler, sah man am Schwarzen Brett nach Neuigkeiten forschen oder mit dem Portier vertraute Gespräche führen. Der farbbekleckste Malerkittel gab ihnen in meinen Augen etwas von alten Soldaten, die schon lange im Regiment dienten und etwas erzählen konnten. Einem, der außerdem nach echter Kunstmalerart eine wehende, lose geknüpfte Krawatte, eine sogenannte Lavalliere, trug und eine kurze Bulldogpfeife rauchte, sah ich ehrfürchtig nach, als er, mit einem Paket Zeichenkohle bewaffnet, in einer der vielen großen Türen verschwand. Romantisch wie ich war und vielleicht immer noch bin, nahm ich mir vor: so mußt du auch einmal aussehen! Die Enttäuschung kam erst, als ich später erfuhr, daß dieser mir so hochkünstlerisch Erschienene nur ein ganz einfacher Architekturschüler war.

Ich erkundete nun ebenfalls das Notwendige, ging einen

33. Brühlsche Terrasse mit Kunstakademie und Kuppel der Frauenkirche, 1935

großen, mit Bildern und Zeichnungen aller Arten und Stile behängten bogenförmigen Korridor entlang und landete in der damaligen Unterklasse. Im Vorbeigehen las ich noch auf der benachbarten Tür die angeheftete Visitenkarte von Professor Richard Müller, ohne zu ahnen, daß dieser im Verlauf der nächsten Wochen mein Lehrer werden sollte. Die Unterklasse war ein großer Atelierraum mit Oberlicht. Es war offenbar für die Prüfung Platz gemacht worden; der Raum war ziemlich leer. In einer Ecke stand ein großer Schrank mit Gerümpel und alten Malkitteln, an den Wänden zusammengeschoben standen drehbare antike Gipsstatuen auf fahrbaren Untersätzen, ein laufender Gipsmann reckte, leicht angeschmutzt, seinen Fechterarm den Eintretenden entgegen. Ein paar Staffeleien mit schon aufgestellten, unschuldsvoll leuchtenden Papierrahmen und im Hintergrund ein paar große, total vollgekritzelte Abdekkungswände gaben dem Ganzen einen grauen, etwas staubigen Charakter. Das von oben kommende, abgedämpfte, kalte Licht verstärkte diese allgemein graue Stimmung.

Als ich eintrat, war schon eine ganze Anzahl Prüflinge

versammelt. Gruppen hatten sich gebildet, und man hörte neben unverfälschtem Sächsisch alle möglichen Idiome deutscher Zunge. Ich gesellte mich einer diskutierenden Gruppe zu, die gerade dabei war, ein von irgend jemand hervorgeholtes Ölbild zu kritisieren. Ein sächsischsprechender Jüngling mit einer Stahlbrille erläuterte uns, daß es von Hodlers Neffen stamme, der gerade in die Malklasse von Professor Zwintscher versetzt worden sei. Ich hatte von Hodler noch nichts gehört, geschweige denn gesehen, und die von seinem Neffen mit viel dicker grüner Farbe gemalte Landschaft sagte mir nichts. Dann ging das Gespräch auf Professor Richard Müller über, und ich erfuhr zum ersten Male seine Bedeutung als großer Meister. Mit ehrfürchtiger Stimme und stark sächsischem Akzent erzählte uns der stahlbebrillte Jüngling von horrenden Preisen, und daß Müllers Zeichnungen sogar vom Londoner Kupferstichkabinett angekauft worden seien. Ich fühlte mich plötzlich recht bescheiden werden und dachte an den langen Weg von Fleiß, Glück und Talent bis zum Londoner Kupferstichkabinett...

Wir waren eine recht gemischte Gesellschaft, wir angehenden Kunstakademiker. Es gab Reiche und Arme, Gesunde und dann wieder solche, die hinkten oder nur mit einem Arm malen und zeichnen konnten. Manch einer hatte einen ganz besonders teuren Zeichenkasten mit poliertem Messinggriff und -schloß, ein anderer produzierte einfach ein Stück Holzkohle aus der Jackentasche. Da war zum Beispiel Naumann-Coschütz, der sogenannte »einfache Mann aus dem Volke«, aus Coschütz bei Dresden gebürtig und dort wohnhaft; der war jahrelang Lithograph gewesen und hatte die rot entzündeten, stets ein wenig tränenden Augen des mit der Lupe arbeitenden lithographischen Einzelheitenzeichners, und er hatte viele, viele Jahre gespart, um endlich mit fünfunddreißig seinen einzigen Lieblingswunsch erfüllen und auf die Kunstakademie gehen zu können...

Unser Prüfungsmeister war Professor Robert Sterl. Ein sympathischer, spitzbärtiger Junggeselle mit kleinen, ans In-die-Sonne-Sehen gewöhnten, blinzelnden Impressionistenäuglein im gutmütigen, radieschenfarbenen Gesicht. Er sah aus wie ein Mann, der wenig redet, aber gern bei einer Flasche Rotwein sich erzählen läßt. Als Prüfungsaufgabe gab er uns eine lebensgroße Zeichnung nach dem Gipsabguß der Büste des Kaisers Nero. Nachdem er alle Versammelten freundschaftlich brummend ermahnt hatte, überließ er uns unseren Fähigkeiten, und bald hörte man nur noch das Kratzen und Wischen der Kreide- und Kohlenstifte auf dem hartgespannten Papier.

Die Prüfung dauerte einige Tage, in denen Professor Sterl uns ab und zu besuchte und nach dem Rechten sah, auch wohl da und dort eine Minute kritisch verweilte. Ich hatte mich gleich, obwohl keineswegs sicher, tollkühn in die Arbeit gestürzt, lotete und maß wie ein alter, abgebrühter Akademiker und traf mit meiner etwas flächigen Kohletechnik sicher den Geschmack Professor Sterls, denn im Vorbeigehen brummte er mir wohlwollend zu. So war ich fein heraus und freute mich sehr: mit dieser sparsamen brummigen Beifallsbezeigung war ich so gut wie aufgenommen. *George Grosz, 1955*

Die Hofkirche

––– Wenn mir bisweilen etwas geglückt ist, springe ich auf meiner eignen Hand in der Stube herum, – es ist nicht anders, die Künstler sind doch alle etwas toll, und da nehme ich es mit mir selbst auch nicht so genau; wenn die Beine springen wollen, warum soll ich ihnen ihren Willen nicht auch einmal lassen? –––

Etwas unendlich Schönes ist die Musik hier in der katholischen Kirche; besonders ist jetzt ein neuer Sänger angekommen, aber man vergißt Sänger, Spieler und Kirche und schwebt

34. Katholische Hofkirche, Altarwand des Mittelschiffes mit Hochaltar, um 1980

nur mit auf den Tönen fort. Es ist vornehmlich feierlich jetzt des Nachmittags zwischen 4 und 5 Uhr, dann ist's schon sehr dunkel, auf dem Altar stehen drei Reihen großer Leuchter von Silber, wovon die in der obersten Reihe zwölf Fuß hoch sind; der Schimmer und Blitz des Silbers und wie sich nach und nach der Schein auf dem großen Altarblatt von Mengs verliert, dazu das geheimnisvolle und wunderbare Wesen der Patres, – dann die schöne Musik. Es ist eine Herrlichkeit darin, die einen mit unwiderstehlicher Gewalt ergreift, man vergißt die Alfanzereien des Katholizismus. Dabei singt die Gemeinde nie, bloß die Sänger, es bleibt also alles in einer wirklich vollkommenen Harmonie, zumal wenn der eine Pater absingt, der einen prächtigen, das Gebäude erschütternden Baß hat.

– Ich wohne jetzt bei dem sogenannten Löwenapotheker in der Willschen Gasse eine Treppe hoch und bin von Eiffe getrennt; es ist mir in mancher Hinsicht lieber, wir paßten doch nicht füreinander, ja wir hatten nicht einerlei Zweck; sein Wunsch, nur eine gewisse Stufe in der Kunst zu erreichen, würde mich zerstören. Wenn ich es auch gewiß zu der Vollkommenheit in der Kunst, wie sie Rubens erreicht hat, zu bringen wüßte, mir dann aber nichts mehr zu hoffen übrig sein sollte, – so könnte ich es doch unmöglich wählen; wer auf der Bahn nicht gleich wünscht, das Höchste zu erlangen, ist es nicht wert, daß er etwas minder Großes erreiche. Die Hoffnung ist das Schönste im Leben; wer sich die abschneiden möchte, bloß um etwas Gewisses zu haben, in dem ist der lebendige Geist schon gestorben – – –.

Philipp Otto Runge, 1801

Eliasfriedhof

1

So fand ich die Mauern: hier
Sammelt die Zeit
Ihr Vergessen, Efeu
Beklettert die Bäume,
Dendrologie,
Vereint
Auf ein paar
Quadratmetern Boden.

2

Heimat –
Was für ein Wort
Im Mund
Der Geschichtslosigkeit.

3
Entferne dich nicht
Zu weit
Von der immerwährenden
Gegenwart:

4
Hier
Ist dein Jetzt,
Blick
Durch die Gitter,
Verbirg
Dein Erschrecken.

Heinz Czechowski, 1987

Der Große Garten

Bis zur Regierung des Kurfürsten Johann Georg III. fehlte ein Park im Dresdner Stadtbild. Der Charakter des Residenzschlosses, durch den imposanten, vom Oberlandbaumeister Klengel geschaffenen Turm vollends betont, blieb der einer wehrhaften Burg, an die sich die Stadt wie an einen starken Beschützer herandrängte; nur ein kleiner, inzwischen auch verschwundener Hofgarten stieß an das Schloß. So sehnte sich Johann Georg, dessen Temperament und Schönheitssinn in seinem Enkel August dem Starken einst wieder aufleben sollten, ins Freie und ließ den »Großen Garten« anlegen – gewiß nicht ohne Absicht in ziemlicher Entfernung von der damaligen Stadt, die trotz mancher von Klengel angebrachter Verschönerungen noch recht wenig repräsentativ war und zu einer festlichen Parkanlage kaum paßte. Im Jahre 1679 ließ er auch von Klengel und Starke den Bau des »Lusthauses« im Großen

35. Eliasfriedhof, 1990

Garten beginnen. Vollendet worden ist dieses kleine Palais aber erst unter August dem Starken. Mit seinen allegorischen Deckengemälden von Samuel Bottschild, seinen Treppen, Säulen, Kaiserbüsten und Plastiken erinnert es an eine italienische Villa. Auch Garten und Park entstanden erst unter August – mit Hilfe des Architekten Karscher – in ihrer ganzen Pracht. Um einen Wasserspiegel waren zwischen leuchtenden Blumenrabatten 1500 Marmorstatuen aufgestellt, zumeist Werke Permosers und italienischer Bildhauer wie Corradini, Balestra, Baratta. Viele stammten aus dem früheren Holländischen Palais des Grafen Flemming. Leider wurden sie fast alle im Siebenjährigen Krieg durch Friedrich den Großen zerstört. Doch können wir uns noch an Permosers Gruppe der die Deianira entführenden Centauren, deren barocker Schwung uns an den Zwinger erinnert, erfreuen. Voller Anmut ist auch die noch erhaltene Vase Corradinis mit der Gestalt der Psyche, die ihren blumenhaft schönen Körper dem Himmel und den fahrenden Wolken enthüllt.

Unter August II. ging der Hof täglich im Großen Garten spazieren und traf sich in den schönen hellen Räumen des Palais zum Kartenspiel. Haxthausen schreibt darüber in seinen Memoiren: »Man richtete bei Hof täglich Spaziergänge im Großen Garten ein. Das Palais stand für die Gäste offen. Man traf sich dort um 5 Uhr, und die eleganteste Gesellschaft erschien und bewegte sich zwischen den festlichen Innenräumen und dem Garten. Ich spielte in dem einen Saal tric-trac mit der Gräfin Cosel – dann promenierten wir. Sie erschien jeden Tag. Der König nur ab und zu. Er pflegte sehr rasch wieder zu entschwinden, was die Gräfin Cosel beunruhigte, denn sie mag eine neue Untreue geahnt haben, weshalb sie ihm auch bald folgte.« Hinter diesen wenigen Worten des vorsichtigen Hofmanns ahnt man kommende Verwicklungen. Die Harmonie in den Beziehungen Augusts zu der Gräfin muß schon damals gespannt gewesen sein, und es nahte die Stunde dunklen Verhängnisses für die einst vergötterte Frau.

Zunächst aber wird sie noch im Großen Garten den Glanz des Venusfestes erleben, das August ihr zu Ehren dort inszeniert. Er hatte dafür einen Teich ausgraben lassen, an dessen Ende sich der Venustempel mit Marmorsäulen erhob. Permoser schuf zwei große Herkulesstatuen eigens für diesen festlichen Tag; sie stehen jetzt am Eingang der Herkules-Allee. Die hohen Bäume verdeckten damals noch nicht den Blick, der vom Großen Garten bis nach Loschwitz hinüber schweifte; – einen schöneren Rahmen konnte man sich nicht denken. August erschien an dem Festtage als Ares, die Gräfin als Venus, von Amoretten umkreist. So stand das Paar vor dem Palais, während goldene Barken mit Gruppen entkleideter Nymphen vorüberzogen und der Göttin huldigten. Ein Damenringrennen hatte mittags das Fest eröffnet: ein Wettkampf der vier Jahreszeiten um den Preis der Venus. Damen und Kavaliere, Läufer und Equipagen waren abwechselnd in Rosa, Blaßblau, Grün

36. Palais im Großen Garten, 1990

und Zitronengelb eingekleidet. Vom Palais aus bewegte sich der Zug der Festwagen, um dem Rennen beizuwohnen. Mitglieder der Oper, die bei der Aufführung im Tempel mitzuwirken hatten, folgten in einem anderen festlich geschmückten Wagen. Der König selber ritt auf einem Schimmel in rosafarbener, silberdurchwirkter Kleidung. Die Gräfin als Venus fuhr hinterher in einer goldenen Muschel von vier Pferden gezogen. Doch der Abend nahte. Vor dem Venustempel brannten Fackeln. In dämonischer Schönheit müssen August und seine Geliebte aus dem Schatten des Parks aufgetaucht sein. Der König wird der Venus dann die Hand gereicht haben, um sie langsam die Stufen des Tempels hinaufzuführen, wo nun die Aufführung begann. Feuerlohen wurden auf den Loschwitzer Hügeln entzündet. Dann erwartete eine prächtige Tafel im Palais die Gäste. Unter einem zweigeschossigen Tempel erglühten als Mittelstück Dinglingers Tafelaufsätze mit ihren blitzenden Edelsteinen. Vielleicht war Dinglinger selber erschienen und wurde zum König gerufen, der in Juwelenpracht neben der Cosel erstrahlte und über dem Anblick erlesener Kunstwerke fast die Schönheit seiner Geliebten vergaß. »Er muß ein Werk schaffen, das an dieses Fest erinnert!« ruft er dem Meister zu. Dinglinger verbeugt sich und geht nachdenklich durch die geöffnete Tür in den Park hinaus. Da mag sein schönes Kunstwerk »Das Bad der Diana« vor ihm aufgestiegen sein, mit der über dem Wasserspiegel auf der Muschel ruhenden Göttin. Doch im Venustempel leuchten die Fackeln nun wieder auf. Die Tafel ist aufgehoben. In Gondeln, mit Lampions und Blumen geschmückt, fährt der König mit der Gräfin und ihrem Gefolge wieder über das Wasser. Der Tanz beginnt, der bis zum Morgen währt. In der Ferne brennen noch immer die Freudenfeuer auf den Loschwitzer Hügeln.

Fast ebenso großartig war das zu Ehren des Kurprinzen und seiner Gemahlin veranstaltete »Damenfest«. Auf einem zeitgenössischen Stich sehen wir noch die Tafel, an der die Damen in ihren prächtigen Roben in feierlicher Reihe sitzen und nach dem Könige blicken, der inmitten leuchtender Gestirne wie eine Sonne präsidiert. Im Laufe der Jahre erschienen dann statt der schönen Frauen farbenprächtige Fasanen, das Grün des Parks zu beleben: dem jagdfreudigen Hof eine willkommene Beute. Und sehr viel später, im Jahre 1813 unter dem russischen Generalgouverneur Fürst Repnin, wurde der Große Garten für den öffentlichen Besuch geöffnet. Damit verlor er seinen höfischen Charakter – ohne jedoch, bei seiner etwas abseitigen Lage, zum eigentlichen Volkspark zu werden. Um so eindringlicher sprach und spricht seine Schönheit zu versonnenen Einzelgängern. Arthur Schopenhauer gehörte einst zu ihnen, und man erzählt, der seltsame Mann habe einmal das Mißtrauen des Parkwächters erregt, auf dessen Frage aber: »Wer sind Sie denn eigentlich?« nur die tiefsinnige Antwort gegeben: »Ja, wenn ich das wüßte! ...« In einem der gelben

Kavalierhäuser, die sich um das – inzwischen zum Museum gewordene – Palais gruppieren, wohnte zeitweilig bei seinem Schwager, dem Sanskritforscher Heinrich Brockhaus, Richard Wagner, um in der Zurückgezogenheit den Kummer über die Flucht seiner ersten Frau Maria Planer zu überwinden. Unter den Bäumen des Parks las er Bulwers »Rienzi«, der ihn zu seiner gleichnamigen Oper anregte. Und mancher Philosoph und Poet – ich erinnere mich insbesondere des Dichters Königsbrunn-Schaup – ist auch noch in unseren Tagen nachdenklich durch die herrlichen Alleen gewandelt, die vom Stadtlärm unberührte Stille genießend. Nur sonn- und festtags herrscht hier ein etwas bunteres Treiben, und an den Sommerabenden finden die volkstümlichen Konzerte der »Großen Wirtschaft« ein dankbares Publikum. Mitunter leuchtete auch im Großen Garten wohl noch ein Abglanz vergangener Festzeiten auf: so wenn sich die elegante Welt hier zu Pferd und zu Wagen bei einem Blumenkorso zusammenfand, oder wenn die Königin Carola, die letzte der sächsischen Königinnen, zum Besten des von ihr geschaffenen Albertvereins vom Roten Kreuz ein Wohltätigkeitsfest veranstaltete – mit kostümierten Aufzügen und Feuerwerk. Dann gab es wohl ein Volksfest, das gewiß sittlich höher stehenden und menschlich sympathischeren Zwecken diente, aber doch einem anderen Geist entstammte als die einstigen Feste des Barock, deren einziger Sinn es gewesen war, den flüchtigen Augenblick bis aufs äußerste dekorativ zu gestalten. Für jenes Festliche um seiner selbst willen, mit all seinen Fehlern und Vorzügen, war und blieb August der Starke der vollendete Repräsentant. *Helene von Nostiz, 1941*

Friedrichstadt

Die Friedrichstraße

Am Tage vor St. Michael, den 28. September 1803, erblickte ich das Licht dieser Erde in der Friedrichstadt, einer Vorstadt Dresdens, welche die *haute volée* zu ihrem Sitze nicht erkoren hatte. Auf der geraden und sehr breiten Friedrichstraße, die bei der Kirche ins freie Feld endete, lag zwar das schöne Palais des Grafen Marcolini, in dessen Räumen sich einige Jahre später das welthistorische Ereignis abspielte, daß Kaiser Napoleon I. seinen Hut daselbst fallen ließ, welcher von Metternich nicht aufgehoben wurde, was eine große Bedeutung und noch größere Folgen hatte; aber dies Palais ausgenommen, trugen die Häuser der ganzen Vorstadt mehr den Charakter eines kleinen Landstädtchens und waren zumeist von armen Leuten bewohnt.

Auch meine Eltern wohnten in den ersten Jahren ihrer Verheiratung daselbst auf der Ostrastraße. Mein Vater, *Carl August Richter*, am 6. Juli 1778 in dem Dorfe Wachau bei Radeberg geboren, war Zeichner und Kupferstecher und ein Schüler Adrian Zingg's, von welchem ich auch meinen Vornamen Adrian bekommen habe, weil er mein Pate gewesen. Das Verhältnis Zingg's zu seinen Schülern war eigentümlicher Art und erinnert noch an die Meisterschulen des vorigen Jahrhunderts. Er nahm in seine Schülerwerkstatt Knaben auf, welche Lust und Fähigkeit zur Kunst zu erkennen gaben, und schulte sie zu einer sichern Handfertigkeit in einer scharf bestimmten Manier des Zeichnens und Tuschens; und zeigten sie sich endlich darin tüchtig, so erhielten sie je nach ihrer Brauchbarkeit einen monatlichen Gehalt und arbeiteten für ihn. So standen einige der besten Schüler noch in seinem Sold, nachdem sie sich bereits verheiratet hatten. Der vorzüglichste derselben war mein Vater, welcher nicht allein Kupferplatten für ihn stach, sondern auch die großen Sepiazeichnungen, welche Zingg alljährlich auf die Kunstausstellung gab, komponierte und bis auf das letzte Tüpfel vollständig ausführte, unter die aber dann der alte Zingg ganz naiv seinen Namen setzte. Es war dies auch gar kein Geheimnis, und Zingg's akademische Kollegen bezeichneten die Blätter als Zingg's Ausstellungsarbeit, von Richter gezeichnet.

Meine Eltern nahmen bald nach meiner Geburt eine Wohnung in der Stadt, auf der äußeren Rampischen Gasse, von wo es der Vater näher zu dem auf der Moritzstraße gelegenen Atelier Zingg's hatte.

Eine meiner frühesten Erinnerungen ist ein Besuch bei Großpapa Müller, der ein kleines Kaufmannslädchen und ein Haus mit sehr großem Garten auf der Schäferstraße besaß. Auf dem Wege zu den Großeltern waren wir bei einem Hause vorüber gekommen, vor welchem ein schöner Rasenplatz mit vielen blauen Glocken- und weißen Sternblumen meine Aufmerksamkeit so gefesselt hatte, daß ich kaum von der Stelle zu bringen war. Als ich aber bei den Großeltern angelangt und regaliert worden war und vor dem Hause herumtrippelte – ich zählte damals etwa drei Jahre –, fielen mir die wunderschönen Sternblumen wieder ein, und ich wackelte in gutem Vertrauen fort durch mehrere einsame Gassen und gelangte auch richtig zu dem Gehöfte mit dem schönen Rasenplatz, wo ich denn für Großpapa einen prächtigen Strauß pflückte und wieder fortmarschierte. Da ich aber nur vertrauensvoll meiner Nase nach ging und diese vermutlich damals ein noch zu kleiner Wegweiser war, so brachte sie mich nach der entgegengesetzten Richtung auf weiten, weiten Wegen in die Stadt. Ich war sehr verwundert, daß Großpapas Haus auch gar nicht kommen

37. Geburtshaus von Ludwig Richter in Friedrichstadt, 1990

wollte, trotzdem es Abend wurde. Lebhaft erinnerlich ist mir's, wie ich kleines Wurm, den Blumenstrauß fest in der Hand, um Mitternacht auf dem im Mondschein ruhenden Altmarkt stand, ein so winzig kleines Figürchen auf dem großen, öden Platz; da kam der Rettungsengel in Gestalt eines Ratswächters, den Dreimaster auf dem Kopf und den Säbel an der Seite, von dem im Schatten liegenden Rathause herüber, fragte mich und trug mich zu der in Todesängsten schwebenden Mutter; denn man hatte das verlaufene Kind bereits auf dem Rathause gemeldet, und mein wirklicher Schutzengel hatte mich glücklich davor geführt.

Ich will aber jetzt auf die Großeltern zurückkommen. Beide, sowohl die von väterlicher wie mütterlicher Seite, repräsentierten noch die alte Zeit, das vorige Jahrhundert, und zwar in seiner kleinbürgerlichen Gestalt. Mir haben sich die Bilder von ihnen und ihrer Umgebung bis aufs kleinste lebendig erhalten; denn es waren charakteristisch ausgeprägte Typen bürgerlichen

Kleinlebens, während die Dinge im elterlichen Hause in meiner Erinnerung viel mehr verblaßt sind, denn sie trugen das modern nüchterne Gepräge der neuen Zeit und übten unendlich weniger poetischen Reiz. Die Müller-Großeltern wurden oft besucht. Das kleine Kaufmannslädchen, durch welches man den Eingang in das noch kleinere und einzige Stübchen nehmen mußte, war ein höchst interessantes Heiligtum. Das Fenster außen garniert mit hölzernen, gelb und orange bemalten Kugeln, welche Zitronen und Apfelsinen vorstellten, die aber *in natura* niemals vorhanden waren und bei der armen Kundschaft auch keine Käufer gefunden haben würden; dann der große, blanke Messingmond, vor welchem abends die Lampe angezündet wurde, und der dann mit seinem wunderbar blendenden Glanze das Lädchen in einen Feenpalast verwandelte; die vielen verschlossenen Kästen, der anziehende Sirupständer, dessen Inhalt so oft in den schönsten Spirallinien auf das untergehaltene Dreierbrot sich ergoß, die Büchsen mit bunten Zucker- und Ingwerplätzchen, Kalmus, Johannisbrot und schließlich der Duft dieser Atmosphäre: welch ahnungsvolle Stätte voll Herrlichkeit! Endlich der Kaufherr selbst, mit baumwollener Zipfelmütze und kaffeebrauner Ladenschürze geschmückt, wie hastig und eifrig fuhr er in die Kästen, langte dem Barfüßler für 1 Pf. Pfeffer, 1 Pf. Ingwer, 1 Pf. neue Würze und 3 Pf. Baumöl freundlichst zu, und die Klingel an der Tür bimmelte unaufhörlich der ab- und zugehenden Kundschaft vor und nach.

Ludwig Richter, 1886

Plauen

Ida Bienert und ihre Sammlung

Die Sammlung Ida Bienert in Dresden ist durch die Zeitereignisse in ihrem Gesamtbestand weitgehend unbekannt geblieben. Ihr Aufbau begann kurz vor dem Ersten Weltkrieg und war praktisch mit dem Jahre 1933 abgeschlossen, wenn auch nach diesem Termin einzelne Stücke noch hinzukamen. Die Schmähungen der von ihr gesammelten Künstler trafen sie nur am Rande noch persönlich, da sich ihr gastreiches Haus in der Würzburger Straße seit dieser Zeit allein den alten Freunden noch öffnete. Die Zerstörung Dresdens in der Nacht zum 13./14. Februar fügte ihrem Haus zunächst geringen Schaden zu, als es schwere Einbußen erlitt, war sie bereits auf Wunsch ihrer Familie mit der Sammlung nach München übergesiedelt. Von dem Dresdner Familienbesitz der Bienert-Mühlen wurde später groteskerweise ihr Haus enteignet, weil sie es von einer Grundstücksgesellschaft verwalten ließ. Es wurde erst einmal vorübergehend Sitz des Dresdner Stadtmuseums, bis es der Technischen Hochschule zur Verfügung gestellt wurde. So blieb ihr keine Gelegenheit mehr, an die Stätte ihres Wirkens zurückzukehren. Entblößt von ihren Einnahmen, konnte sie als leidenschaftliche Sammlerin nur noch weniges erwerben, mußte sich vielmehr zum Teil von ihren Bildern trennen. Heute ist die Sammlung Ida Bienert nicht mehr existent, eine Erinnerung an ein großes Wollen ist in Dresden vergessen. [. . .]

Ida Bienert wurde im November 1870 in Langenbielau in Schlesien als Tochter des Industriellen Suckert, einem der bekanntesten Unternehmer des Landes, geboren. Seine beiden

Töchter Bertha und Ida heirateten in Dresden die Brüder Theodor und Erwin Bienert. Beide Brüder waren die Erben ihres Vaters Theodor, der hier, aus kleinsten Anfängen heraus, das größte Mühlenwerk Sachsens schuf. Sein Betrieb wirkte außerdem durch seine umfassenden sozialen Einrichtungen vorbildlich für das ganze Land und nahm viele der heutigen Errungenschaften für Angestellte und Arbeiter um Jahrzehnte voraus.

Diesen sozialen Einrichtungen widmete sich auch Frau Ida durch lange Jahre. Ihre ureigenste Leistung war 1905 die Gründung der ersten Volksbibliothek Sachsens in Dresden-Plauen. Der damalige Leiter Walter Hofmann, später ein international bekannter Fachmann auf seinem Gebiet, setzte diesem besonderen sozialen Wirken in seinen 1967 in Villingen erschienenen »Erinnerungen eines Volksbibliothekars« ein dauerndes, verdientes Denkmal. 1920 ging sie als Geschenk in den Besitz der Stadt über.

In diesen Jahren brachte sie eine kleine Sammlung von Stichen Dürers und Radierungen Rembrandts zusammen. Auch einige Gemälde Dresdner Künstler der Zeit kamen ins Haus. Doch nichts erinnerte an die spätere Sammeltätigkeit avantgardistischer Kunst.

[...]

Ihr großes Temperament, die Spontaneität, mit der sie Entscheidungen zu treffen pflegte, fand eine stetige Bewunderung bei Freunden und nahen Bekannten. Für andere war die Frau, die so merkwürdiges Bilderzeug kaufte, die verrückte Ida. Aber auch das war nicht ohne Anerkennung und wandelte sich mit der Zeit, als man erkennen mußte, wie klug und vorausschauend ihr Handeln war. Ihr Gatte Erwin war eine noble Erscheinung, der dem Temperament seiner Frau bei ihren Ankäufen nur gelegentlich Zügel anlegte, wenn er auch später dem Geschmack seiner Frau nicht mehr recht folgte. Er liebte alte Kunstwerke und besaß die vier schönen Landschaften von Anton Graff aus der Umgebung von Dresden. Sie hängen seit seinem Tode als Erbe in der Dresdner Galerie.

Die Zäsur brachte die Begegnung und Freundschaft mit Theodor Däubler, dessen Epos »Das Nordlicht« damals gerade vollendet war, bei den alljährlichen Besuchen Italiens vor dem Ersten Weltkrieg in Florenz und dem damals noch unbekannten Forte dei Marmi. In Florenz traf man auch Otto Hettner und Ludwig von Hofmann, die Ende des zweiten Jahrzehnts dann als Professoren an der Kunstakademie auf der Brühlschen Terrasse wirkten. Die Betrachtung der bis Ende des Weltkriegs erworbenen Gemälde der Sammlung Bienert zeigt die Intentionen, die Däubler von der modernen Kunst der Gegenwart besaß und die er 1916 in seinem zunächst bei Jakob Hegner im Hellerauer Verlag und später im Insel Verlag erschienenen Bande »Der neue Standpunkt« dichterisch konzipierte. Der Band ist »Frau Ida Bienert gewidmet«, und so wird die Korrespondenz zwischen Buch und Sammlung auch äußerlich sichtbar. [...]

Voran standen zunächst in der Sammlung die Franzosen mit Cézanne, van Gogh, Gauguin, Redon, Monet, Renoir, Picasso und Derain. Sie sind noch kurz vor dem Ersten Weltkrieg erworben worden, und zwar meist bei Paul Cassirer. Eine der glücklichsten Erwerbungen gelang mit der »Näherin«, noch aus der rosa Periode Picassos von 1905. Durch eines der frühesten kubistischen Bilder, die »Frau mit Hut« von 1909, und das kubistische Klebebild »Valse« von 1913, das aus der Galerie Flechtheim kam, war Picasso glanzvoll vertreten. Die »Frau mit Hut« kaufte Ma-Ida, wie sie bei Kindern, Enkelkindern und im engsten Freundeskreise genannt wurde, erst im Kriege bei Cassirer. Das durfte damals aber Erwin nicht wissen, und so hing das Bild bis 1921 bei Däubler in Berlin. Däubler war auch über Herrn Kollmann, dieser geheimnisvol-

38. Wohnhaus von Ida Bienert in der Südvorstadt, 1990

len Erscheinung, über die er später einen Roman schrieb, der immer noch der Veröffentlichung harrt, mit Munch verbunden. Er war in der Sammlung Bienert durch die »Akte mit rotem Tuche« von 1903 vertreten.

Hierzu kamen die Künstler aus Herwarth Waldens »Sturm«. Allen voran standen die Russen mit Chagall. Aus dessen Frühwerk von 1910-1913 besaß Ida Bienert nicht weniger als elf Gemälde und Aquarelle, darunter die Gemälde »Frau mit Blumenstrauß«, den großen »Blumenstrauß« und die »Russische Sphinx« sowie die Aquarellskizze zu »Rußland«.

[. . .]

Neben Marc erwarb Ida Bienert von Kokoschka die »Katze« aus der Wiener Periode von 1912 und das visionäre »Stilleben mit Kaninchen« von 1914. Während seiner Dresdener Akademiezeit von 1918 bis 1924 gehörte Kokoschka zu den engen Freunden des Hauses, als er in der Felsenburg auf dem Weißen Hirsch und später bei Hans Posse in einem der Pavillons des Großen Gartens mit seiner Wiener Puppe lebte. Als ein erstes

Zeugnis der Freundschaft sandte er 1918 ein Schreibmaschinenexemplar seiner neuesten Dichtung »Orpheus und Eurydike« mit einer für ihn so charakteristischen, wienerisch-liebenswürdigen Widmung: »Dieses halbfertige Buch für die liebe Freundin Frau Ida Bienert als Handexemplar, streng zu verwahren vor fremden Augen, als kleine Aufmerksamkeit Ihres Oskar Kokoschka.« Ma-Ida brachte eines Abends die schöne Litho der kleinen Tochter seiner Wirtin mit, als wir mit Däubler bei Lahmanns saßen. Später kaufte sie eines der letzten in Dresden entstandenen Gemälde, das Bildnis der »Engländerin« Miss Cunard. Es gab noch einmal eine Begegnung nach Jahrzehnten anläßlich der großen Kokoschka-Ausstellung 1958 in München.

Noldes kamen bereits während ihres Dresdner Aufenthaltes 1912/13 öfter in die Würzburger Straße. Die Freundschaft hatte sich über Ma-Idas Schwiegersohn, den Münchner Kunsthistoriker Hans Rupé, angebahnt. Die Erwerbungen erfolgten aber erst später, ein Gemälde und zwei Aquarelle von der Südseereise 1914. Die Freundschaft auch mit Frau Ada hielt bis zum Lebensende an. 1932 schickte Emil Nolde »Mein kleines Lebensbuch« mit einer herzlichen Widmung nach Dresden.

[...]

Der Schreiber dieses Berichtes erinnert sich noch an die Nachmittage, an denen Ma-Ida ihm die alljährlich von Klee geschickten neuesten Bilder zeigte und man die Ankäufe beriet. In ihrem Besitz waren zuletzt an die 40 Werke verschiedenster Technik, Ölgemälde, Gouachen, Aquarelle und einige Zeichnungen. Wie zu Kandinsky begannen aber die persönlichen Beziehungen erst in der Zeit um 1921. In die hier geschilderte Frühzeit der Sammlung fallen die Ankäufe der kleinformatigen Aquarelle wie »Blaues Dach – Orange Mond« von 1916 und die Köstlichkeit der »Schlagenden Nachtigall« von 1917 im Sturm.

[...]

Das Haus in der Würzburger Straße in der Vorstadt Plauen, das die Bienerts seit 1890 bewohnten, war nicht von ihnen errichtet worden. Es ist eine der typischen Renaissancevillen der »Dresdener Schule« aus der Nachfolge von Semper-Nicolai, ein Ziegelbau mit Sandsteinverblendung, mit einem Erdgeschoß für die Gesellschaftsräume und einem Halbgeschoß. In der Mitte befindet sich eine weite Halle mit Oberlicht. Der Grundriß des Ganzen ist sehr nobel und zurückhaltend. In dieser Halle empfing Ida Bienert ihre Gäste. Hier hingen u. a. der große Kandinsky und die beiden Chagalls. Doch Ma-Ida war mit diesem klassischen Raum nie recht zufrieden. So bat sie 1925 Lissitzky um eine Vermittlung zu Mondrian, der sich gerade zu diesem Zeitpunkt in seinem Bauhaus-Bande »Neue Gestaltung« über Architektur und Lebensraum entscheidend geäußert hatte. Dieser schickte sehr interessante Entwürfe für die Neugestaltung der Halle, kam aber selbst nicht nach Dresden. Aus mancherlei Gründen blieb die Planung unausgeführt. Die Pläne sind verschwunden. *Fritz Löffler, 1971*

An den Plauischen Grund

O! Tal, so paradiesisch schön,
Dich hat Natur mit Zauberreiz geschmücket,
Durch dich wird mancher Wanderer beglücket,
Und mancher frohe Musensohn entzücket
Auf deinen unbegrenzten Höhn.

Romantischer war Tempe nicht
Und nicht das Tal, das Hüon einst erquickte,
Als ihn sein Unstern zu Alfonsen schickte
Und Hunger ihn und durstge Liebe drückte,
Durchwebt mit sanftem Rosenlicht.

Dort in dem hellen Hintergrund
Liegt eine Mühle uns zu überraschen
Und dort, wo Knaben Schmetterlinge haschen,
Vergißmeinnicht des Flüßchens Fluten waschen,
Seh ich ein grünes Wiesenrund.

Und jenseits wird beschränkt mein Blick
Durch nackte Felsen, die die Fluten kühlen,
An denen froh Pygmäen [?] – Fische spielen
Und auch des Sommertages Freude fühlen
Und ihr, von mir beneidet Glück.

Doch Gesners Muse führt mich nicht
Drum kann ich nicht dein Zauberbild entwerfen
Und meinen Blick auf deine Schönheit schärfen.
Hin in den Fluß will ich den Pinsel werfen,
Denn Unterlassen ist hier Pflicht.

Novalis

Der »Hohe Stein« bei Plauen

In der Umgegend von Dresden dürfte wohl schwerlich ein Punkt aufzufinden sein, von dem man eine entzückendere Aussicht auf Dresden und das Elbtal genießt, als der »Hohe Stein« bei Plauen. Von der hochgelegenen Kirche zu Wantewitz bei Großenhain bis hinauf zum hohen Schneeberge in Böhmen, an den Bergen der Lößnitz, dem Keulen- und Borsberge vorüber bis zur Lausche bei Zittau schweift der Blick des Beschauers und durchmißt das schöne Sachsenland mit seinem herrlichsten Juwel, seiner Residenzstadt Dresden, von seiner Nordgrenze, der preußischen Tiefebene, bis zu den böhmischen Bergen im Süden.

39. Plauenscher Grund von der Königsmühle aus. Stich von Bruder nach einer Zeichnung von J. H. Jentzsch

Aber noch weiter und größer als diese Aussichtslinie ist der Zeitraum der Geschichte, den uns dieser Muschelkalk-Felsen erzählt. Von Meereswogen und vorweltlichen Haifischen, deren Zähne noch heute im Kalkfelsen häufig zu finden sind, von den Göttern der heidnischen Sorben und Wenden, vom Christentum des Mittelalters, der Reformation, von herrlichen Festen prachtliebender Regenten, von Krieg und Schlachten, von hohen Herrschern und Generälen bis zum harmlosen Sonntagsspaziergänger der heutigen nüchternen Zeit, weiß uns der »Hohe Stein« zu berichten.

Vor mehr als tausend Jahren stand in der Nähe des Felsens ein heiliger, heidnischer Hain, und Urnen mit der Asche der dort Begrabenen wurden erst in unserem Jahrhundert (1828) ausgegraben. Christliche Missionäre kamen sodann, pflanzten zwischen diese Götterbäume das Zeichen des heiligen Kreuzes und schufen aus dem Götterhaine einen Kalvarienberg mit

40. Der Hohe Stein, 1990

vielen Gebetsstationen. Noch im vorigen Jahrhundert war ein solches Steinkreuz am Wege vorhanden.

Als aber im Jahre 1539 in die kleine Kirche am Fuße des Berges die Reformation ihren Einzug gehalten, verfiel auch der Wallfahrtsort, und der »Hohe Stein« hörte nun auf, dem frommen Menschengemüte durch Glauben an das Höchste, das Göttliche, Trost für die vielen Wirrsale hier auf Erden zu spenden, wie er es wohl länger als ein Jahrtausend getan. Er verweltlichte mehr und mehr und fing an, Spiel und Krieg zu lieben. Im September 1719 fand zu Ehren der Vermählung des Kurprinzen August mit Maria Josepha, der Tochter des Kaisers Joseph I., beim Saturnusfest im Plauenschen Grunde eine große Hetzjagd auf dem »Hohen Steine« statt (am 26. Sept.), wobei 4 Hirsche und 1 Bär gezwungen wurden, den todbringenden Sprung in die Tiefe des Weißeritztales zu wagen. Am Abend desselben Tages aber erblickte der »Hohe Stein«, umglänzt von vielen tausend Lichtern, noch einmal wie zu seiner

Jugendzeit heidnische Götter, die im Saturnustempel unten im Grunde ihren Festzug hielten, und denen ein August der Starke so gern noch manch glänzendes Opfer brachte.

Vierzig Jahre später traf freilich den »Hohen Stein« die Strafe für sein weltliches Tun; er verlor durch die Österreicher 1759 seinen schönsten Schmuck, seinen grünen Tannenwald und blieb nun kahlköpfig bis auf den heutigen Tag. Dagegen widmete er sich jetzt mit ernstem Verständnis der Politik und ward ein stolzer Patriot, im Kampfe gegen die Franzosenherrschaft 1813. Er trug das Hauptquartier des Fürsten von Schwarzenberg während der Schlacht bei Dresden, und im fürstlichen Zelt beherbergte er mehrere Male die hohen Gäste des Fürsten, den Kaiser Alexander von Rußland und den König Friedrich Wilhelm III. von Preußen, den Vater unseres Kaisers Wilhelm des Großen.

Lange Friedensjahre kamen dann nach 1815 und der »Hohe Stein« gab sich der Wissenschaft hin, der Geologie und der Botanik; die Naturforscher Reichenbach und Geinitz wurden seine Studienfreunde. Auch König Friedrich August liebte ihn nicht nur seiner herrlichen Aussicht wegen, sondern suchte auch hier die seltene Steinnelke und das noch seltenere Bernsteinkraut. Er saß oft auf diesem Felsen, und als im Jahre 1862 die Gemeinde Plauen den Steinbruch am »Hohen Stein« für 600 Tlr. an Frohberg aus Deuben verkaufte, errichtete dieser ein Restaurationsgebäude und im Frühjahr 1864 einen Aussichtsturm und ließ über dessen Eingangstür zur bleibenden Erinnerung die Büste des 1854 verstorbenen Königs Friedrich August anbringen.

Oscar Wilsdorf, 1889

Dresden-Neustadt

Besuch bei Büchern

Die Häuser der Königstraße durften nicht über zwei Stockwerke hoch hinaus gebaut werden. Die Fassaden mußten so sehr wie möglich übereinstimmen, die Fensterreihen, die Dachfirste auf gleicher Höhe liegen, Erker wegfallen. Denn diese stille, schnurgerade Straße sollte nur Auffahrt, nur Blickfang, nur Ouvertüre sein. Sie sollte nur gelassen intonieren, was das prächtige Allegro majestoso der Neustadt werden sollte: das *Japanische Palais*. »Damit das Palais dominiere«, schreibt die alte Bauordnung über alle ihre Vorschriften.

Die patina-begrünten, wippenden Dächer spiegeln sich im runden Bassin des Wilhelmplatzes, der in friedlicher Weite dahinsommert. Rechts drüben kauern zwei griechische Pavillons im Grün der Anlagen, Reste des ehemaligen Weißen Tores der Neustadt. Von drunten her leuchten die kunstvollen Blumenmosaike des Palaisgartens, den Pöppelmann angelegt hat. Von der alten Bastion aus, behaupten Kenner, hat man den schönsten Blick auf Elbbrückenbogen, die Türme Dresdens und das Wunder der Hofkirche. Und dort drüben beginnt der malerische Gassenwirrwarr der alten Dresdener Neustadt. Hier ist geweihter Boden. In den »Drei goldenen Palmen« hat Goethe gewohnt. Rücken an Rücken mit diesem Hause steht die Geburtsstätte Hans von Bülows, des großen Tonmeisters, der den »Tristan« und die »Meistersinger« uraufgeführt hat. Ihm gegenüber das »Pantheon der Freundschaft«, das Haus, in dem die geistreich schwärmende Elise von der Recke mit ihrem dichtenden Seelenfreunde Christian August Tiedge wohnte. Zwei Häuser hinauf, und du stehst vor dem Körnerhaus. Hier hat Schiller zwei Jahre lang gelebt, Mozart war hier zu Gast, Goethe, Wilhelm von Humboldt, der Philosoph, Kleist und die romantischen Brüder Schlegel gingen hier ein und aus.

Und über all dem thront in ausladender Festlichkeit das Japanische Palais.

Zweimal hat August der Starke dieses Palais gekauft. Graf von Flemming, Generalfeldmarschall des Königs, begann es 1715 zu bauen. Damals hieß es »Holländisches Palais«. Schon 1717 kaufte es der König dem Grafen ab, tauschte es nach ein paar Jahren wieder gegen ein anderes Palais ein und erwarb es 1726 zum zweiten Male. Von Warschau aus genehmigte er die Umbaupläne und ließ ihm durch Pöppelmann, den Erfinder des Zwingers, im wesentlichen die Gestalt geben, in der wir es heute sehen. Es ist das erste Bauwerk in dem Stile, der nachher als »Dresdener Barock« das Entzücken der Welt erregte.

[...]

Wo rauschende Feste gefeiert worden waren, zog eine stille Gesellschaft ein: Bücher. Das war im Jahre 1786. Bis dahin war die alte kurfürstliche Bibliothek in den drei Zwingerpavillons untergebracht, besser: eingepfercht, denn der Raum war viel zu klein. War einmal ein halbes Dutzend Besucher im »Lese- und Expeditionszimmer« anwesend, so entstand Raumnot. Eine malerische Unordnung herrschte allenthalben. Sehr oft konnten Bücher nicht ausgeliehen werden, weil es nicht gelang, sie aufzufinden, oder auch, weil schlechtes Wetter das Herbeiholen von Büchern, die in einem anderen Pavillon standen, hinderte. Gab es Regen oder Schnee, erzählt ein Zeitgenosse, so erhielt man wohl den Bescheid: »Kommen Sie morgen wieder. Die Theologen und die alten Klassiker stehen in dem Pavillon da drüben, da mag sie bei dem Wetter der Teufel holen!«

Hinab, längst verklungen ist das. Daß buntbefrackte, vornehme Herren mit zierlichen Damen im Reifrock zwischen

MVSEVM

41. Japanisches Palais, 1929

goldschimmernden Bücherreihen auf- und abschritten, mit runden Gesten geistreich plaudernd – vorbei ist das. Aus den Raritätenkabinetten, die die Bibliotheken der Höfe einst waren, ist längst etwas ganz anderes geworden: geschäftige Plätze ernster Arbeit, Zentren des geistigen Lebens, Quellen, aus denen die Gesamtheit begierig schöpft. Die private Sammelleidenschaft der Fürsten und Großen trägt heute ihre reiche Frucht: die Bibliotheken sind wichtigste Instrumente der öffentlichen Bildung, sind Arbeit am Volk, Dienst am Ganzen.

Wie wenige deutsche Bibliotheken hat die *Sächsische Landesbibliothek* diese Entwicklung mitgemacht. Die Büchermassen wuchsen Jahr um Jahr, der Ansturm der Leser hielt gleichen Schritt, die Räume wurden zu eng, das Idyll des alten Büchersaals, in dem die Bände in verschwenderischer Weitläufigkeit aufgestellt waren, wurde zum Hindernis. Vom Keller bis zum Dach gab es schließlich keinen Saal, kein Zimmer mehr, das nicht als Büchermagazin hätte dienen müssen. Bald war man am Ende. Hier war ein Wandel nötig wie nur irgendwo. Die moderne Zeit erforderte die äußerste Rationalisierung der Innenräume, die neuesten bibliothektechnischen Hilfsmittel mußten eingebaut werden, um einen reibungslosen Ablauf des gewaltigen Betriebes zu ermöglichen. Man schwankte lange, ob man nicht lieber gleich zu einem Neubau schreiten solle. Aber die Mittel fehlten, und der genius loci, die Tradition des schönen, schloßartigen Baus mag sich wohl auch geltend gemacht haben.

So erschallte im Spätsommer des Jahres 1927 noch einmal in diesem Hause der Hammerschlag und das Rufen der Arbeiter. Der Hof füllte sich mit Gerüstbalken, Bretterhütten, Bergen von Handwerkszeug und Schutt, und seine stille Sauberkeit verwandelte sich mit erstaunlicher Schnelle in eine lärmende Wüstenei.

Das Äußere des Palais sollte völlig unangetastet bleiben – das war ehernes Gesetz. Die Wandlung mußte sich im Innern vollziehen, und sie bestand zunächst darin, daß das zweite Obergeschoß zu einem geradezu raffiniert raumsparenden Büchermagazin umgebaut wurde. Da die Last der Bücher und Gestelle ums vielfache wachsen sollte, mußte zunächst das ganze Gebälk durch eiserne Träger verstärkt werden. Eine schwere Betondecke schließt heute das Magazin gegen die Dachkonstruktion feuersicher ab. Bei einem Brande würde sie die Last des zusammenstürzenden Dachstuhles zu tragen vermögen.

Nicht ein Quadratmeter blieb in den neuen Riesenräumen ungenutzt. Jedem Buch ist hier sein Raum errechnet. Die alten, schwerfälligen Holzregale sind verschwunden, stabile, schlanke Eisenregale an ihre Stelle getreten. Durch das Einziehen einer Zwischendecke hat man aus dem Stockwerk zwei Geschosse gebildet. Niedrige Gänge, die jede Leiter überflüssig machen und in die zum Teil niemals ein Strahl Sonne fällt. Es sind sogenannte Nachtmagazine, unabhängig vom Tageslicht, die durch Perlenschnüre kleiner Deckenlampen erhellt werden. Haustelephone, Aufzüge, behende dreirädrige Bücherwagen auf Gummi, Rohrpost – all das sind selbstverständliche Beigaben dieses Bücherspeichers, der sich rühmt, das raumsparendste Bibliotheksmagazin der Welt zu sein.

Erhart Kästner, 1930

Im »Japanischen Palast«

Heute sah ich etwas überaus Schönes, was ich keinesweges erwartete. Die Vorsehung scheint Dresden dazu bestimmt zu haben, daß die kühnsten Wünsche des Sterblichen hier in Wirklichkeit aufgehen. Ich besah das Porzellan im Japanischen Palast. Was wird es da für den Kunstsinn geben?

wird man fragen. So begab ich mich auch in diese fast unabsehbaren Gewölbe, so einförmig wie möglich, und dachte: hier mußt du sein, damit man nicht einmal ausrufe: mein Gott, so etwas zu versäumen! Beim Eintritt machte man mich aufmerksam auf ein Bouquet Blumen. Es war Porzellan, wie es hier nichts anders zu sehen gibt und zwar in Meißen gearbeitet. Ich muß sagen – ich erstaunte über diese Täuschung. Zeichnung und Farben waren gleich schön und treffend. Doch dies vergißt man über das Folgende. Man führte mich nun in zwei Gewölbe, ganz angefüllt von Versuchen schöner und häßlicher Formen in Porzellanmasse. Im Jahr 1702 erschien ein Genie, seines Geschäftes ein Apotheker, Böttger genannt, aus dem Voigtlande gebürtig. Er erwarb sich den Ruf eines Goldmachers. Er mußte aus dem preußischen Gebiet, in welchem er sich aufgehalten hatte und ward vom damaligen Kurfürsten August dem Zweiten in Schutz genommen. Indes machte er auch hier mit seinen unbegreiflichen Künsten sich verdächtig und August ließ ihn auf den Königstein setzen. Endlich erlöste man ihn wieder. Er brachte den kurzen Rest seines Lebens mit Erfindungen zu. Das Wichtigste ist: er besaß ein Geheimnis das Porzellan, selbst gebrannt, noch rot zu erhalten. Die Erde ist rötlich, wird jetzt aber weiß. Dies Arkanum ist mit ihm verloren gegangen. Überdem wußte er, sei es mit Schmergel oder Blutstein, die Masse zu schleifen, daß sie dem feinsten Lack glich. Auch diese Kunst kennt man nicht mehr. Sehr unterhaltend sind die Versuche aller Art; gebrannt, kalt, gemalt, ungemalt, alle Formen alten und neuen Stils, die nicht mehr geliefert werden können. Man späht hier dem menschlichen Geiste nach und segnet die Asche des Verstorbenen, der nur 37 Jahre lebte, und wegen Unwissenheit seines Zeitalters den größten Raum des Lebens in Gefahr und Sorgen zubringen mußte.

Das geschmolzene Porzellan hat den durchdringendsten

Glockenton. Nie sah ich eine fast unzählbare Menge Vögel und andere Tiere in dieser Materie so genau und künstlich verfertigt. Man muß staunen. Es ist zu einzig in der Welt. Darauf habe ich mindestens 2 Gewölbe echtes japanisches Porzellan gesehen. Ein ungeheures Geld steckt in diesem Zeug. Eben so viel chinesisches Porzellan besitzt man. Hier stehen eine Menge sogenannter Garnitüre, wo 5 Stück immer eine ausmachen, die zu Verzierungen der Ofen und Tafeln gebraucht wurden. Man schätzt jede Garnitur auf 2000 Rtlr. Die Zeichnungen, die Vögel, die Blumen, das Gold darauf, die feine Arbeit ziehen das Auge unaufhörlich an. Besonders schön ist das damaszierte Chinesische; es hat eine grünliche Farbe, die überaus zart und anmutig ist.

Der Kurfürst August der 2te verliebte sich dermaßen in den chinesischen Stil, daß das ganze Schloß auf chinesische Art möbliert werden sollte. Der eine Teil des Schlosses Pillnitz hat daher eine Menge kleiner Türmchen und die Malereien oben am Gesims des Daches bestehen aus einer Menge chinesischer Figuren, rot gemalt. Das Merkwürdigste am chinesischen Porzellan ist bekanntermaßen das Durchsichtige und die feine Malerei; übrigens bleibt es in Rücksicht des Geschmacks allerdings das Letzte. Man weist hier chinesisches Porzellan auf, das schon vor 400 Jahren fabriziert ward, im Betreff der Formen sich aber um nichts von dem Heutigen unterscheidet.

Ein sehr unterhaltendes Gewölbe folgte jetzt. Dieses bestand mehrenteils aus Figuren und Aufsätzen von Bisquit. Porzellan ohne Glasur wird Bisquit genannt. Es gewinnt ohne Glasur ein feineres Ansehen. Hier wandelte ich unter den schönsten Göttergestalten – eine Venus, gleich der Medizeischen. Besonders sah ich mit äußerstem Wohlgefallen eine Venus, die dem Amor Lehren gibt. Man wird nicht müde zu sehen und mit den schönen Umrissen zu spielen. Ich glaube nicht, daß eine Stadt der Welt etwas Vollkommneres im Porzellan aufzuweisen hat.

Das Allerkünstlichste und Täuschendste ist ein Rosenbusch mit einer Rose. Die Farbe, Form der Blätter, der Zweige und selbst der Rose übertrifft jede Vorstellung. Man sieht nicht ein, wie Menschen-Hände in einer solchen Masse dergleichen formen können. Eine wahre Ästhetik liegt auch in diesem Geschäft zum Grunde. Hier darf man nicht mehr an Fabrik denken; es ist Plastik und der Bildner ein Künstler, dem die Unsterblichkeit gehört.

Zu den Seltenheiten rechnet man 2 Tische von weißem chinesischen Specksteine und mancherlei lächerliche Einfälle, die im Porzellan ausgearbeitet sind. Z. B. ein Ehemann wird die Untreue seiner Gattin inne durch einen wachsamen Hund, der ganz gestreckt unters Bett sich legt und bellt. Man schiebt die Bettstelle weg und findet einen feinen Zizisbeo. Auch sind die Leidenschaften und Empfindungen der Menschen zum Teil sehr glücklich dargestellt. Die Anzahl aller Stücke beläuft sich auf mehrere Millionen. Der Katalog macht mehr denn 10 starke Folio-Bände aus. Daraus ermesse man den Schatz des hiesigen Porzellans. Die Eroberung der Krim, die Kurfürstliche Herrschaft über Sachsen und Polen sind in Gruppen vorgestellt; kurz, man muß dies sehen, um über die menschliche Industrie zu staunen und es lebhaft einzusehen, daß der Mensch sich selbst ein Wunder bleibt. Ich wiederhole zugleich hier – daß man in Dresden nichts ohne Ausrufungen kennen lernen kann und bitte jeden Reisenden, alles zu sehen, was nur gezeigt wird.

Mit so vollkommener Genugtuung ich diese Gewölbe verließ, sollte ich dennoch bei weitem überrascht werden. Man öffnete zwei Säle, deren Verzierung nur zwei Nebenbuhler in der ganzen Welt, nämlich in Wien und Rom, hat.

Man weiß, daß es überhaupt nur 12 Tapeten gibt, von Raffael gezeichnet, und in den Niederlanden mit Seide und Wolle gewirkt. Sämtliche 12 besaß Dresden. Man kannte aber nicht

42. Sechskantige Deckelvase nach japanischem Vorbild, Meißen, um 1725-30, aus der Dresdener Porzellansammlung

den Schatz, welchen man in seinem Schoße trug, weil, weiß der Himmel, durch welche Vernachlässigung ein dicker Schmutz sich darauf gesetzt hatte, der von den unter sich bewahrenden Schönheiten nichts ahnen, geschweige erfahren ließ. Bei gewissen Versendungen nach Wien und auch, wie ich aber nicht sicher weiß, nach Rom, bediente man sich 7 dieser Tapeten, das Wegzusendende wohl zu emballieren und sicher vor Nässe und Gefahr an die Behörde zu schaffen. Zufällig untersuchte ein Kenner diese Tapeten und entdeckte den unzuberechnenden Schatz. Man säuberte sie, wiewohl mit schwerer Mühe und da gingen die Heiligtümer der Kunst auf. Dresden spielte sich also in aller Unschuld 7 der größten Stücke des Altertums aus den Händen und teilt den Schatz, den es allein besitzen konnte, mit Wien und Rom. Man ist noch mit der Reinigung einer Tapete begriffen und würde ermüden, wenn die Belohnung nicht zu groß wäre. Also fünf besitzt Dresden. Eine stellt den Tempel in Jerusalem vor, wie Petrus zu einem Kranken sagt: Silber und Gold habe ich nicht, was ich aber habe, will ich dir geben. Die zweite Tapete betrifft eine Geschichte zu Lystra, als Heiden den Paulus ihren Göttern zum Opfer bringen wollen. Die dritte Darstellung hat den Zauberer zu Paphos zum Gegenstand. Die vierte und die Schönste, wenn eine Vorzugsweise die Schönste genannt werden darf, vergegenwärtigt Jesum mit seinen 11 Jüngern, als Jesus zu Petro sagt: gehe hin und weide meine Schafe. Die fünfte endlich betrifft Petri Predigt vor den Heiden, wo so viele Seelen bekehrt wurden.

Rings um diese Tapeten laufen statt einer gewöhnlichen Borte Arabesken, die in der schönsten Harmonie wie Blumengirlanden sich hinschlängeln. So wie leichte bildnerische Wolken am Horizont vor dem Auge spielen und in jedem Moment neue und schöne Ideen wecken. Nie sah ich etwas Geistreicheres, Vollkommneres und Künstlicheres. Die Gruppen, die Charaktere, die Empfindungen, die Farben, die Melodie der Töne, welche in diesen Zeichnungen und Farben liegen, verursachen ein tiefes heiliges Schweigen und ich glaube: man bedeckte sein Angesicht, wäre der Künstler gegenwärtig. Mein Gott, wie ward meine Seele voll der erhabensten Gedanken, und vermochte in jeder der Gestalten zu fühlen, was Raffael in ihnen erschuf. Der Zauberer, das eine Mädchen, an eine Säule des Tempels gelehnt, Jesus, der gerührte Petrus, der feurige Redner vor den Heiden, zeichnen sich vorzüglich aus; indes sind alle diese Gestalten von der Hand des Meisters gestempelt. Jeden Tag möchte ich nur eine Tapete sehen. Ich konnte mich nicht losreißen – Schauer der Wonne und Rührung durchzitterten alle meine Nerven. Ich hegte eine Sehnsucht nach der Ablegung alles Irdischen und Unvollkommenen, um dieses Anschauens würdig zu sein. Es dämmerte Unsterblichkeit in mir auf – Folgt man auch bloß dem Spiele der Arabesken, so irrt man, ob unsere Phantasie oder der Künstler uns am meisten leiste, und diese Ungewißheit seines Gefühls des Erschaffenen halte ich fürs größte Objekt des Künstlers.

Christian Kosegarten, 1801

Zirkus Sarrasani – das erste Amphitheater der Fünftausend in Dresden

Ein Kunstinstitut, dessen Vollendung Dresden noch in diesem Jahre erleben wird, wird in einem Feuilleton des »Berliner Tageblattes« in enthusiastischer Weise besprochen. Es handelt sich um den massiven Zirkusbau des Direktors *Stosch-Sarrasani*, der bereits seit längerer Zeit am Neustädter Elbufer in Angriff genommen worden ist. Das Unternehmen wird bekanntlich für die verschiedensten Zwecke geeignet sein; es kann als Zirkus, als Variété, als Opernhaus, als Konzert- und Versammlungshalle verwendet werden. Die Fülle seiner Verwendungsmöglichkeiten gibt dem Verfasser des Artikels im »B.-T.«, der offenbar auf einer intimen Kenntnis der Absichten der Erbauer und künftigen Leiter des Unternehmens fußt, Veranlassung, das Dresdner Zirkusprojekt als das »erste deutsche Amphitheater der Fünftausend« zu bezeichnen. Da der Artikel die hier schon bekannten Einzelheiten über das Projekt zu interessanten Perspektiven erweitert, sei daraus das nachstehende zitiert:

»In der Konstruktion dieses Hauses ist die Manege – auch rein tatsächlich genommen – nicht mehr der Mittelpunkt: die Manege liegt exzentrisch unter der 36-Meter-Kuppel, und

43. Blick vom Dach des Kultusministeriums über den Carolaplatz auf das Zirkusgebäude, 1931

hufeisenartig schließt sich das Amphitheater darum. An die Manege nämlich stößt eng die Bühne, eine Opernhausbühne in normaler Theaterhöhe, mit den modernsten Errungenschaften ausgerüstet, und von der Manege lediglich durch ein verdecktes Orchester nach Bayreuther Muster getrennt. Und so kann diese Bühne in gleicher Weise wie die Manege der Brennpunkt für die 10000 Augen sein, die der fünftausendköpfigen Geisterschar dieses Hauses entsprechen werden.

Und durch diese neuartige Kombinationskonstruktion des Hauses, die die langgesuchte Lösung eines Problems bedeutet, kann – fast läßt es sich sagen – durch den berühmten Druck auf den Knopf der Zweck des Hauses sich wandeln. Heute tummeln sich Clowns, Pferde und Elefanten. Über Nacht aber wird die Manegeumrandung versenkt, die Manege hydraulisch um ein paar Zentimeter tiefer gelegt, das Parkett verlängert sich bis ans Orchester hinan und die Wagneroper kann morgen abend gespielt werden. Sobald ›Lohengrin‹ mit seinem Schwan verschwunden ist, wird das Parkett geräumt, die Manege senkt sich noch weiter, von ihrer tiefsten Tiefe bis zur höchsten Höhe der Bühne steigt ein riesiges Stufenpodium empor, und für die Sänger und Musikanten der Neunten Sinfonie ist eine ideale schiefe Ebene gefunden.

Die glanzvollsten Orgien aber vermag hier eine phantastische Regie zu feiern, die Manege und Bühne zu einem großen ebenen oder bergigen Schauplatz zu vereinen gewillt ist; ein Umstand, der *Max Reinhardt* veranlaßte, die Verbindung mit dem Zirkusdirektor Stosch-Sarrasani zu suchen und zu finden. *Von Dresden aus werden in der nächsten Zukunft also die großen Monumentalinszenierungen in die Welt gehen, gegen die der ›Oedipus‹ nur ein Kinderspiel gewesen ist.* Hier wird man den Dingelstedtschen Drei-Etagen-›Faust‹ – Hölle – Himmel – Erde – mit neuem Sinn auffrischen, hier wird Marc Anton vor ein tausendköpfiges Römervolk, das aus der Tiefe des Zirkuskellers zum Kapitol emporwallt, treten, hier wird sich der Weiberchor der ›Lysistrata‹ über eine bisher beispiellos riesige Freitreppe zu den Zinnen der Akropolis emporlagern, und hier wird schließlich auch die Pantomime ihre Auferstehung feiern, deren jammervolles Zerrbild das heutige Zirkusballett ist. Es ist Geheimnis der Kundigen, wer ihr Dichter und wer ihr Komponist sein wird, aber es ist kein Geheimnis, daß sich die Beteiligten *nur auf dem Dresdner Schlachtfelde die ersten Sporen holen können.*

Und wiederum wird das Bild wechseln im Hause der Fünftausend, für dessen architektonische Ausgestaltung die Münchner Herren Heilmann und Littmann als verantwortliche Redakteure zeichnen. Ist der Kreis der Idealisten erschöpft, so wird am andern Abend *Otto Reutter* seine Couplets singen oder *Harry Walden* seinen neuesten Sketch bringen, oder es werden die *Sozialdemokraten*, die sich auf das ideale Kongreßhaus ebenso freuen, wie der *sächsische Hof* den Zirkus protegiert, dort ein neues Dresden inszenieren können, indessen in den Hinterhallen des Gebäudes die Dresdner Sezession ihre Gemälde aufhängt und firnißt.

Es ist ein *neues Architektengeschöpf*, das aus materiellen und ideellen Träumen emporwächst. Es vereinten sich der starke Wille, dem Großartigen die Möglichkeit der technischen Unterlage zu geben, und der Kaufmannsgeist, der sich kühl ausrechnet, daß selbst eine Großstadt auf die Dauer eines Jahres weder ein Monumentaltheater, noch ein Opernfestspielhaus, noch einen Zirkus, noch eine Musikhalle zu tragen vermag, daß aber die Verbindung alles dessen für die Kunst ein Profit sein muß. Man wird hier Caruso eine dreimal so hohe Gage bieten können wie das Berliner oder das Dresdner oder sonst ein europäisches Opernhaus das kann, und man wird ihm sein hohes C um einen dreifach niedrigeren Einheitspreis vor fünftausend Menschen singen lassen können. Und man gedenkt, *Wagner in Bayreuther Besetzung für eine Mark fünfzig* durchschnittlich zu liefern.«

Anonym, 1911

Option auf eine Türklinke

Ich bin zwar kein kleiner Junge mehr, aber auch ich bin in einigen Weltgegenden »rumgelaufen« und habe mich an den Schauplätzen berühmter Bücher umgesehen, und so freue ich mich, auf diese Weise von kompetenter Seite autorisiert zu werden. Nicht alle Schriftsteller denken so. Nicht alle mögen es, wenn man »ihren« Spielplätzen, ihren Urbildern, ihrem Rohmaterial nachspioniert. Hier aber nun: Generalabsolution, Zuspruch und Lob. Ob ich Erich Kästner beim Wort nehme? Dresden, die Stadt seiner Kindheit, müßte diesbezüglich eine Fundgrube sein: Hier spielt sein Erinnerungsbuch »Als ich ein kleiner Junge war«, und hier sind ihm alle jene Kinder über den Weg gelaufen, die ihn zu den Figuren in »Emil und die

Detektive« und »Pünktchen und Anton« inspiriert haben – damals, in den Jahren vor dem Ersten Weltkrieg ...

Glück muß man haben, sonst braucht man sich auf ein Geschäft wie dieses gar nicht erst einzulassen. Als ich das Haus Otto-Buchwitz-Straße 48 betrete, in dem Erich Kästner (als dies noch die Königsbrücker Straße war) aufgewachsen ist, laufe ich einer älteren Frau in die Arme, die gerade die Treppe herunterkommt, um einkaufen zu gehen. Halb neugierig, halb mißtrauisch mustert sie den sichtlich ortsfremden Eindringling und stellt ihn resolut zur Rede: »Was ist – suchen Sie etwas?«

»Nein, nein, nichts Besonderes, vielen Dank. Erich Kästner soll als Kind in diesem Haus gelebt haben. Sie wissen, der berühmte Schriftsteller.«

Ich habe Hemmungen, fortzufahren, es ist mir peinlich, diese fremde Person zu belästigen, sicher hat sie nicht die geringste Ahnung, hat vielleicht nie den Namen Kästner gehört – ich habe, was »Prominentenhäuser« betrifft, schon die deprimierendsten Erfahrungen gemacht.

»Dritter Stock links«, gibt die nun schlagartig Zutrauliche Auskunft. »Es ist unsere Wohnung. In der Schlafzimmerecke beim Fenster ist noch immer der Fußboden durchgebogen – von dem vielen Wasser, das beim Haarwaschen hinuntergekippt ist. Erichs Mutter war nämlich Friseuse ...«

»Ich weiß, ich weiß ...«

»Na, dann wissen Sie ja vielleicht auch, daß der Erich ihr dabei geholfen hat, wenn er aus der Schule heimkam und gerade Kundinnen da waren. Hat auf dem Gasherd in der Küche das Wasser heißgemacht und in großen Kannen ins Schlafzimmer geschleppt.«

»Ich weiß, ich weiß ...«

»Na, dann kommen Sie mit, dann zeig' ich's Ihnen. Mein Mann war Tischler – zum Glück. Er hat den Bodenbelag selber in Ordnung gebracht – damals, als wir vor siebzehn Jahren eingezogen sind. War ziemlich schwierig, mußte richtig gepolstert werden. Die Mieter vor uns – die hatten nichts gemacht.«

Ja, so einfach kann das sein: Aus einer Zufallsbegegnung in einem Dresdner Treppenhaus wird ein minutiöser Erich-Kästner-Lokalaugenschein. Und Frau F. ist mir nicht einmal gram, daß ich sie dadurch um ihren morgendlichen Einkaufsgang bringe. Führt mich durch die enge Zweizimmerküchewohnung, von der sie sich noch heute nicht vorstellen kann, wie die dreiköpfige Familie Kästner neben Mutters »Frisiersalon« in der Schlafzimmerecke und Vaters Feierabend-Sattlerwerkstatt am Küchenfenster auch noch, des dringend benötigten Zusatzsalärs wegen, einen Untermieter beherbergen konnte. Frau F. weiß, wovon sie spricht: Als sie selber ein paar Jahre lang im Wohnzimmer eine kleine Gardinenspannerei betrieb, trat man einander immerfort auf die Füße. Kein Wunder, daß die Frau Kästner eines Tages ihren Mann, der nach der Heimkehr aus der Kofferfabrik noch für die Nachbarn Taschen und Ranzen zu flicken pflegte, in den Kohlekeller abschob – auch der stinkende Leimtopf auf dem Küchenherd muß ja die Hölle gewesen sein.

Verglichen mit dem Heer von Ignoranten, die der blinde Zufall in »berühmten« Wohnungen einquartiert, denen solches Wissen entweder gleichgültig ist oder überhaupt fremd und die sich jegliche Nachfrage und Inspektion, wie ich sie im Sinn habe, indigniert verbitten würden, ist Frau F. in der ehemaligen Königsbrücker Straße 66 in Dresden-Neustadt ein Musterbeispiel an Kooperation. Als sie von einer anderen Hauspartei erfährt, daß sie die Kästner-Wohnung innehat, die durch die 1957 erschienenen Kindheitserinnerungen »Als ich ein kleiner Junge war« in allen Details in die Literatur eingegangen ist, ist ihr erster Weg der in die Bautzenerstraße. Hier, in der Stadtbezirksbibliothek Nord, läßt sie sich alles, was man von Erich

44. Geburtshaus von Erich Kästner
in Dresden-Neustadt, 1958

Kästner im Regal hat, reservieren und liest es Zug um Zug. Von keinem Menschen dazu angehalten, von keinem dazu angeleitet, verspürt sie eine Art höherer Verpflichtung, sich der Besonderheit ihrer Adresse würdig zu erweisen, und als – lange vor mir – zaghaft die ersten Kästner-Forscher und Kästner-Fans bei ihr anklopfen, kann sie diesen zu deren eigener Überraschung wohlvorbereitet gegenübertreten. So verschmelzen ihr eigenes Wissen und die gezielten Fragen der Besucher mit der Zeit zu einer Art festem Programm, zu dessen Stationen nicht nur der Blick auf die Teppichstange im Hinterhof zählt, die Kästner als seinen »Lindenbaum« gepriesen hat, sondern auch ein Blick ins Gangklo im Halbstock – eine Fleißaufgabe, an der ihr, aller

Abwehr des Besuchers zum Trotz, besonders gelegen zu sein scheint: zum Nachweis ihrer allumfassenden Sorgfalt.

Die Türklinke am Wohnungseingang, die ebenfalls noch die alte und also jahrelang von Erich Kästners Hand betätigt worden ist und auf die eine Kästner-Verehrerin aus der Schweiz ein begehrliches Auge geworfen hat, bereitet Frau F. Kopfzerbrechen: Soll sie dem Drängen der Bittstellerin nachgeben und ihr das geliebte Stück überlassen, oder hieße dies ihre selbstauferlegten Kustospflichten frevlerisch unterlaufen? Nun, fürs erste hat sie eine salomonische Zwischenlösung gefunden: hat von dem geheiligten Objekt ein Foto anfertigen lassen und in die Schweiz geschickt. Vielleicht also ist jetzt für eine Weile Ruhe. Was aber, wenn eines Tages eine neue Welle von Geschenkpaketen einsetzt – mit dem Ziel, die gestrenge Reliquienhüterin doch noch mürbe, doch noch einer Option auf die begehrte Türklinke geneigt zu machen?

Erich Kästners Kindheitsheimat in der Dresdner Neustadt, die ehemalige Albertstadt mit ihren Arbeiterwohnungen, dem Exerzierplatz und dem Garnisonsbezirk, hat das Inferno des Bombenkriegs relativ heil überstanden – vieles von dem, was in dem Buch »Als ich ein kleiner Junge war« so liebevoll geschildert ist, finde ich wenig oder kaum verändert wieder. Das Geburtshaus, Königsbrücker Straße 66, ein paar Nummern weiter stadtauswärts, ist sogar mit einer Gedenktafel versehen. Unten ein staatlicher Kunstgewerbeladen mit dem euphemistischen Firmennamen »Perle«, an den vom Treppenhaus aus zugänglichen Zweiparteienklosetts Juxschilder wie »Konzerthalle« und »Musikzimmer«, heiter kontrastierend zur Strenge der Hausordnung, die – nicht nur fürs laufende, sondern auch schon fürs folgende Jahr – die Zuständigkeiten beim »Flurkehren und Wischen«, beim »Hofkehren und Müllkübelordnen« exakt regelt. Die Mansardenwohnung im 4. Stock, in der am 23. Februar 1899 Erich Kästner das Licht der Welt erblickt hat, ist in der Zwischenzeit nicht geräumiger geworden: Kinderwagen und Schuhe haben ihren ständigen Platz vor der Tür.

Im Gasthaus »Sibyllenort«, wo Erich die zwei Liter Bier holte, mit denen man die Erteilung der Gewerbegenehmigung für Mutter Idas Frisiersalon feierte, nehme ich mein Mittagessen ein – es lohnt sich, die Auflösung der langen Gästeschlange abwartend, eine Stunde später wiederzukehren: Die Sülze und die Bratkartoffeln, die die privat geführte »Speisegaststätte« Ecke Jordanstraße an diesem Tag als Menü anbietet, munden vorzüglich, und das Radeberger Pils kommt frisch vom Faß.

Erich Kästners Schulweg läßt sich mit dem »Kleinen Junge«-Buch als Führer bequem nachvollziehen. Hinter den Bäumen am ehemaligen Albertplatz (heute »Platz der Einheit«) könnte sich Mutter Kästner, wie es ihre Art war, versteckt haben, wenn sie ihrem Liebling – aus Vorsicht, es möge ihm unterwegs nur ja nichts zustoßen – heimlich nachschlich. Das Schulhaus selbst, die »IV. Bürgerschule« in der Tieckstraße, existiert nicht mehr: An seiner Stelle breitet sich heute der Sportplatz der benachbarten kommunalen Berufsschule aus, und auch die altmodische Turnhalle des Turnvereins Neu- und Antonstadt in der nahen Alaunstraße, wo der knapp Sechsjährige sich an Reck und Barren übte, ist durch einen Nachfolgebau ersetzt: ein Jugendklubhaus. Die Dreikönigskirche, in der Erich Kästner getauft und konfirmiert worden ist, hat eine neue Bestimmung gefunden: als Vortragszentrum und Kunstgalerie.

An der Stelle des berühmten Albert-Theaters, wo Erich seine ersten Theatererfahrungen sammelte – Mutter und Sohn auf den billigsten Plätzen und für die Pause mit mitgebrachten Wurstbroten ausgerüstet –, breitet sich heute ein Parkplatz aus. Das einstige Neustädter Schauspielhaus, an dem unter anderem Heinrich George seine Karriere begann, hat zur Zeit des Expressionismus eine herausragende Rolle als Avantgardebühne gespielt: Hier ist 1916 Hasenclevers »Sohn« und im Jahr darauf Kokoschkas »Brennender Dornbusch« uraufgeführt worden. (OK lebte damals als Kriegsrekonvaleszent auf dem Weißen Hirsch.)

An der anderen Seite des Platzes, zur Antonstraße hin, die Überreste der Augustin-Villa: Hier hat Onkel Franz, der es als Fleischer und Pferdehändler zu Reichtum und Ansehen gebracht hatte, residiert; hier wurde der Arme-Leute-Sohn Erich Kästner mit seinen Leibspeisen aufgepäppelt; hier setzte ihn Tante Lina, die dem Kontor der Augustinschen Pferdehandlung vorstand, als Bankboten ein; und hier holte man Cousine Dora ab, wenn man zu einer der gemeinsamen Wanderungen oder Radtouren in die Umgebung von Dresden aufbrach oder zur Bahnfahrt in die Sommerfrische an der Ostsee.

Auch den Weg zum nahen Elbufer erspare ich mir nicht: Die heutige »Brücke der Einheit« könnte einer jener Horrorplätze sein, an denen Mutter Ida Kästner, von Zeit zu Zeit die Nerven verlierend, Selbstmord zu verüben drohte – den kleinen Erich mit Küchentischzetteln wie »Sucht mich nicht!« oder »Leb wohl, mein lieber Junge!« in Angst und Schrecken versetzend. Aus dem Freiherrlich Fletscherschen Lehrerseminar, dem Erich nach der Volksschulzeit angehörte, ist eine allgemeinbildende polytechnische Oberschule geworden: Das türmchenbewehrte Gründerzeithaus an der Marienallee hat einen modernen Zubau erhalten. Den Bomben zum Opfer gefallen ist das Strehlener Seminar, das er nach Ableistung seiner Militärdienstzeit besuchte (und, mittlerweile entschlossen, den ursprünglich angestrebten Lehrerberuf doch nicht zu ergreifen, vorzeitig verließ).

An diese kurze Episode wurde Kästner viele Jahre später erinnert, als er 1967 – im »Austausch« gegen Anna Seghers – einer Einladung des PEN-Zentrums der DDR zum Besuch seiner Heimatstadt Folge leistete und vis-à-vis im neuerbauten

Staatshotel Astoria Quartier bezog. Es war übrigens ein weitgehend mißglücktes Unternehmen: Die notorische »Aufpasserei« seiner Gastgeber verdroß den aus der neuen Heimat München Angereisten nachhaltig, seine Lesung im Gobelinsaal der Gemäldegalerie wurde plump zu staatspolitischer Vereinnahmung mißbraucht, und als man sich gar anschickte, das Riesentrumm Kasseler, das einer aus der Fleischerdynastie der Augustins dem berühmten Verwandten als Gastgeschenk zugedacht hatte, einer hochnotpeinlichen sicherheitspolizeilichen Inspektion zu unterziehen, hatten sie in ihrem unsäglichen Behördeneifer wohl vollends durchgedreht . . . *Dietmar Grieser, 1987*

Die Wigman-Schule

Einem Bilderbuch der Künstlerbohème gleicht das Treiben in der Wigman-Schule während der ersten Jahre. Man ist vom »Dämon der Tanzgestaltung« besessen, bewegt sich »modern« oder »expressionistisch«, Hauptsache »magisch«, und glaubt felsenfest an die Veränderung der Welt in »schwingenden Körperreigen«.

Die Schule ist jedoch nicht nur Kultstätte, sie ist auch Unternehmen und muß von den Kursgebühren der Schülerinnen leben. Allerdings sind viele Mädchen zwar begabt, aber nicht in der Lage zu zahlen. Sie bekommen ein »Stipendium« – kostenlosen Unterricht und meist etwas zu essen gegen Mithilfe im Haushalt, beim Putzen und Waschen oder beim Flicken der zerrissenen Tanzkleider.

Das Leben findet auf engstem Raum statt. Morgens ganz früh beginnt die erste Klasse, am späteren Vormittag braucht Mary Wigman den Übungssaal, um Solotänze zu proben, nachmittags unterrichtet sie, arbeitet an Kostümentwürfen, steht Anproben durch, erledigt Verwaltungskram – Verträge,

45. Mary-Wigman-Schule, vor 1945

Korrespondenzen, Verhandlungen –, schreibt Aufsätze und Zeitungsartikel zum Tanz, und abends, wenn die Schülerinnen endlich aus dem Haus sind und Ruhe einkehrt, geht sie in den Übungssaal und beginnt in der nächtlichen Stille neue Tänze zu erarbeiten.

[. . .]

In der Dresdner Schule stehen die Schüler/innen Schlange. Erweiterung ist der einzige Ausweg. Als die Mieter der Parterrewohnung – des täglichen Getrampels restlos überdrüssig und mit einer Ablösesumme in der Tasche – zum 1. Januar 1927 kündigen, wird sofort der Umbau in Angriff genommen. Freunde und Förderer, vor allem aus der Schweiz, sagen ihre Unterstützung zu, und Ernst Schlegel erreicht, daß die Stadt Dresden, die sächsische Regierung und das Reich Subventionen beisteuern. Schon im Mai 1927 beginnen die Erdarbeiten. Nach Plänen des Dresdner Architekten Otto Geiler entsteht im Garten ein geräumiges neues Gebäude mit zwei kleineren

Trainingssälen und einem weitläufigen, auch größeren Gruppen genug Bewegungsraum bietenden Saal. Dieser »Gelbe Saal« wird das Kernstück der neuen Wigman-Schule: 500 Quadratmeter, achtmal mehr als vorher, stehen jetzt zur Verfügung.

In die geräumte Parterrewohnung werden Garderoben, Bäder, ein Sekretariat und sogar ein Lehrerzimmer eingebaut, und im ersten Stock bekommt Mary Wigman die lang ersehnte abgeschlossene Privatwohnung, von der sie direkt in den neu angelegten Dachgarten auf den Übungssälen gelangt. Eine Zentralheizung steigert den Komfort für die spartanische Sitten gewohnten Schüler/innen ins Unermeßliche. Endlich kein Kohleschleppen mehr, keine kalten Füße in den schwer beheizbaren Räumen und keine gefahrvollen Zusammenstöße mit glühenden Eisenöfen.

[. . .]

Die Bauarbeiten dauern bis Herbst. Als Mary Wigman im September aus dem Sommerurlaub zurückkehrt, ist ihre Wohnung noch nicht benutzbar, das Programm für die anstehende Herbsttournee muß sie in der Baustelle des Gelben Saals einstudieren und die Schüler/innen helfen den Arbeitern beim Sandschippen und Verputzen, um rechtzeitig wieder einen ordentlichen Lehrbetrieb zu bekommen.

Beim Einzug in ihre neue Wohnung – das Wohnzimmer wieder golden tapeziert – ist sie selig. Endlich morgens keine Klavier- und Schlagzeugrhythmen mehr, die durchs Haus dröhnen, keine hastigen Schritte, die an ihrer Schlafzimmertür vorbei zum Unterricht eilen, keine Schuhe oder Handtaschen mehr im Flur, über die sie stolpert, kein Klopfen mehr an ihrer Tür, ob sie mal eben dies oder mal kurz jenes . . ., kein Zittern des Fußbodens, weil nebenan »Der tänzerische Sprung« geübt wird. Die Zeiten seit den ersten Unterrichtsstunden im Palast-Hotel Weber haben sich sehr geändert.

Zur Einweihung des Schulneubaus am 11. Dezember 1927 erscheinen in den Zeitungen lange Artikel. Vom »Tempel der Tanzkunst« ist die Rede, von der »deutschen Hochschule des Tanzes«. Dreihundert Gäste sind zu dem festlichen Abend angereist. Schüler, Freunde, Vertreter der Reichsregierung, des Landes Sachsen und der Dresdner Oberbürgermeister persönlich. Ernst Schlegel hält eine Ansprache, in der er deutlich macht, daß dieser Umbau nur zustande kommen konnte, weil sechzig Prozent der Kosten von Mary Wigmans Freunden aus dem Ausland getragen wurden. *»Unser Ziel ist das Tanzkunstwerk im Gruppen- und Einzeltanz. Unser Weg – die Wandlung des Körpers vom Leib zum Instrument. Unser Ehrgeiz – die Leistung«*, so wird ins Erinnerungsbüchlein zur Schuleinweihung geschrieben.

Hedwig Müller, 1986

Das Linckische Bad

Der Name gibt es schon, daß dieser Ort ursprünglich seine besondere Bestimmung hatte. Aber mit dem Artikel des Badens ist in den neuern Zeiten eine große Veränderung vorgegangen. Die Menschen, welche an ihren Bedürfnissen künstelten, und die Befriedigung derselben durch allerhand Abwege, und Methoden zu verfeinern suchten, haben nach mancherlei Proben zuletzt immer gefunden, daß der von der Natur vorgezeichnete Weg der beste war. Aus diesem Grund hat man denn auch das Bad im fließenden Wasser dem unsaubern Wannenbad vorgezogen, wo das Wasser schon einen guten Teil seiner medizinischen Kräfte verloren hat, und – bei öffentlichen Anstalten wenigstens – nie ganz den Hauptzweck der Reinlichkeit erfüllt. Die zwischen vier Mauern angelegten, ehmals fleißig besuchten Bäder sind daher jetzt größtenteils leer. Vorzüglich aber hat das von Herrn Andreoli im freien

46. *Das Linckische Bad. Kopie nach einem Stammbuchblatt von Joh. H. Sollbrich auf dem Sande vor der Neustadt, 1798*

Elbfluß errichtete, jetzt Casanovasche Bad seinem nahen Nachbar dem Linckschen den lebhaftesten Abbruch getan, und solches beinahe auf die einzige Gestalt, in welcher wir es jetzt betrachten, auf einen Spazierplatz eingeschränkt.

Lage und Aussicht desselben sind wenigstens von der Seite des Einganges nicht die reizensten; auch verdient die innere Einrichtung keine sonderliche Auszeichnung. An dem dürren Sande der Lausitzer Straße erbaut, bietet es dem Wanderer nichts weiter, als etliche Grasplätze, und einen magern Garten dar, den man binnen wenig Minuten von einem Ende zum andern umgangen hat. Angenehmer hingegen ist der Hinterteil dieses Gartens wegen freien Hinblicks auf die Elbe, der aber allein für die an Aussichten gewohnten Dresdner wenig anziehendes haben würde.

Um Menschen nun hieher zu locken, hat man andere Mittel ergreifen müssen. Ein Konzert im Sommer ist immer ein Magnet, der seine Wirkung nie ganz verfehlt. Man findet dies hier allsonntäglich, und es gehört nicht zu den schlechtesten. Für die *fruges consumere natos* hat ein gefälliger Wirt zugleich seinen

Keller und seinen Küchenzettel in Bereitschaft. Am meisten aber gewinnt dieser Ort durch das nahe dabei gelegne Theater, im Fall sich eine Gesellschaft findet, die dort ihren Thespischen Haushalt zu errichten Lust hat. Seit einigen Sommern schon hat sich die Secondasche Gesellschaft eingestellt, und dadurch wenigstens so viel bewirkt, daß an den Tagen, wo gespielt wird, der Platz selten leer ist. Der größre Zudrang von Menschen ist, wie gewöhnlich, Sonntags. Lange schwärmen die Bienen am Stock umher, ehe sie sich in die Zellen begeben. So geht es auch hier. Das Gewimmel vor dem Schauspiel gewährt oft eine angenehmere Unterhaltung, als das Stück selbst.

Die besuchenden Gäste sind überdies nicht die einzigen, welche das Bad beleben. Es gibt Menschen, die im Sommer einen ländlichen Aufenthalt lieben, aber doch sich nicht gern von der Stadt abziehen mögen. Diese mieten hier ein Quartier, und vereinigen mit obgedachten Lustbarkeiten den Genuß einer frischern Luft, und einer ungezwungenern Lebensart. Sie haben Bekannte, und diese wieder Bekannte. Daher entstehen denn bisweilen Gesellschaften, die sonst schwerlich ihre Erholung an den Lausitzer Sandsteppen suchen würden.

Einen Nebenbuhler hat vorlängst schon das Bad an dem benachbarten Coselschen Garten gefunden. Hier ist alles auf ähnlichen Fuß eingerichtet, und man sucht das, was dort durch den Hebel eines Theaters bewirkt wird, hier durch andere hundert neue Neuigkeiten zu ersetzen. Einmal über das andere lesen wir an den Toren große Zettel, worinnen echte Brillantfeuer, feuerspeiende Tiere, Vulkane, Erleuchtungen, Schattenspiele, und mehrere dergleichen Dinge angekündigt werden. Natürlich finden auch diese Seltsamkeiten ihre Liebhaber, und die Lage des Coselschen Gartens ist angenehm genug, um dem Bade den Rang streitig zu machen. Demohngeachtet scheinen die Menschen mehr an das letztere gewöhnt, und die Gesellschaft, die man hier antrifft, ist, wenn nicht außerordentliche Fälle eintreten, ohngleich zahlreicher.

Ein Hauptvorteil der beiden Orten zu statten kommt, ist die Gelegenheit, sich mit Kähnen dorthin fahren zu lassen. Auch ergreifen viele Liebhaber dieses im Sommer so bequeme Fuhrwerk, und verschaffen hierdurch den Fischern, die sich absichtlich darauf eingerichtet haben, einen beträchtlichen Nahrungszweig. Nur hätten wir auch hierbei einen ohnmaßgeblichen Wunsch zu äußern. Einzelne Personen, oder auch Gesellschaften, die auf der Elbe sich nach dem Bad, oder zu den benachbarten Weinbergen einschiffen, geraten oft wegen des Fährlohns in Verlegenheit. Die Tugend der Genügsamkeit ist nirgends sehr zu Hause, und es geschieht oft, daß entweder der Fischer mit dem, was er erhält, oder der Fahrende mit dem, was er geben muß, nicht wohl zufrieden sind. Würde es nicht besser sein, wenn auf einem so befahrnen Fluß, wie die Elbe, überhaupt gewisse Taxen dem Schiffer nach der verhältnismäßigen Anzahl der Personen, und dem Grad der Entfernung festgesetzt würden, über und unter welchen er weder zu fordern, noch anzunehmen befugt wäre? Jeder wüßte dann, was ihm gebührte, und jeder, der z. B. auf einen benachbarten Weinberg segelte, könnte im Voraus sein Konto machen, wie es in großen Städten mit den Fiacres, und auch hier mit den Sänften der Fall ist.

1792

Pieschen

Die Elbe bei Pieschen

Das Grün in den Augen des Kindes: die Dürre Heide – ein Waldgebiet jenseits der Autobahn – und die Kleingartenanlagen, die den Markus-Friedhof erreichen, Lauben im Einheitsstil, dann das Grundstück von Wein-Emil, Meißner Traminer, Obstweine und -säfte aus dem Lockwitzgrund. Das sind die äußeren Grenzen.

Und doch gab es jenseits davon auch eine Ferne: Irgendwann einmal hatte das Kind an der Hand seines Vaters am Geländer des Elbhafens von Pieschen gestanden. Ein kleiner Dampfer, die Fähre vom Ballhaus Watzke zum Ostragehege, schaukelte über das Wasser. Elbkähne lagen vertäut an den Kaimauern des Hafenbeckens. Ein Raddampfer, gefährlich schwarze Rauchwolken ausstoßend, keuchte stromaufwärts, seine Schaufelräder quirlten weißen Schaum, die Bugwelle brach sich am Ufer. Ein Floß aus Böhmen manövrierte sich an dem fauchenden Koloß vorbei. Alles schien friedlich. Pieschen, ein Arbeiterviertel – heute eines der wenigen Dresdener Stadtgebiete, die das Flächenbombardement fast unbeschädigt überstanden –, erschien dem Kind großstädtisch-geheimnisvoll und fremd. Der Rückweg führte an der Seite des Vaters zum Trachenberger Platz, an der Mälze vorbei, die jährlich mindestens einmal brannte. Solche Ausflüge, die nicht in die Dresdner Heide führten – der Wald war dem Kind ein langweiliger Greuel –, setzten sich fest im Bewußtsein und weckten erstes Fernweh, schmerzhafter als das nach den Plätzen und Gassen von Prag, Halle oder Rothenburg ob der Tauber, die auf den Kalenderblättern im ›kleinen Zimmer‹ zu sehen waren. [. . .]

Aber die Anziehungskraft der nun schon nahen Ferne ist stärker als das Verbot. Der leise Schmerz in der Magengrube verwandelt sich plötzlich in ein Gefühl der Süße. Man muß nur noch das Wagnis bestehen, die verkehrsreiche Straße zu überqueren. Und schon erkennt das Kind hinter dem Geländer jenseits dieser Straße etwas, das es schon einmal gesehen hat, damals, als es an der Hand des Vaters hier stand. Über ferne Baumkronen ragt der seltsame Dom des Schlachthofes. Rauch steigt aus seinem Schornstein, der an einen Festungsturm erinnert.

Das Eigentliche jedoch ist noch verborgen. Nicht die Elbe noch ihr jenseitiges Ufer ist sichtbar. Die Furcht, der Weg hierher könnte mit einer Enttäuschung enden, stellt sich ein, lautlos, mit weher Mattigkeit für Sekunden. Eine Lücke im rollenden Verkehr nützend, läuft das Kind eilig über die Straße und steht schließlich dort am Geländer, vor seinen Augen das, was es ersehnt hat. Was sieht das Kind? Was zuerst?

Der Ort, wo es jetzt steht, ist noch heute, wo ich dies schreibe, unverändert vorhanden, doch soll seine Gegenwart hier uns nicht interessieren. Denn das Kind, das noch nicht lesen kann, kann auch nicht wissen, daß es jetzt gegenüber der »Hafenschenke« steht. Und es hat auch noch keine Begriffe für all die Schaluppen, Kähne und Zillen, die im schlauchigen Becken des Elbhafens liegen, sich wiegend und dümpelnd auf brackiger Brühe. Netze sind zum Trocknen aufgehängt, dort, wo der Pieschener Fährmann einen schwarzgeteerten Kahn auf den steinigen Strand gezogen hat.

Die Elbe zieht grau und träge zwischen den Ufern dahin. Mit sanfter Linksbiegung an Öltanks und Kränen vorbei und zwischen den Hügeln hindurch, die blaugrau und grün von einer noch ferneren Ferne berichten.

Weiß das Kind, was es sieht? – Oder gilt seinen Augen nur, was jetzt nah ist und beinahe greifbar? Als eine Pyramide von

Formen, Geräuschen und Gerüchen baut sich vor ihm auf, was seine Augen erfassen. Zwei Unruhen bewegen sich in ihm, gegeneinander: die eine bewegt von der Furcht, nicht alles sehen zu können, was sich vor ihm aufgebaut hat oder bewegt, die andere von der Angst, den Heimweg antreten zu müssen, zurück in die vom Grün begrenzte Alltagsheimat, ehe es alles gesehen hat, was es zu sehen gibt.

Jetzt aber sind die ihm verordneten Grenzen plötzlich ferngerückt. Offen liegt der Horizont, gegenüber, elbabwärts. Auch die Türme der Stadt sind zu sehen, die das Kind kennt und die es alle benennen kann: die Kuppel der Frauenkirche, die man den ›Dom‹ nennt, der Rathausturm mit dem goldenen Mann, das Ständehaus, das Georgentor, die Hofkirche, das Schloß und die Oper. [. . .]

Es weiß jedoch nicht, daß nicht einmal fünf Jahre vergehen werden, bis es wieder einmal hier stehen wird: am Nachmittag eines 15. Februar des Jahres 1945, als die jetzt vom zarten Dunst eines Frühsommertages verschleierten Türme in einer Wolke aus Glut und Rauch verschwunden sein werden und dicker, schwarzer Qualm aus den Rümpfen der im Hafenbecken liegenden Zillen steigt.

Fragt der inzwischen erwachsen Gewordene heute das Kind, das sich noch immer in ihm verbirgt, so weiß er nicht, ob es seinen Antworten immer vertrauen kann. Aber der Erwachsene, der einmal das Kind war, das am Geländer des Hafens von Pieschen stand, erinnert sich an alles, durch das er bis heute mit diesem Stadtteil verbunden geblieben ist.

Da hat er einmal in der Hafenschenke zu einem Bier seinen ersten Korn gekippt. Und er hat Häfen gesehen, in denen die Welt endet oder beginnt, und an Flüssen gestanden, die andere Städte teilen. Da hatte er diesen Hafen hier fast schon vergessen, wenn er in dieser Stadt, in der noch immer stillen und grünen Straße, die alternde Mutter besuchte.

Und zwischen dem Kind, das hier am Geländer steht, und dem Erwachsenen, der sich jenes Tages hin und wieder erinnert, liegt dieser Frühling, der in einer Nacht im Februar begann, die einem Fastnachtsdienstag folgte. Da gab es Wagen, beladen mit Toten, die Chlorkalk bedeckte, Tiefflieger über einem Erzgebirgstal, in dem man das Kriegsende erwartete, nicht endende Züge gefangener Soldaten, russische Lieder, dorther klingend, wo wieder die Gärten grünten, und fremde Soldaten, die Einlaß begehrten in die stillen Häuser der stillen Straßen. Es gibt später Wachen vor einem schnell errichteten Stalin-Denkmal, und es gab einen Generalfeldmarschall, der einmal eine 6. Armee befehligte und im Garten einer Villa des Weißen Hirsch spazierenging, nachdenkend und schließlich an diesem Nachdenken sterbend.

All das ist wahr, und ich brauche nichts weiter darüber zu erzählen, denn es steht auf einem anderen Blatt.

Heinz Czechowski, 1987

Hellerau

Gedenkblatt für Hellerau

Die »klassische«, die große Zeit Helleraus, der im Jahre 1909 in der Nähe Dresdens gegründeten Gartenstadt, wo die Musen neben den Handwerkern, Bürgern und Beamten wohnten, die paar Jahre vor dem Ersten Weltkrieg, habe ich nicht miterlebt. Erst fast zehn Jahre später kam ich dorthin.

Der Baumeister Professor Heinrich Tessenow, Vorkämpfer einer ruhigen, schlichten Bauweise, hatte den schönen Giebelbau des Hellerauer Festspielhauses mit den hübschen, durch Laubengänge verbundenen anheimelnden Häuschen rings um das Rechteck des großen Freiplatzes geschaffen. Jacques-Dalcroze, der Schweizer Musikpädagoge, Schöpfer der rhythmischen Gymnastik, unterrichtete in den Sälen seine zahlreichen Schüler. Im großen, an einen antiken Theatertempel gemahnenden »Lichtsaal« des Hauses wurden auf der Bühne, die diffuses Licht statt Kulissen verwendete, alljährlich im Sommer Festspiele veranstaltet, zu denen sich ein internationales Publikum einfand. Die Straßen waren kilometerlang mit zahllosen Fahnen aller Nationen an hohen Masten beflaggt – Menschen aus aller Herren Länder waren zu dieser künstlerischen »Olympiade« gekommen. Glucks »Orpheus« war ein großes Ereignis, Paul Claudels »Verkündigung« erlebte im Beisein des Dichters die deutsche Uraufführung. In dem zur Aufführung erschienenen »Claudel-Programmbuch« (1913), enthaltend den ersten Aufzug aus »Goldhaupt«, die große Ode »Lobpreisung« und einige Teile aus der »Erkenntnis des Ostens«, gab der Dichter einen eigens dafür geschriebenen Beitrag »Über die Darstellung meiner Dramen«, genaue Richtlinien für die

Schauspieler, die bei dieser denkwürdigen Uraufführung auch befolgt wurden.

In dem Gelände rings um die Siedlung wurden schöne Schulfeste der Hellerauer Jugend gefeiert. Ein großes Pfadfinder-Treffen fand statt, als wäre dies Hellerau am Ausgang der Dresdener Heide und seine sanft-herbe Landschaft mit Sand, kleinen, stimmungsvollen Kiefernwäldchen und verträumten, nun längst versiechten Weihern ein magnetischer Ort, den sogar Paul Wegener zum Schauplatz eines Märchenfilms gewählt hatte, eines Rübezahl-Films, in dem die »Fee« auf dem Einhorn ritt und die Naturgeister und Faune von Hellerauer Schulkindern dargestellt wurden.

Die »Deutschen Werkstätten«, eine der besten deutschen Kunstgewerbestätten, 1898 in Dresden gegründet, waren 1910 nach Hellerau übergesiedelt: hier wurden vorbildliche Einzel- und Serienmöbel hergestellt. – Jakob Hegner, der spätere bedeutende Drucker, hatte bereits seinen kleinen »Hellerauer Verlag« geschaffen, aus dem später der »Jakob Hegner Verlag, Hellerau« hervorging. Diese erste Gartenstadt in Deutschland, nach englischem Vorbild angelegt, lebte im großen und ganzen durch sich selbst. Das Handwerk war in die Mitte des Gemeinwesens gestellt: vom Schuhmacher angefangen bis zu den »Deutschen Werkstätten« war jeder benötigte Handwerksstand vertreten.

Sowohl der Gedanke an die Kunst als auch der Versuch der neuen Siedlung hatten interessierte Geister angelockt. Der Pianist Edwin Fischer wohnte in einem der Tessenow-Häuschen am Platz. Der alemannische Schriftsteller Emil Strauß hatte ein Haus »Auf dem Sand«, wo Gerhart Hauptmann, aus Dresden kommend, ihn häufig besuchte. Der Komponist und Pianist Busoni kehrte bei seinen Freunden ein. Der Weltreisende Alfons Paquet, vom Fernen Osten oder von einem amerikanischen Felsengebirge zurück, machte in Hellerau Sta-

47. Hellerau, Am Dorffrieden, Wohnhäuser der Baugenossenschaft, um 1910

tion. Es wimmelte von jungen Architekten, die Tessenow um sich scharte. Theaterleute schwärmten heran, die neue Bühne zu studieren. Berühmte Photographen suchten anmutige Objekte für ihre Kameras. Maler und Sänger traten auf.

Der Weltkrieg brach aus und zerstreute die Geister. Nach dem Ende der Feindseligkeiten versuchte sich das alte Leben wieder zag zu erneuern, aber es war nicht mehr wie einst. Jacques-Dalcroze hatte sich in seine Heimat zurückbegeben. Wolf Dohrn, der Begründer und Bauherr des Festspielhauses, war tot. Alexander von Salzmann, Maler und einstiger Regieleiter der Lichtbühne, hatte sich Paris als neuen Wohnsitz gewählt. Die Dalcroze-Schule war von Frau Baer übernommen worden, Valerie Kratina, die spätere Ballettmeisterin, hatte eine eigene »Tanzgruppe« hinzugefügt, bis sie beide 1926 nach Laxenburg bei Wien ihre Schulen verlegten.

Im April 1919 war ich aus der Internierung von einer Insel im Marmarameer zurückgekehrt und hatte ein Gedichtbuch-Manuskript dem »Hellerauer Verlag« eingereicht. Mit der ganzen

Beglückung eines musischen und für lyrische Dichtung überaus empfänglichen Menschen hatte mich Jakob Hegner »entdeckt«. Wie sich später erwies, war die Fahrt nach Hellerau für mich von schicksalhafter Bedeutung. Ein glücklicher Stern hatte mich dorthin geführt.

Ich war aus der Gefangenschaft zurückgekehrt, stand im Erwerbsleben – diese künstlerische Luft in Hellerau war für mich neu und ungewohnt. Ich hatte von ihr zuvor kaum gehört. Mein bisheriges Leben war nach außenhin unliterarisch verlaufen. Ich lebte nicht von der Literatur, hatte es auch nicht vor.

Hegner, in einem der kleinen Tessenowschen Schülerhäuschen wohnend, hatte in einem gegenüberliegenden, wo Edwin Fischer sein pianistisches Studio einst besessen, eine kleine Druckerei mit Handsatz eingerichtet. Sein Faktor und einziger Mitarbeiter war Malte Müller, ein ernster, steinern anmutender, von der Insel Rügen stammender Mann, in dem ein religiös gestimmter Sozialismus glühte. Aus dieser kleinen Werkstätte entwickelte sich mit der Zeit die berühmte, an Bodoni und andern Großen der Buchdruckkunst geschulte »Druckerei Jakob Hegner«, deren Leistungen stilbildend und erzieherisch auf das deutsche Druckgewerbe jener Zeit einwirkten, und deren Vorbild noch heute zu spüren ist.

In diese handwerklich-meisterliche, das Einfache und Echte wollende Welt tauchte ich – ein von der Mittelmeersonne gebräunter orientalisch-fränkischer Lyriker. Ich war unterwegs nach Breslau, wo ich meinen Beruf als Genossenschaftsbeamter wieder antreten sollte. Der Herr Verleger, Sandalen an den bloßen Füßen und ein gelbes Kamelhaarfräckchen tragend, war jung verheiratet. Lisa, seine schöne, junge Frau, Enkelin Ludwig Richters, des Dresdner Malers, führte den zarten Haushalt. Ich wurde sogleich streng angepackt. Während der Verleger und seine Frau abends »Die Zauberflöte« im Dresdner Opernhaus besuchten, saß ich eingesperrt in dem kleinen

Arbeitszimmer, damit ich an meinem bereits durchgesprochenen Manuskript feile. Gegen ein Uhr nachts kam das Ehepaar zurück, und die erste Frage an mich war: »Wie weit sind Sie?« – Ich war fertig geworden.

Dieses kleine Zimmer, mit Ausblick auf den großen Platz der »Tanzschule«, war mir vorbestimmt. Als ich im Frühjahr 1926 – nach einer Zwischenzeit, teils in Breslau als Genossenschaftsmann, teils in Dresden und Mannheim als Redakteur an Tageszeitungen zugebracht – als ich dann nach Hellerau verzog und wohnte, wurde es meine eigene Arbeitszelle. Der Verleger war ausgezogen und wohnte »Am Sand« in einem hübschen, von Muthesius gebauten Einfamilienhaus, zu dem ein kleiner, mit Kiefern bestandener Garten gehörte. Vom Verleger unter beständigem, förderndem Arbeitsdruck gehalten, begann ich hier die Reihe meiner neueren Dichtungen, mit dem fränkischen Waldroman »Sebastian im Wald«, der in der verlagseigenen Druckerei, nun schon etwas vergrößert, auf der neuangeschafften Schnellpresse »Sturmvogel« der fränkischen Schnellpressenfabrik König & Bauer in der »Luther-Fraktur aus dem Jahre 1650« gedruckt wurde. Noch in der Setzerei mußte ich zu meinem Text hinzudichten oder von ihm streichen: Malte Müller duldete keine offenen Kapitelschlußzeilen. Er wollte den Satzspiegel schön rechteckig haben, so wie er selber von Gestalt rechteckig war. Und so bekam die Erstausgabe des Buches am Ende jedes der fünfunddreißig Kapitel volle Zeilen – so formstreng wurde gearbeitet. Die schlanke Buchgestalt mit eckigem statt halbrundem Rücken, gebunden in blauem Leinen mit Goldaufdruck, wurde in der Folge Vorbild und als eine Neuheit bald von anderen Verlegern nachgeahmt – der Hegnersche Buchstil war entstanden.

Ursprünglich enthielt der Verlag nur wenige, doch bedeutende Dichtwerke: die schwierigen Bühnenschöpfungen von Claudel »Verkündigung«, »Goldhaupt«, »Ruhetag« und »Tausch«

– von Hegner glänzend übersetzt – desgleichen die von ihm auch übertragenen poetischen »Drei Mädchenromane« und der bezaubernde »Hasenroman« von Francis Jammes, ferner das begabte Buch eines jungen deutschen Dichters, Melchior Vischer, »Der Teemeister«, wofür der Hellerauer Messingschmied und Emaillekünstler Mendelsohn eine eigene, etwas groteske Type geschnitten hatte: es war nämlich eine Lieblingsidee Hegners, eine neue Druckschrift anfertigen zu lassen, die dem geistigen und seelischen Sinn- und Spannungsgehalt unserer Gegenwart entspräche. Die Versuche gelangen nicht, und man mußte weiterhin die schönen alten Typen verwenden. Doch entstand durch diese Anregung die von Paul Renner in München geschaffene »Renner-Antiqua«, eine bekannte, klare, edle Schrift.

Im »Hellerauer Verlag« waren auch die Gedichte »Der sternenhelle Weg« von Theodor Däubler und einige Prosaschriften dieses merkwürdigen Mannes verlegt, der als ein erratisches Vers-Genie in die Zeit hineinragte. Dieser Dichter und Bohemien war eine in Dresden und Hellerau wohlbekannte Erscheinung. Er war in Triest geboren, wo er seine Knabenzeit verbracht hatte, und stammte von einem schwäbischen Vater und einer schlesischen Mutter. In seinem Geist rauschte das Mittelmeer, schimmerte aber auch »Das Nordlicht«, wie er einen seiner gewaltigen lyrischen Zyklen genannt hatte. Doch war er mehr mittelmeerisch als arktisch-polar. Er hatte sich einen Sonnenmythus erdacht. Seine Gestalt war massig aufgeschwemmt und trug ein mächtiges Haupt mit langem Haar und einem an Brahms oder Hermann Bahr erinnernden Vollbart. Etwas Unbegrenztes war in ihm, dennoch war er ein harmonischer, ausgeglichener Mensch. Und wie seine Meere Algen, Muschelschutt, Sand und Perlen an den Strand spülten, so rollten auch in seinen Verswogen Sand, Splitter, Trümmer neben Perlen und Sternen. Er war reich und ungehemmt wie eine Naturgewalt, und es hätte mich nicht gewundert, hätte er auf einem riesigen Muschelhorn zum Preis Poseidons und seiner Najaden geblasen. Ging er mächtigen Schrittes durch die kleinen Tessenow-Zimmer, begann alles zu klirren. Als Gast war er nicht bequem, doch kindlich und grundgütig. Otto Dix, der Dresdner Maler, jetzt am Bodensee lebend, hat ihn auf seinem Gemälde prächtig-naturalistisch dargestellt. Enttauchte er, von der Notdurft des Lebens umhergetrieben, dem Mittelmeer, Italien, Griechenland, dem Berge Athos oder Ägypten, brachte er den Hauch der Ferne mit – ein Odysseus der lyrischen Fahrten, der heimkehrte nach Berlin, Dresden oder Hellerau, wo weder eine Gattung wob noch Freier sein Hab und Gut verzehrten: er war Junggeselle und hatte nichts. Er war ein von kühnen Schauungen, aber auch Gespenstereien erfüllter Seher. In einer Berliner Vorlesung im Jahre 1926 übermannte ihn ein Gesicht. Er unterbrach und rief: »Feuer fällt vom Himmel! Die Städte brennen! Rettet euch in die Berge!« Er mag den Feuertod Berlins oder Dresdens oder anderer Städte vorausgeahnt haben. Im Krieg starb er einsam in einem Sanatorium in Sankt Blasien.

Wenn auch Hellerau in jenen Jahren zwischen dem Ersten und Zweiten Weltkrieg nur mehr im Nachschein seines vergangenen Ruhmes lebte, so zog doch der nachwirkende Ruf in Verbindung mit den »Deutschen Werkstätten« und der Druckerei Hegner beständig eine Unzahl verschiedenster Persönlichkeiten aus der Kultur- und Geisteswelt des In- und Auslandes an, wozu Dresden, die reiche Kunst- und Geschäftsstadt, ein übriges tat. Man kann nicht alle Namen nennen, auch interessierten mich damals vornehmlich Autoren und Übersetzer. Ich erinnere mich an die Schriftstellerin Emmy-Hennings, befreundet mit Hermann Hesse, dem sie in der Schweiz benachbart wohnte: sie war eine büßende Magdalene, die mit einer Spieluhr reiste. Ich denke an den Romanschriftsteller

48. Hellerau, Festspielhaus, Eingangsseite, um 1915

Josef Ponten, einen Münchner Rheinländer, der im »Literarischen Verein« in Dresden seine Novelle »Die Uhr von Golde« vorgelesen hatte und mit der Straßenbahn nach Hellerau gefahren kam. Er war ein auffallend kleiner Mann mit einem eifersüchtigen Drang nach Größe – wie er sich denn auch für einen größeren Schriftsteller hielt als Thomas Mann –, ein in der Welt umherschweifender Zeltnomade, der sich wie ein Zwerg eine Riesenlast aufgebürdet hatte, die lange Reihe seiner Auswanderer-Romane, mit denen er nie fertig wurde. Ich entsinne mich des schriftstellernden Architekten Werner Hegemann, der in Amerika Siedlungen gebaut hatte und in Deutschland Bücher verfaßte. Er wollte »berühmt« werden wie Emil Ludwig, ein geschickter Arrangeur im literarischen Modegeschäft der damaligen Jahre, und schrieb gerade ein Buch gegen »Napoleon« und ein Werk über die Bausünden Berlins: »Das steinerne Berlin«. Der hagere Mann war degenspitz, trocken, intellektuell unfruchtbar, aber ein scharfsinniger Kompilator, ein lebendiger Zettelkasten, der in seinen Büchern allen möglichen Zeitgenossen lange Spruchbänder von Zitaten an den Mund heftete, wodurch eine erstaunlich geistreiche Tischgesellschaft vorgeführt wurde – weshalb die derart Ausgezeichneten den Verfasser auch in alle Himmel hinauflobten. Sein Verstand war eine logische Maschine. Einmal wurde er nach Hellerau zum Korrekturlesen bestellt, im D-Zug Berlin–Dresden kam ihm sein Regenschirm abhanden. Er schloß »messerscharf«: Der Verlag ist schuld, er hat mich bestellt. Wäre ich nicht bestellt worden, hätte ich meinen Schirm nicht eingebüßt. Der Verlag muß ihn ersetzen. – Aber der Verlag hatte eine andere Logik. – Ich begegnete im Haus Hegners dem »homme litéraire« Stefan Zweig, der mit seiner ersten Frau aus Salzburg zu Besuch gekommen war, nachdem er zuvor an seinen Jugendgefährten geschrieben hatte: »Ich habe Sehnsucht nach meiner Jugend und nach allen, die mich daran erinnern. Dagegen langweilt mich die Literatur. Ich sehne mich nach einem Privatleben!« Von dem Gesicht des berühmten Schriftstellers blieb mir der neugierig spähende Blick, ein förmlich analysierender Blick, im Gedächtnis.

In Hellerau arbeitete ein sehr geschätzter Kunstbuchbinder, Meister P. A. Demeter, ein kleiner, dunkler, spitzbärtiger Grieche, von lebhafter und redseliger Art, aber ein bewunderungswürdiger Könner. Aus seiner Werkstätte, geschult an den großen Vorbildern altitalienischer, deutscher, französischer und englischer Bindekunst, gingen herrliche Bände hervor. Eines meiner Bücher wird mich stets an ihn erinnern. In Dresden hatte sich die »Vereinigung der Bücherfreunde Dresden« gebildet. Sie gab an ihre Mitglieder als Jahresgabe 1928 meine in Hellerau auf Bütten gedruckte Dichtung »Das Leben der Schmetterlinge«. Demeter hatte den bibliophilen Band in grünes Saffianganzleder gebunden und in eine Pergamentbuchhülle mit grünen Ledervorstößen geschoben. Von diesen zweihundertundzweiundzwanzig Exemplaren werden die meisten wohl in Dresden mitverbrannt sein.

Meine nächste Nachbarschaft »Am Platz« war die kinderreiche Familie Dohrn. In ihrem stets offenen, gastfreundlichen Haus trafen sich Künstler, Maler, Musiker, Architekten und weitgereiste Globetrotter. Das Haus war der Kern des innern Hellerau. Mittelpunkt war Frau Hanna Dohrn, eine Dame von Charme und Humor, die reizend erzählen konnte. Sie war auch eine begabte Künstlerin, vielseitig, einfallsreich, originell.

Man näherte sich den kritischen Jahren, überall fehlte es an Geld. Die »Tanzschule« war verödet, der große, herrliche Giebelbau stand verlassen. Noch einmal wurden im »Lichtsaal« Gästen, unter denen ich mich mit Däubler, Hegner und dem Direktor des Dresdner Zoos, Professor Brandes, befand, die Beleuchtungsanlage vorgeführt. Morgenrötend erglommen die mit weißen Stoffbahnen bekleideten Wände und Säulen des Bühnen- und Zuschauerraumes, auch die Decke leuchtete: man saß in einem einzigen Beleuchtungskörper, einem Lichtraum. In allen Farben und Tönungen spielte das Licht, man war selber wie von Licht durchtränkt. Es war ein wunderbares Farbenkonzert. Man konnte sich vorstellen, wie unter dem Geheimnis und dem Klang des Lichtes sich alles Stoffliche vergeistigte. Wie ein letztes Aufflammen einer großen künstlerischen Vergangenheit wirkte dieses Farbenspiel. Dann verloschen die Lampen für immer.

Ein Lebensstern hatte mich nach Hellerau geführt: ich war nicht nur zu einem verständigen, anregenden und befeuernden Verleger gekommen, in einen Kreis eindringlicher Persönlichkeiten, sondern auch zu meiner Lebensgefährtin: ich heiratete ein aus einer Dresden-Hellerauer Familie stammendes junges, schönes Mädchen: Edmée Denso. Mit ihrem Vater trat ich, von Hellerau aus, die große Reise zur Insel Madagaskar an, von der ich das Buch »Große Insel Madagaskar« mit heimbrachte.

Nach meiner Rückkehr erlebte ich den raschen Zerfall des geistigen und künstlerischen Lebens. Die Druckerei wurde geschlossen, der Verlag kam in andere Hände, der einstige Inhaber verzog nach Leipzig. Alle Bemühungen, für Tessenows Bau eine neue Verwendung zu finden, waren gescheitert. Kein Lehr- und Kunstinstitut interessierte sich dafür. Die Zeit der großen Arbeitslosigkeit begann. Mich zog es bald nach Süddeutschland, woher ich gekommen war. Meine Hellerauer Zeit war zu Ende.

Friedrich Schnack, 1949

Weißer Hirsch

Der Weiße Hirsch

Wer nur auf kurze Zeit in die sächsische Hauptstadt kommt, dem wird es nicht leicht, sich Tage und Stunden richtig einzuteilen. Mit einem Rundgang durch die Straßen und über die Brücken und Plätze allein ists nicht getan. Die Treppen der Brühlschen Terrasse sind schweigende Mahnung, nicht achtlos vorüberzueilen; die Wege des Großen Gartens strecken sich wie einladende Arme dem Gast entgegen; aus der Gemäldegalerie ruft die Sixtinische Madonna – leise und doch vernehmlich: vergiß mich nicht; durch die geöffneten Tore des Opernhauses erklingen abendlich lockende Singweisen. Und auch die Umgegend meldet sich: Meißen mit der Albrechtsburg, der Ostasienbau des Pillnitzer Lustschlosses, die Bastei bei Rathen, der Moritzburger Wildpark, schließlich das Erzgebirge.

Ja, richtig – fast hätte ich den *Weißen Hirsch* vergessen. Natürlich darf gerade er in der langen Liste nicht fehlen. Seitdem man den weit über Deutschland hinaus bekannten Lufkurort (am 1. April 1921) einverleibte, gehört er sogar erst recht untrennbar zu Dresden. Bis dahin freilich war es schwer zu entscheiden, welchen Platz im Besichtigungsprogramm man ihm einräumen sollte. Einen Ausflug konnte man den kleinen Abstecher kaum nennen, zu den Sehenswürdigkeiten Dresdens selbst durfte der Nachbarort nicht zählen. Ich halte es im Ernst für denkbar, daß manche Itipfler sich den Genuß des Kennenlernens mithin entgehen ließen.

Wer am liebsten im rauschenden Strom blendender Modebäder untertaucht, wird hier oben nicht auf seine Rechnung kommen. Und auch der Einsamkeitssucher, der in völliger Weltabgeschiedenheit »Immensee«, »Hermann und Dorothea« oder »Aus dem Leben eines Taugenichts« durchblättern will, strebt besser anderen Zielen zu. Der Weiße Hirsch ist ein kluger Diplomat und Politiker. Er möchte es weder mit rechts noch mit links verderben; er bietet allen etwas und behält dennoch zugleich seinen eigenen Charakter.

Das Gepräge entspricht der Lage. Als erhabenster, weil höchstgelegener Stadtteil Groß-Dresdens wahrt der Weiße Hirsch etwas Hoheitsvolles, Thronendes. Doch als Kind des Waldes lehnt er den Rücken nicht an kostbar geschnitzte Sessel, an Kissen aus Samt oder Seide: er schmiegt sich an die Tannen, Kiefern und Fichten stundenweiter Forste, in denen seine rotbraunen Namensvettern noch heute heimisch sind.

Überhaupt der Name! Ist er nicht allein schon halber Bürge des Erfolges? Wie wichtig ist der Titel oft beim Buch. Oder gar beim Theaterstück! Dort spielt er eine größere Rolle bisweilen als selbst die Hauptfigur des Dramas. – Karlsbad, Marienbad, Wiesbaden, Wildbad, Baden-Baden, Franzensbad; wie langweilig und eintönig! Aber *der* Weiße Hirsch. Etwas Männliches liegt darin, Stolz und Würde. Man hört förmlich die Gelenke knacken, sieht das Halsrecken und Geweihtragen. Fast könnte man glauben, der Stammbaum führe auf ein altes Grafengeschlecht unter den Kurorten zurück.

Doch das Entstehen, soweit es sich nachweislich verfolgen läßt, ist sehr viel schlichter, um nicht zu sagen bäuerlich. Ein kleiner Gutsbezirk stand an der Stelle, und der dazu gehörige Gasthof führte vom Jahre 1697 ab diese Benennung – etwa, wie man heute eine Einkehrstätte »Sächsischer Reiter«, »Schöne Aussicht« oder »Alte Wiese« tauft. (Für Leser, die sich gern gründlich mit heimatkundlicher Entwicklung befassen, seien folgende Angaben hinzugefügt: 1664 ward hier die erste Wohnungs- und Weinbergsanlage errichtet, in der vom Jahre 1688 ab »Dreßdenisches Bier« verschänkt werden durfte. 1726 wurde das Gasthaus nebst den benachbarten Gebäuden, Feldern und Weinbergen als ein kanzleischriftsessiges Gut erklärt. Am 1. September 1839 trat der Gemeinderat zu seiner ersten Sitzung zusammen, wodurch die Gemeinde konstituiert war. Sie bestand damals aus 36 Hausgrundstücken und zählte über 200 Einwohner.)

Die Sage berichtet wohl, es habe sich einst auf einer kurfürstlichen Jagd ein weißer Hirsch hierher gerettet. Indessen: ebensogut könnte man behaupten, Uhlands berühmte drei Jäger seien in diesem Revier auf der Pirsch gewesen. Einerlei. Piff, paff!

Zu dem Vorteil des Namens und zu der bevorzugten Lage gesellte sich als Dritter im Bunde Dr. Heinrich Lahmann. Das von ihm begründete große Sanatorium wurde und blieb nicht nur europabekannt, nein, weltberühmt. Es rückte den Weißen Hirsch ganz ungeahnt in den Vordergrund und lockte Gäste aus allen Staaten in unser Sachsen. Besonders Petersburg, Moskau und selbst entfernte russische Gouvernements waren vorm Krieg zahlreich vertreten. Daneben wurde skandinavisch, holländisch, englisch, rumänisch, polnisch und französisch gesprochen, ohne daß das deutsche Element dadurch in den Hintergrund gedrängt worden wäre. Auch Japaner und andere Überseegäste lustwandelten im Waldpark, wenn die Konzerte flotter Militärkapellen stattfanden. Einheimische und Fremde aus Dresden kamen regelmäßig in Scharen herauf, die Gäste der zahlreichen kleineren Kuranstalten, Gasthöfe und Sommervillen ringsum pflegten fast vollzählig zur Stelle zu sein. Inzwischen hat sich das Bild im Punkte Zusammensetzung wohl geändert, an Lebhaftigkeit jedoch ist es in der Hauptzeit das alte.

Im Frühlingsschmuck, im bunten Sommerkleid wie unter dem Zeichen leuchtender Herbstblätter, früchteschwerer Obstbäume ist der Weiße Hirsch gleichermaßen sehenswert. Viele, Rodler und Schlittschuhläufer besonders, finden indes, der Winter sei hier noch reizvoller als die drei anderen Jahreszeiten zusammen. Und wirklich ist der Eindruck unauslöschbar schön, wenn schwere Schneelasten auf dem Dunkelgrün des Hochwaldes ruhen – wenn glöckchenbehangene Schlitten, von flinken Pferden gezogen, fröhlich dahingleiten in das verzukkerte Zauberreich der Dresdner Heide. Ullersdorf, Hofewiese, Heidemühle, Klotzsche, Langebrück. Es würde zu weit führen, von allen einzeln zu erzählen. Nur genannt sollen sie sein, um in denen, die einmal dort waren, Saiten der Erinnerung anklingen zu lassen.

226 Meter über dem Meeresspiegel liegt der Weiße Hirsch, kann, was die Erhebung anbelangt, einem Vergleich mit deutschen Mittelgebirgsorten also nicht standhalten. Uns Dresdnern kommt die Luft gleichwohl stark ozonhaltig vor. Ich schob das lange Zeit hindurch auf den fühlbaren Unterschied zwischen dem Elbtal und dem freiliegenden Hügelzuge. Indessen ließ ich mir von Kennern erzählen, daß meine Beobachtung unbeschränkt richtig sei. Mit der Straßenbahn (von Dresden-N. aus) oder mit der Drahtseilbahn (ab Dresden-Loschwitz) läßt sich der Weiße Hirsch mühelos erreichen. Meine Losung jedoch pflegt »Lustig zu Fuß den Berg hinan, brauch Drahtseil- nicht, noch Straßenbahn« zu lauten. Besonders die steile Plattleite bin ich wohl mehrere hundertmal hinangestiegen. Sie erinnert – freilich nur sehr bescheiden – an wirkliche Bergtouren, während – beispielsweise – die Zickzacklinien der Eschebachstraße die Gelegenheit zu köstlichen Ausblicken voraushaben.

Am Abend – für einen kurzen Spaziergang – ist mir der Weiße Hirsch meist Ziel, sonst Ausgangspunkt. Strahlenförmig entsendet er Pfade in die Heide hinein, und ward erst der bänkereiche, wohlgepflegte Waldpark durchquert, so wird die

Natur zur Alleinbeherrscherin. Blumen sammelnd, Pilze suchend, Beeren pflückend, läßt es sich herrlich dort wandern. Rast und Mahl an einer Quelle oder auf einladendem Baumstamm verleihen neue Kräfte. In den entfernteren Randdörfern herrscht großenteils echte Ländlichkeit, wie sie übrigens der Weiße Hirsch selbst in kleinen, etwas an die Wand gedrückten Ausschnitten noch hier und da bietet.

Hotels und prachtvolle Villen, Lesehalle und Obstbuden, üppig ausgestattete Schaufenster und vielbesuchte Vergnügungsstätten drängen sich in den Vordergrund. Nicht mit Unrecht: denn ein Kurort muß den Zuschnitt nach seinen Gästen einrichten. Gewiß, manch einer von diesen genießt am liebsten Ruhe und Waldluft. Die Mehrzahl jedoch hält wohl Rheinlachs und Schlagsahne für »reeller«. Über den Geschmack läßt sich bekanntlich nicht streiten. Moselwein und frischgeschöpftes Quellwasser haben beide ihre Berechtigung. Auch Pferdchenspiel und Kleinkunstbühne hielten ihren Einzug. Foxtrott und Tango und Tänze noch neueren Datums gehören für viele zum »guten Ton«. Ein blendendes Modebad, ich sagte das schon, ist der Weiße Hirsch trotzdem nicht geworden. Er hat keine Anlage dazu und keine Anwartschaft darauf. Nur an den Tagen großer Wohltätigkeitsfeste, wenn die Zahl der schmucken Autos und Zweispänner das übliche Maß noch weit überschreitet, könnte man sich bisweilen an einen internationalen Sammel- und Tummelplatz allererster Ordnung versetzt glauben. Nun: es geht heutzutage stets hoch her, wenn man sich zum Besten Notleidender, Blinder, Vertriebener oder Verwaister – belustigt. Vielleicht kommt einmal ein Erwachen, das diesen Widersinn der Welt zum Bewußtsein bringt. Einstweilen heißt es noch: hinnehmen. Auch der Weiße Hirsch fügt sich.

Weniger leicht fällt es ihm, sich Dresden-Weißer-Hirsch zu nennen. Das klingt ein wenig nach Bevormundung. Und so alt ist der Ort trotz allem noch nicht, daß er einer Stütze bedürfte. Halsrecken und Geweihtragen kleiden ihn weit besser als Teilhaberschaft an Großstadtherrlichkeit. Und auf Itipfler eingangs erwähnten Schlages braucht er doch keine Rücksicht zu nehmen!

Sollte ich die Geschichte des Ortes für Kinder schreiben, ich würde nie die Kuppel der Frauenkirche oder gar die Halle des Hauptbahnhofs darüber zeichnen. Dr. Heinrich Lahmann müßte auf einem weißen Hirsch durchs Märchenbuch reiten.

Heinrich Minden, 1921

Bühlau

Wiedersehen mit der Oper 1947

Das sogenannte Kurhaus in Bühlau bei Dresden ist ein Vorstadtgasthof für Sonntagsvergnügen, den man sich kaum vorstellen kann ohne einen Schwarm Mädchen in bonbonfarbenen Kleidern und Burschen in Sonntagsanzügen, die ihnen schlechter sitzen als ihr Werktagszeug. Dorthinaus kam man früher nur, wenn man einen Ausflug in die Dresdener Heide vorhatte.

Nun war alles anders. Im Eingang Stadtleute, Gedräng, die Kasse belagert, ein unfreundliches Raufen. Als ich vordrang, war nichts mehr da. Schade, aber da war nichts zu machen. Dann aber kam der freundliche Herr von der Verwaltung wie einst, und es gelang, ihn zu überreden. Er schob mich zwischen den zwei Tischen der Kartenkontrolle hindurch, an denen ein Mann im abwaschbaren Stehkragen stand, ich tastete gegen einen Vorhang, so eine halbrunde Schleuse, wie sie am Eingang von Gaststätten sind und immer unsauber scheinen, ich schob den Vorhang beiseite, halb stand ich noch im Gewühl, das den Vorraum erfüllte: da schlug eine Tonwoge über mich hin und des Tenors:

»Wie schön ist die Prinzessin Salome heute abend!«

Wer hätte gedacht, daß einem das noch einmal nahegehn könnte.

»Ist die Prinzessin nicht sehr blaß? Sieht sie nicht aus wie das Bild einer weißen Rose im Spiegel?«

Da denkt man immer, das gibt es nicht mehr. Theater, so wie es früher war: Theater! daß einem das Herz stockt, und daß man vergißt, daß außerdem noch etwas ist. Und dann kommt man in die rechte Aufführung, und alles ist wie es war. Und man ist kein anderer geworden.

Der Tenor ist in all den Jahren viel schöner geworden, ich hätte ihn beinahe nicht wiedererkannt. Früher konnte ich ihn nicht gut leiden, er war so linkisch und opernhaft. Und nun, welche hingerissene Leidenschaft, welches Schicksal! Und welcher Gesang! So konnte er doch früher nicht singen? Wie lange ist es denn her? Sieben Jahre? Sieben Jahre lang nicht in der Dresdener Oper.

Sieben Jahre nicht in dieser Oper und nun nie wieder in jenem Haus voller Glanz. Trümmer unter den Trümmern der schönsten Stadt, die nun die zerstörteste ist. Man möchte sagen: es blutet einem das Herz. Wer jetzt aber durch Dresden geht, dem blutet das Herz nicht. Es wird einem zu Stein in der Brust.

»In meinem Lande gibt es keine Götter mehr«, singt der afrikanische Soldat. »Meines Landes Götter lieben das Blut sehr«, antwortet der andere.

Sieben Jahre. Wenn man zurückdenkt, ist es, als wenn man in einen Schrein blickt, voll Gold und Licht, zu Tönen geworden. Sicherlich hat man allerlei großes Theater gesehen da und dort und vielleicht hält man es im Grund mit dem Schauspiel doch mehr: aber, in Wahrheit, den Festglanz, den die Dresdener Oper in meinem Gedächtnis anhäufte, habe ich sonst nirgendwo zum Geschenk erhalten.

Und nun: in der Scheune seh ich sie wieder. Im Dorfgasthaus, im Schwoflokal. Schauerlich, wie die Menschen das Schauerliche hinnehmen, als wäre es das, was zu erwarten war.

Der Saal ist viereckig wie eine Kiste. Er ist von einer wirklich dämlichen Viereckigkeit. Das Orchester nimmt genau den vierten Teil ein: es ist leicht abzumessen, denn mitten im Saal, an dessen Wänden sich die einstige Blechmusik niederschlug, stehen zwei Reihen gußeiserner Säulen im wilhelminischen Stil, mit korinthischen Kapitälen, die den Raum vierteilen. Wo

49. Kurhaus Bühlau, Haupteingangsfront, 1967

die erste Reihe der Geigen ist, beginnt ohne Abstand der Zuschauerraum. Mit meinem nachträglichen Stehplatz kann ich an der Seite vorgehen auf den Zehen, bis ich ganz beim Orchester bin. Bei dem berühmten Orchester, das sich »Kapelle« nennt, ein Wort, das sich im Laufe der Zeiten verbrauchte und nun für gewöhnlich einen abschätzigen Beiklang von Dorfmusik hat: hier aber unantastbar geadelt. Nun spielt diese berühmte Kapelle, wohin wirklich eine Tanzkapelle gehört.

Und hat den alten Glanz. Glanz, Zauber und Macht wie nur je. Wen das nicht rührt.

Der alte Knauer sitzt nicht mehr an der Pauke. Der Dirigent ist ein neuer. Aber es wird sofort klar, er wird in der Reihe glänzender Namen vor ihm bestehen.

Wer singt jetzt? Woher die wunderbar tröstende Stimme?

»Der Blinden Augen werden den Tag schauen und der Tauben Ohren werden sich öffnen!«

Zwischen der ersten wilhelminischen Säule und dem Bühnenrahmen ist unter der Saaldecke ein Laufsteg gezogen. Er ist für den Beleuchter. Es ist keine Möglichkeit, ihn verdeckt arbeiten zu lassen. Er hockt da in seinem Arbeitskittel, macht an seinen Lampen, dann hat er eine Weile nichts mehr zu tun. Dann wieder muß er herunterklettern und auf die andere Seite hinüber, wo auch so ein Laufsteg angebracht ist, klettert drüben hinauf und schafft dort. Niemand fühlt sich gestört.

Das Theater muß wieder in die Scheune, sagte man vordem zuweilen, wenn die Ausstattung überhand nahm. Nun, da ist uns doch wenigstens ein Wunsch in Erfüllung gegangen. Jetzt hätte man wieder dies und das vorzubringen dagegen. Das aber bleibt wahr: in diesem Tanzlokal, wo das Unechte und das Billige wohnt, kann sich nichts halten, was zu falscher Opernsitte gehört. Hier wird alles lächerlich: es sei denn pure Kunst.

»Ich bin nicht wert, seine Schuhriemen aufzulösen. Unter seinem Schritt werden Wüsteneien aufjauchzen! Wie die Lilien werden sie aufblühen.«

Wie schön diese Stimme, wie schön, wie schön. Mehr: früher war so etwas nur schön, jetzt ist es wahr noch dazu.

Die Bühne ist hell, der Regisseur wollte keine samtene Nacht, keine Schwüle. Er war nicht auf Stimmung bedacht. Recht hat er, auf die Art, in der man in solchen Fällen recht haben kann: daß es einem im Augenblick das einzig mögliche Wahre zu sein scheint.

»Wer ist es denn?«

Ein Prophet.

»Wie heißt er?«

Jochanaan.

»Woher kommt er?«

Aus der unendlichen Wüste.

Sonderbar, früher wußte ich nicht, wie oft in den Dichtungen das Wort Wüste vorkommt. Jetzt, wo sich mir dieser Begriff mit Leben erfüllte, und ich komme nach Deutschland, komme hierher: da ist es wieder. Die Wüste gehört doch wohl zum stärksten, was sich die Menschheit vorstellen kann. Nun, mir reicht es auch hin, für mein Leben. Aber schließlich, hier ist vieles viel wüster als in der arabischen Wüste.

Da kommt er aus der Zisterne herauf. Sie lassen ihn nicht verdeckte Treppenstufen aufsteigen, wie man es für gewöhnlich wohl macht, sie schicken ihn mit der Maschine empor. Gut, gut. Keine Samtnacht, keine Steinstufen aus Bühnenholz. Ungenierte Theaterwahrheit. Man braucht die realistische Genauigkeit nicht. Sie ist Wahrheit genug, diese strömende Stimme aus dem Zisternendunkel, aus der Gefangenschaft, dieses Propheten Stimme, die über seinen Peinigern ist. Seine Gestalt ist voll Licht in dem trüben Glanz dieses Hofs.

»Nahe dich mir nicht, du Tochter Sodoms! Bedecke dein Angesicht mit einem Schleier und flieh in die Wüste, zu suchen des Menschen Sohn!«

Wer hätte das gedacht. Da glaubte man, das Stück einigermaßen zu kennen, glaubte zu wissen, daß man darüber hin ist: denn was soll einem in Gottes Namen diese Prinzessin? Enthauptung eines Unschuldigen, weil die Königstochter die Laune hat? Nein, dachte man eben noch auf dem Weg zum Dorfwirtshaus durch den herbstlichen Wald: das kann man doch nicht mehr ertragen. Ein Publikum, das alles dies mitgemacht hat, Mann für Mann, Frau für Frau, in den furchtbaren Jahren, und soll sich nun abfinden mit dieser Speise des müden vorigen Jahrhunderts, das es seinen Leuten stark eingeben mußte, stark süßen und würzen, reichlich Gesättigten an reichlichen Tischen! Heute: gebt ihnen Brot.

Und nun: »Tochter der Schande! Nur einen gibt es, der dich retten kann. Geh hin und suche ihn! Er ist in einem Nachen auf dem See von Galiläa. Knie hin am Strande des Sees!«

Da steht er auf dem Steinrund der alten Zisterne, standhaft

und mager, ein Wüstensohn. Seine Arme sind weiß von der Lichtlosigkeit seines Kellers. Über ihm ist die Nacht der unendlichen Wüste, kreisen dröhnend die Sterne, und er ist allein.

Das also ist auch in dem Werk. Man sah es nur nicht. Man wußte wohl, daß es zu einem echten Kunstwerk gehört, daß es veränderten Zeiten ein verändertes Antlitz zuzuwenden vermag: von diesem aber hätte mans schwerlich gedacht.

Und die Stadt, die gar nicht mehr ist, in der die Menschen mit Hungergesichtern gehen, aschgrau, gealtert, erloschnen Gesichts: die Stadt fährt fort zu beschenken mit müden mageren Armen.

Erhart Kästner, 1949

Hosterwitz

Maria am Wasser I

Maria am Wasser. Maria am Wasser.

Kleine Elbschiffer-Kirche. Ein Gelb
mit Quark gemauert,
der aus Milch gewonnen.
Getüncht, ein schöner Kalk.

Ave Maria. Muh. Hallo der Schiffer.

Einst.

Ertrunken ist
des Königs Silberpage
an dieser Stelle
und ein Füllhorn gießt
zum Angedenken
stetes Wasser aus.
In Stein gebildet.

Stein will Wasser sein.

Dieter Hoffmann, 1977

Webers landhaus

abgeblühte balsaminenstille im buchsbaumrondell.
die schattengitter vermummt in ein plaid.
durchs astgewirr der obstbaumkuppeln
schlingert elbwärts transparentes oberonlicht.

steinkugeln, die sich nichts abdingen lassen
von der beflügelnden stimmkraft ländlichen sommers
zu füßen der weinberge weit draußen vor der stadt.
nur das gedächtnis der laube blieb unversehrt.

hinter efeugardinen wurde das frühstück kredenzt,
der küchenzettel des langen und breiten
kehlgerecht komponiert und kulinarisch gedichtet.
die tafelfreuden grünumbuschter villegiatur.

der blumenfries, des weinspaliers verschwiegnes rankenwerk,
als abglanz eines kurzen glücks im weltverlornen sommernest.
über dem verschollnen szenarium einer liebesgeschichte
das lichtgeriesel hochsommerlichen hitzeglasts.

auf den streifzügen durch zerklüftete schlüchte
die konturen der bewaldeten hügelkette nachgezogen.
mit kammerherrn und hüfnern hemdsärmlig
im biergarten der Keppgrundschänke gekegelt.

bleichen gesichts gebeugt übers papier.
an einem tag acht seiten instrumentiert.
bassetthörner wieder zum klingen gebracht.
makellose partituren, wie in kupfer gestochen.

50. Hosterwitz, Carl-Maria-von-Weber-Gedenkstätte, vor 1921

ein verschwender in überschäumender lebenslust,
der seine kräfte nach allen seiten bedenkenlos hinwirft,
in den notenteppich das thema der bässe kunstvoll verwoben,
die flötenstimmen wie eine handvoll perlen verstreut.

was gleicht wohl auf erden . . . heimlicher liebe pein?
im niedrigen zimmer, von der totenmaske belebt,
eilig verblättert von froststarren gästen der lebenslauf.
die fakten wohlassortiert in schubkästen, gebeizt und poliert.

wars nicht, als knirschte der kies unter suwarowstiefeln?
wars nicht, als hielt vorm tor die kutsche mit dem hiobsboten?
wars nicht, als schrie sein schneefuß, Karoline, gellend auf?
wars nicht, als brach sie eben jetzt verfahlt ins knie?

Wulf Kirsten, 1970

Pillnitz

Eine Erinnerung an Pillnitz

Wer von unseren Lesern kennt nicht diesen lieblichen, reizvollen Ort, welcher alljährlich zur Sommerszeit Tausende von fremden und einheimischen Besuchern beherbergt, der großen Anzahl jener Gäste gar nicht zu gedenken, welche durch längere Zeit dortselbst Wohnung zu nehmen pflegen, um sich in der reinen Luft und herrlichen Umgebung zu erholen und zu erfrischen. Die lachenden Rebenhügel mit den waldumkränzten Höhen so nahe dem Gestade der Elbe erinnern mich stets an die Rheingegenden in Miniaturausgabe und bieten der Kepp-, Friedrichs- und Meixgrund ganz prächtige romantische Spaziergänge. Ein im Laufe des Sommers dort stattgefundener mehrwöchentlicher Besuch dieses reizenden Ortes ruft indessen lebhaft die Erinnerung an jene längst vergangenen Zeiten in mir wach, in welchen ich denselben sehr oft besuchte und bitte ich zunächst meine geneigten Leser um Vergebung, wenn ich, gegen meine Gewohnheit, diesmal von *meiner* unbedeutenden Persönlichkeit öfterer zu sprechen mir erlaube; sind es doch die freundlichsten Erinnerungen meiner Kindheit und Jugend, welche in festem Zusammenhang mit diesem Orte stehen.

Mein *allererster* Besuch dortselbst ist mir allerdings, und zwar aus dem gewichtigen Grund unerinnerlich geblieben, da er etwa kaum 5 oder 6 Wochen nach meinem Erscheinen in diesem Erdental stattfand. Meine Mutter, an die hiesige italienische Oper berufen, hatte wenige Tage nach ihrer Ankunft von Prag in Dresden mir das Leben gegeben, weshalb meine Gegenwart bei ihrem ersten Auftreten bei der Tafelmusik im königl.

Schlosse zu Pillnitz eine den Verhältnissen nach unumgängliche Notwendigkeit geworden war und befand ich mich mit einer Wärterin in einem in der Nähe des Speisesaales befindlichen Zimmer. – Meiner Mutter war von mehreren Seiten bedeutet worden, daß unser sittenstrenger Hof jede Exzentrizität in der Kleidung der Damen, sowohl auf als außer der Bühne höchst ungern sähe; ich spreche allerdings vom Jahr 1808, wo, in der glänzenden Blüte des ersten Kaiserreichs, bekanntlich die Damenkostüme in ihrer dekolletierten Art und Weise geradezu bedenklich erschienen. Meine Mutter hatte den Wink wohl beachtet und vermittelst Blonden und Tüllrüschen ihre Konzert-Toilette im höchsten Grade dezent eingerichtet. Vor Beginn der Tafelmusik betrat eine dem Hofe nahe stehende Dame aus vornehmer böhmischer Familie, meine Mutter von Prag aus kennend und ihr Talent schätzend, das Künstlerzimmer, um der Debütantin Mut einzusprechen; bei deren Anblick rief dieselbe aber ganz verwundert: »Um's Himmelswillen, wie sehen Sie aus? Weshalb diese unmoderne, *nonnenhafte* Verhüllung und warum legen Sie bei Ihrem südlichen bleichen Teint nicht etwas Rot auf?«

Meine Mutter erklärte ihr den Sachverhalt; doch die Dame brach in herzliches Lachen aus und entgegnete: »Ach warum nicht gar! Unsere Königin, eine trotz ihrer vorgerückten Jahre immer noch schöne, stattliche Erscheinung, trägt stets ein wenig Rot und kleidet sich, allerdings mit Maß und Ziel, modern dekolletiert; trennen Sie diesen häßlichen Aufputz ab und legen Sie womöglich etwas *Rouge* auf; kein Mensch wird deshalb mit Ihnen rechten.« Bedauerlicherweise war die Zeit zu dieser Toilettenänderung zu kurz. Das Konzert verlief glücklich und sämtliche Mitglieder der königl. Familie sprachen nach dessen Schluß der neuen Sängerin ihre Zufriedenheit aus, wobei der größte Teil der hohen Herrschaften sich der italienischen Sprache in ganz vorzüglicher Weise bediente. König

Friedrich August der Gerechte erinnerte sich unter anderem, meine Großmutter *Eleonora Caravoglia de Balconi* im Jahre 1784 in Leipzig bei der dort engagierten Bondini'schen italienischen Operngesellschaft mit dem später als Don Juan berühmten Bassi gehört zu haben und nannte dieselbe im Gespräche »*Una bella donna*« (eine schöne Frau), was meine Mutter bis an ihr Ende als unumstößlichen Beweis hinnahm, daß dem erlauchten Herrn deren Tochter in ihrer geschmacklosen Toilette zuverlässig als das Gegenteil erschienen war. Die Unterhaltung der hohen Herrschaften mit der Künstlerin währte eine Weile fort, bis plötzlich Prinzessin Marianne, Schwester Sr. Majestät des Königs, eine durch ihre Herzensgüte besonders bekannte und beliebte Dame, welcher wahrscheinlich meine kleine Gegenwart verraten worden war, mit den Worten das Gespräch zum Abschluß brachte: »Aber laßt die arme Frau doch nun zu ihrem Wickelkinde gehen, welches jedenfalls ihre Gegenwart nötiger bedarf als wir.« – Ich würde diese unbedeutende Toilettenepisode hier zu erwähnen mir nicht erlaubt haben, wenn sich nicht ein, allerdings im entschiedenen Gegensatze bewegendes Ereignis in meiner Erinnerung daran knüpfte, welches etwa 22 Jahre später (1830) bei unserm Hoftheater stattfand und dessen sich möglicherweise ältere Theaterbesucher entsinnen dürften, da es seiner Zeit einiges Aufsehen erregte. Eine unserer beliebtesten und begabtesten Künstlerinnen hatte durch eine ihre körperlichen Vorzüge ganz besonders hervorhebende Toilette höchsten Ortes einiges Befremden verursacht und war dem Intendanten bedeutet worden, hierin womöglich etwas Moderation eintreten zu lassen; dieser hatte den Regisseur damit beauftragt, welcher, einen Sturm seitens der sehr empfindlichen Künstlerin befürchtend, wiederum die diensttuende Garderobière davon benachrichtigte; somit war ohne Vorwissen der Dame an dem betreffenden Kostüm eine verhüllende Vorrichtung angebracht, jedoch beim Ankleiden sofort von derselben bemerkt worden. Dadurch im hohen Grade erregt, wurde zunächst der Garderobière, dann dem Regisseur und endlich dem Intendanten selbst in heftiger Weise deren Entrüstung über das Geschehene ausgedrückt und die angebrachte Verhüllung sofort beseitigt. Sie sang zwar ihre Rolle, wie mir von glaubwürdiger Seite versichert wurde (ich selbst befand mich damals am Prager Theater), in großer Aufregung zu Ende, soll indessen in derselben nicht wieder aufgetreten sein.

Wohl entsinne ich mich besonders des bei Tisch anwesenden, munter und heiter sich bewegenden, liebenswürdigen jungen Sängers Cantu; wer hätte uns damals gesagt, daß derselbe ein Jahr später (am 9. Mai 1822), zur Gruft getragen wurde.

Vom Sommer 1821 an begannen nun aufs neue theatralische Vorstellungen sowohl der italienischen Oper als des deutschen Schauspiels in dem zu einem recht netten Theater eingerichteten Orangeriegebäude im Königl. Schloßgarten; allerdings war dasselbe sehr niedlich und mußte bei größeren Aufführungen ein Zelt in unmittelbarer Nähe aufgeschlagen werden, welches sowohl dem männlichen Künstlerpersonal als auch teilweise den Chorsängern zu Garderobezwecken diente. Man gab ital. komische Opern (ich selbst habe in späteren Jahren sehr oft dabei mitgewirkt) und kleinere Schau- und Lustspiele, auch später (1828) größere deutsche Opern, wie »Maurer und Schlosser«, »Der Schnee«, »Die weiße Dame«, »Johann von Paris« u. s. w. Auch berühmte Gäste produzierten sich daselbst, wie im Juli 1822 Sophie Schröder mit ihrer jüngeren Tochter Betty in Houwald's Drama »Fluch und Segen« und als Medea; Ludwig Devrient am 24. August 1826 in seiner Glanzrolle als Schewa in Cumberland's »Der Jude«. Auch bedeutende fremde Sängerinnen und Tonkünstler haben dort vor dem Königl. Hofe ihre Leistungen zu Gehör gebracht und regelmäßig traten alle neu engagierten Mitglieder daselbst zuerst auf. Tafelmusiken und Hofkonzerte bei hohem fremden Besuch fanden eben-

51. *Pillnitz, ehemaliges Lustschloß, Gesamtansicht, nach 1945*

falls häufig statt; beispielsweise pflegte König Friedrich Wilhelm III. von Preußen auf seiner Badereise nach Teplitz oder bei der Rückkehr alljährlich unserm Hof in Pillnitz einen Besuch abzustatten, was er auch bis zu seinem 1840 erfolgten Ableben getreulich fortgesetzt hat und bei welcher Gelegenheit stets Tafelmusik abgehalten wurde. Dabei entsinne ich mich eines komischen Vorfalles. Man hatte bei Hofe erfahren, daß König Friedrich Wilhelm ein außerordentlicher Verehrer Spontini'scher Musik sei; dies war dem diensttuenden Kapellmeister zur Berücksichtigung mitgeteilt worden und unser C. M. von Weber, welcher das Konzert zu arrangieren hatte und dem Königl. Preuß. Herrn Generalmusikdirektor Ritter Spontini nicht eben sehr zugetan war (wahrlich nicht ohne Grund, denn die Intrigen Seiten Spontini's bezüglich der Aufführung der Weber'schen Opern in Berlin sind allbekannt), hatte die kleine Bosheit begangen, die allergeräuschvollsten Ballettmusiken aus Spontini's Opern zum Orchestervortrag zu wählen, deren Ausführung in dem verhältnismäßig nicht großen, aber akustisch vortrefflich gebauten Saale einen derartigen Höllenspektakel verursachte, daß nicht nur der gute alte König Friedrich August der Gerechte weder ein Wort mit seinem neben ihm sitzenden Gaste zu wechseln vermochte, sondern auch sämtliche Tafelgäste von diesem Lärm vollständig betäubt und verwirrt wurden. (Was würden diese Herrschaften heutzutage beispielsweise zum Wagner'schen »*Walkürenritt*« sagen?!)

Bei diesen Konzerten und den theatralischen Aufführungen mitzuwirken, gereichte unsern Künstlern zur Freude und Ehre und niemals hat einer derselben dafür irgend eine Vergütung oder Auszeichnung beansprucht. Es waren eben andere Zeiten und Verhältnisse, die Künstler bei weitem anspruchsloser und in ihrem Beruf, ihrer ehrenvollen Stellung an einem Hoftheater ersten Ranges ihre Befriedigung findend; auch hatte man von oben herab die zarte Rücksicht, zu diesen Pillnitzer Aufführungen und Konzerten die bedeutenderen künstlerischen Kräfte abwechselnd herbei zu ziehen, um nirgends zu verletzen. Selbst eines 1828 aufgeführten kleinen französischen Lustspiels: *»Le roman d'une heure«* durch den vortrefflich französisch sprechenden Schauspieler und Costumier Heine, der Vertreterin der Salondamen Madame Mevius und meiner Mutter als Kammermädchen Lisette entsinne ich mich lebhaft, welches kleine Stück bei Hof viel Beifall fand. Auch die später so beliebten Schauspiele unserer Prinzessin Amalie, wie »Der Krönungstag«, *»Mesru«*, gelangten ebenso wie mehrere ihrer hübschen Opern in Pillnitz erstmalig zur Aufführung. Diese Vorstellungen fanden von 1821 bis in die Mitte der 30er Jahre am häufigsten statt, wurden später seltener, um allmählich gänzlich aufzuhören; auch die Tafelmusiken wurden eingestellt, dagegen kleinere Hofkonzerte noch in späteren Jahren häufig abgehalten. Die mitwirkenden Künstler wurden sowohl zu den Tafelmusiken als theatralischen Aufführungen zu Wagen abgeholt, wobei nach altem Herkommen die *Prima donna* (zum Ärger meiner Mutter) stets dreispännig, das dritte Pferd vor den beiden gewöhnlichen, fahren mußte. Vor den Tafelmusiken wurde den Künstlern ein Gabelfrühstück, bei theatralischen Vorstellungen ein Nachmittagskaffee serviert; nach der Vorstellung fuhr man sofort wieder nach der Stadt zurück, welche *»Komödiantenfahrten«*, um mit Caroline Bauer zu sprechen, zu den heitersten Erinnerungen meiner Jugend und meines künstlerischen Wirkens zählen. Das Publikum bestand bei diesen Aufführungen außer dem k. Hofe und dessen Suite, den zeitweiligen fürstlichen Gästen, den Kammerleuten und zum Hofdienste gehörigen Personale auch aus den Bewohnern von Pillnitz und Hosterwitz, welchen der Eintritt auf eine Galerie gestattet war; applaudiert wurde gar nicht, doch ein Bravo von hoher Seite machte die ausübenden Künstler glücklich und stolz.

Mein zweiter, mir vollständig erinnerlicher Besuch in Pillnitz war 1815 bei Gelegenheit der Aufführung der Salieri'schen Oper *»Axur«* im dortigen Schloßtheater, woselbst *Bassi* als neu engagierter Regisseur der italienischen Oper in der Titelrolle debütierte und ich als siebenjähriges Kind einen Augurknaben zu repräsentieren hatte; unvergeßlich ist mir dabei geblieben, daß mir damals gleich den andern mitwirkenden Künstlern 1 Taler zur Bestreitung der Douceurs für den Kutscher, Kapell- und Theaterdiener eingehändigt wurde, eine Auszeichnung, die mich ganz stolz und glücklich machte.

Ein dritter Besuch in Pillnitz gehört zu den interessantesten Erinnerungen meiner Kindheit. Bekanntlich brannte dortselbst am 1. Mai 1818 jener Flügel des Schlosses, in welchem sich der große Speisesaal (der vielen darin befindlichen Portraits bekannter Schönheiten früherer Zeiten, beispielsweise der Königsmark, Cosel, Neitschütz u. s. w. wegen Venustempel genannt) sowie das Schloßtheater befanden, vollständig ab; doch wurde bereits im Oktober desselben Jahres vom König der Grundstein zum Neubau persönlich gelegt und dieser sofort in Angriff genommen. Am 10. Mai 1821 ward nun der von Vogel von Vogelstein prachtvoll dekorierte neue Speisesaal am Geburtstag der Königin Amalie Auguste feierlich eröffnet und fand dabei eine Tafelmusik unter Mitwirkung der ersten Künstler statt. Ich habe als zwölfjähriges Mädchen dieser Feier auf der Tribüne als Zuschauerin beigewohnt und entsinne mich deutlich jedes kleinsten Umstandes. Die Königin war nach langer schwerer Krankheit erstmalig wieder bei Tafel erschienen und hatte man ihr bereits am Morgen des festlichen Tages bei ihrer Rückkehr aus der Schloßkapelle im Garten eine vom Kapellmeister Morlacchi komponierte kleine Festkantate als Überraschung bereitet, in welcher der damals berühmte Kirchensopransänger Filippo Sassaroli, der Tenorist Cantu und die beiden Bassisten Benincasa und der jüngere Sassaroli mitwirkten und den Gesang von Vogelstimmen nachahmten, wobei Sassaroli der Ältere mit seinem prächtigen Sopran, endlosen Atem und musterhaften Triller die Nachtigall übernommen hatte, während die anderen Sänger in humoristischer Weise die Begleitung ausführten und der Tenorist Decavanti das Accompagnement mit Gitarre exekutierte. Um 1 Uhr fand die große Tafel von 31 Gedecken statt, bei welcher ein mit Rosengirlanden verzierter Tafelaufsatz figurierte und bei dem Braten Champagner-Wein, damals nur bei besonderen Festlichkeiten üblich, serviert wurde.

Die mir bekannten *amtlichen* Berichte darüber sagen wörtlich: »Die Königliche Kapelle exekutierte die Tafelmusik unter Morlacchi's Direktion; zuerst Konzert-Ouverture, worauf Madame Sandrini eine Arie sang, Konzertmeister Polledro ein Violin-Solo vortrug, hierauf Herr Benincasa eine Gesangspiece und Herr Kammermusikus Fürstenau (Vater unseres geschätzten und gelehrten Kapellmitgliedes) ein Flöten-Konzert zu Gehör brachten, dann der Sopranist Sassaroli eine Arie und zum Schluß ein Duett mit Madame Sandrini vortrug. Der Saal ließ bezüglich der Akustik die treffliche Bauart zur höchsten Zufriedenheit erkennen. Den Künstlern ward nach dem Konzert ein Diner von fünf Speisen, Bäckerei und Dessert nebst 9 Bouteillen guten Tavel, Würzburger Wein und eine Flasche Malaga serviert, wobei Madame Sandrini nebst Demoiselle Tochter, Kapellmeister Morlacchi, die beiden Solospieler und die obengenannten vier Sänger, der Regisseur Bassi und der Hoftwirtschaftssekretär Ernst gegenwärtig waren.«

Marie Börner-Sandrini, 1879

Maimorgen in Pillnitz

Hahnenschrei löscht
die Laternen aus –
Vögel schmücken
den Tag mit Singen –
Gewölk leicht
wie Gedanken im Blumenhaus –
Fontäne öffnet
die schillernden Schwingen.

Sonntag spiegelt
sich in den Scheiben,
ich zähle
die Rufe des Kuckucks nach –
Uhrschläge metallen
im Winde treiben –
auf dem Turm
grünt das neue Kupferdach.

Ulrich Grasnick, 1973

Anhang

Editorische Notiz

Städte sind Orte der Kommunikation. Lokale Gegebenheiten und menschliche Kontakte prägen das Fluidum. Auch Dresden wirkt bis heute auf seine Besucher und Bewohner merkwürdig im wahrsten Sinne des Wortes. Zitate belegen dies – von begeisterten Äußerungen bis zu beißendem Spott über die Stadt, die einst von Herder als das »deutsche Florenz« beschrieben wurde. Die Texte des Lesebuches nähern sich mit einer Stadtgeschichte und allgemeinen Urteilen über Dresden dem Zentrum und den einzelnen Stadtteilen, von denen einige exemplarisch vorgestellt werden. Neben einem Bericht über den Besuch der weltberühmten Kunstsammlungen findet sich eine Erinnerung an die Kindheit in einem Mietskasernenviertel. Die Beschreibung einer ländlichen Siedlung, die einstmals als selbständige Ortschaft existierte, wechselt mit Schilderungen über das Künstlerleben in der Gartenstadt Hellerau. Die Vielschichtigkeit der Stadtentwicklung soll so vorgestellt werden.

Für den Besucher, der zum ersten Mal nach Dresden kommt, bietet der Band einen Vorschlag für einen Spaziergang zum Kennenlernen der wichtigsten Bauten in der Innenstadt an, dem zur Orientierung eine Stadtplanskizze beigegeben ist.

Die Herausgeberin ist bei der Auswahl der Texte bewußt eine Mischung von Zitaten berühmter Zeitgenossen, anonymen Beschreibungen und Alltagsäußerungen eingegangen, um ein möglichst abgerundetes Bild zu erhalten. Erinnerungen ehemaliger Dresdner stehen in einer Reihe mit Berichten über den Besuch von Geburtshäusern oder Arbeitsstätten bekannter Bewohner der ehemaligen königlichen Residenz.

Um die teilweise sehr alten Texte leichter lesbar zu machen, wurden sie der heutigen Orthographie angeglichen.

Das Reiselesebuch Dresden entstand in der Zeit des Umbruchs im Osten Deutschlands. Vieles ist im Wandel begriffen, so daß sich die Veränderungen auch auf die Arbeit an dem Band auswirkten. Es wurde ein Kapitel den unruhigen Zeiten gewidmet, die mit der Stadt verbunden sind.

Dresden lebt aus der Vergangenheit, als die Stadt zu den Kleinodien Europas gehörte. Die Epoche des Neubeginns ist mit der Hoffnung verbunden, daß die wiedererrichtete Landeshauptstadt von Sachsen nach den entsetzlichen Zerstörungen des Zweiten Weltkrieges und dem erschreckenden Niedergang in den folgenden 40 Jahren wieder ihre Identität zurückgewinnt, die sie seit Jahrhunderten zum Anziehungspunkt für Fremde machte und für die Einwohner zu einer Stadt, aus der man nur mit schwerem Herzen fortziehen kann.

Die Herausgeberin ist der Sächsischen Landesbibliothek, Abteilung Deutsche Fotothek, zu großem Dank verpflichtet, die durch die Bereitstellung vor allem historischer Aufnahmen das Reiselesebuch Dresden bereicherte.

Kulturadressen

(Auswahl, Stand November 1991)

Museen

Barockmuseum Schloß Moritzburg
8105 Moritzburg, Tel.: 0297 439
Buchmuseum der Sächsischen Landesbibliothek
Marienallee 12, 8060 Dresden, Tel.: 52677
Carl-Maria-von-Weber-Gedenkstätte
Dresdner Str. 44, 8057 Dresden, Tel.: 39234
Deutsches Hygiene-Museum
Lingnerplatz 1, 8010 Dresden, Tel.: 4967219
Fasanenschlößchen Moritzburg
8105 Moritzburg, Tel.: 0297 207
Gemäldegalerie Alte Meister
z. Z.: Albertinum, 8012 Dresden, Tel.: 4953056
Gemäldegalerie Neue Meister
Albertinum, 8012 Dresden, Tel.: 4953056
Grünes Gewölbe
Albertinum, 8012 Dresden, Tel.: 4953056
Historisches Museum
Zwinger, 8012 Dresden, Tel.: 4952381 (z. Z. geschlossen)
Jósef-Ignacy-Kraszewski-Museum
Nordstr. 28, 8060 Dresden, Tel.: 54450
Karl-May-Museum
Karl-May-Str. 15, 8122 Radebeul, Tel.: 73169
Landesmuseum für Vorgeschichte
Japanisches Palais, Karl-Marx-Platz, 8060 Dresden, Tel.: 52591
Martin-Andersen-Nexö-Gedenkstätte
Collenbuschstr. 4, 8051 Dresden, Tel.: 36307
Mathematisch-Physikalischer Salon
Zwinger, 8012 Dresden, Tel.: 4952503
Militärhistorisches Museum
Dr.-Kurt-Fischer-Platz 3, 8060 Dresden, Tel.: 5920

Münzkabinett
Direktion: Günzstr. 34, 8019 Dresden, Tel.: 4593813
Ausstellung: Albertinum, 8012 Dresden, Tel.: 4952381
Museum für Geschichte der Stadt Dresden
Ernst-Thälmann-Str. 2, 8010 Dresden, Tel.: 4952302
Museum für Völkerkunde
Japanisches Palais, 8060 Dresden, Tel.: 52591
Museum für Volkskunst
Köpckestr. 1, 8060 Dresden, Tel.: 570817
Museum Haus Hoflößnitz
Knohlweg 37, 8122 Radebeul, Tel.: 75616
Museum zur Frühromantik
Straße der Befreiung 13, 8060 Dresden, Tel.: 54760
Porzellansammlung
Zwinger, 8010 Dresden, Tel.: 484 0127
Puppentheatersammlung
Barkengasse 6, 8122 Radebeul, Tel.: 74373
Richard-Wagner-Museum
Richard-Wagner-Str. 6, 8340 Graupa, Tel.: 0464338
Skulpturensammlung
Albertinum, 8012 Dresden, Tel.: 4952381
Technisches Museum
Reinhold-Becker-Str. 5, 8053 Dresden, Tel.: 35485
Verkehrsmuseum
Augustusstr. 1, 8012 Dresden, Tel.: 4953002

Galerien

Galerie Comenius
Bautzner Str. 22, 8060 Dresden, Tel.: 55802
Galerie Kunst der Zeit
Ernst-Thälmann-Str. 7, 8010 Dresden, Tel.: 4952467
Galerie Mitte
Fetscherplatz 7, 8019 Dresden, Tel.: 459 0052
Galerie Nord
Leipziger Str. 54/56, 8023 Dresden, Tel.: 55178

Galerie Ost/Leonhardimuseum
Grundstr. 26, 8054 Dresden, Tel.: 36513
Galerie Rähnitzgasse
Rähnitzgasse 8, 8060 Dresden, Tel.: 51456
Galerie Süd
Herzberger Str. 30, 8036 Dresden, Tel.: 2742130
Galerie West
Kesselsdorfer Str. 70, 8028 Dresden, Tel.: 434232
Kunstausstellung Kühl
Zittauer Str. 12, 8060 Dresden, Tel.: 55588
Kupferstichkabinett
Güntzstr. 34, 8019 Dresden, Tel.: 4593813

Bibliotheken

Bibliothek des Deutschen Hygiene-Museums
Lingnerplatz 1, 8010 Dresden, Tel.: 4967219
Kinder- und Jugendbibliothek Martin-Andersen-Nexö
Straße der Befreiung 5b, 8060 Dresden, Tel.: 53958
Sächsische Landesbibliothek
Marienallee 12, 8060 Dresden, Tel.: 52677
Stadt- und Bezirksbibliothek Friedrich Wolf
Elsa-Fenske-Str. 11, 8010 Dresden, Tel.: 4867384
Universitätsbibliothek der Technischen Universität Dresden
Mommsenstr. 7 u. 11, 8027 Dresden, Tel.: 4634308
Zentrale Kunstbibliothek
Güntzstr. 34, 8019 Dresden, Tel.: 4593813

Archive

Staatsarchiv Dresden
Archivstr. 14, 8060 Dresden, Tel.: 570680, 54722
Stadtarchiv
Marienallee 3, 8060 Dresden, Tel.: 54750

Kinos

Faunpalast
Leipziger Str. 76, 8023 Dresden, Tel.: 54550
Hauptbahnhof
Leninplatz, 8010 Dresden, Tel.: 470532
Olympia
Dohnaer Str. 55, 8020 Dresden, Tel.: 479717
Parklichtspiele
Bautzener Landstr. 6, 8051 Dresden, Tel.: 36585
Programmkino Ost
Schandauer Str. 72, 8021 Dresden, Tel.: 333782
Reick
Reicker Str. 93, 8036 Dresden, Tel.: 4762079
Rundkino mit Studiobühne
Prager Str., 8010 Dresden, Tel.: 4952025
Schauburg
Otto-Buchwitz-Str. 55, 8060 Dresden, Tel.: 572185
Stephenson
Stephensonstr. 40, 8045 Dresden, Tel.: 2231403

Bühnen

Die Herkuleskeule, Kabarett
Hans-Beimler-Platz, 8010 Dresden, Tel.: 4955191
Dresdner Brettl, Theater für Cabaret, Musik und Literatur
Maternistr. 17, 8012 Dresden, Tel.: 4954123
Junge Garde, Freilichtbühne im Großen Garten
8020 Dresden, Tel.: 2391012
Kleine Szene
Bautzner Str. 107, 8060 Dresden
Kleines Haus
Glacisstr. 28, 8060 Dresden, Tel.: 48420, Abendkasse: 52631
Landesbühnen Sachsen
Wilhelm-Pieck-Str. 152, 8122 Radebeul, Tel: 7040

Podium
Straße der Befreiung 11, 8060 Dresden, Tel.: 53266
Probebühne Astoria
Leipziger Str. 58, 8023 Dresden, Tel.: 570585
Probebühne 1, Schauspielhaus
Ostra-Allee, 8010 Dresden, Tel.: 48420, Abendkasse: 4842429
Projekttheater Dresden
Louisenstr. 47, 8060 Dresden
Schauspielhaus
Ostra-Allee, 8010 Dresden, Tel.: 48420, Abendkasse: 4842429
Semper-Oper
Theaterplatz 2, 8010 Dresden, Tel.: 48420, Abendkasse: 4842491
Staatliches Puppentheater
Leipziger Str. 220, 8030 Dresden, Tel.: 51124, 570980
Staatsoperette
Pirnaer Landstr. 131, 8045 Dresden, Tel.: Vorverkauf: 4842351, Abendkasse: 2238763

Textquellennachweis

Baudissin, Wolf Graf von: Dresden und die Dresdner. – Dresden, Leipzig: Dresdner Verlags-Anstalt, 1907. – S. 2-9

Börner-Sandrini, Marie: Plaudereien einer alten Dresdnerin. – In: Dresdner Anzeiger. – Dresden (1879) vom 25. 12.

Born, Stephan: Erinnerungen eines Achtundvierzigers. – Leipzig: G. H. Meyer, 1898. – S. 211-214, 226-228

Brief eines Bereitschaftspolizisten an seinen Seelsorger. – In: Die Union. – Dresden (1989) vom 28./29. 10.

Czechowski, Heinz: Herr Neithardt geht durch die Stadt. – Halle, Leipzig: Mitteldeutscher Verlag, 1987. – S. 51-52, 55-57, 59-61

Czechowski, Heinz: Kein näheres Zeichen. – Halle, Leipzig: Mitteldeutscher Verlag, 1987. – S. 28

Dulig, Michael: Zuführung. – In: Die Union. – Dresden (1989) vom 28./29. 10.

Das erste Amphitheater der Fünftausend. – In: Lokalanzeiger für Dresden-Neustadt. – Dresden-Neustadt (1911) vom 25. 7.

Faßmann, David: Der auf Ordre und Kosten Seines Kaysers reisende Chineser ... – T. 1., 3. St. – Leipzig: Deer, 1721. – S. 169-171, 173-174

Fortsetzung über den Charakter öffentlicher Vergnügungen. – In: Neue Dresdner Merkwürdigkeiten gemeinnützigen Inhalts. – Dresden (1792) vom 14. 9.

Grasnick, Ulrich: Der vieltürige Tag. – 2. Aufl. – Berlin: Verlag der Nation, 1975. – S. 73

Griebel, Otto: Ich war ein Mann der Straße. – Halle, Leipzig: Mitteldeutscher Verlag, 1986. – S. 426-433

Grieser, Dietmar: Die kleinen Helden. – München, Wien: Müller, 1987. – S. 120-127. © by Langen Müller Verlag in der F. A. Herbig Verlagsbuchhandlung

Grohmann, Will: Karl Schmidt-Rottluff. – Stuttgart: Kohlhammer, 1956. – S. 29-30, 33, 35-36, 40, 43, 44. Mit freundlicher Genehmigung von Renate Glück

Grosz, George: Ein kleines Ja und ein großes Nein. – 24.-26. Tsd. – Reinbek bei Hamburg: Rowohlt, 1983. – S. 55-58. © 1955 by Rowohlt Verlag GmbH, Hamburg

Grünbein, Durs: Grauzone morgens. – Frankfurt am Main: Suhrkamp, 1988. – S. 55

Gutzkow, Karl: Lebenserinnerungen / hrsg. von Heinrich Hubert Houben. – T. 2. – Leipzig: Hesse, 1872. – S. 348-354

Herder, Johann Gottfried: Adastea. – Bd. 3. – Leipzig: Hartknoch, 1802. – S. 52-56

Hoffmann, Dieter: Gedichte aus der Augustäischen DDR. – Pfullingen: Neske, 1977. – S. 26

Justi, Johan Heinrich Gottlob von: Leben und Charakter des Kgl. Poln. u. Churf. Sächs. Premierministers Grafen von Brühl. – o. O., 1790. – S. 114-116

Kästner, Erhart: Über Bücher und Bibliotheken. – Wolfenbüttel: Herzog August Bibliothek, 1974. – S. 1-5

Kästner, Erhart: Wiedersehen mit der Oper 1947. – In: Merian. – Dresden, Hamburg (1949). – S. 77-78. Mit freundlicher Genehmigung von Anita Kästner

Kirsten, Wulf: Die Erde bei Meißen. – Leipzig: Reclam, 1970. – S. 63-64. Mit freundlicher Genehmigung des Autors

Klemm, Gustav: Chronik der königlich-sächsischen Residenzstadt Dresden und ihrer Bürger. – Dresden: Grimmer, 1835. – S. 342-344

Knobloch, Heinz: Mehr war nicht drin. – Halle, Leipzig: Mitteldeutscher Verlag, 1979. – S. 185-190. Mit freundlicher Genehmigung des Autors

Körner, E.: Dresden und die Dresdner. – Dresden: Dresdner Verlags-Anstalt, 1895. – S. 31-34

Koppel-Ellfeld, Franz: Deutsche Städtebilder: Dresden. – In: Die Gartenlaube. – Leipzig (1888), S. 587-589

Kosegarten, Christian: Meine Freuden in Sachsen. – Leipzig: Richter, 1801. – S. 147-153

Kügelgen, Wilhelm von: Jugenderinnerungen eines alten Mannes 1802-1820. – Leipzig: Koehler & Amelang, 1924. – S. 89-91

Löffler, Fritz: Ida Bienert und ihre Sammlung. – In: Jahresring. – Stuttgart 71/72 (1971), S. 187–192

Loen, Johann Michael von: Gesammelte kleinere Schriften / hrsg. von J. C. Schneider. – T. 1. – Leipzig, Frankfurt am Main: Brömer, 1750. – S. 45-47, 49-55
Ludwig, Otto: Gesammelte Schriften / hrsg. von Adolf Stern. – Bd. 1. – Leipzig: Grunow, 1891. – S. 160-167, 170-171
Mauersberger, Rudolf: Vom Dresdner Kreuzchor. – In: Festschrift Dresden zur 750-Jahr-Feier der Stadt / hrsg. vom Rat der Stadt Dresden. – Dresden: Verlag der Kunst, 1956. – S. 85-89
Metternich, Clemens Fürst von: Auszüge aus den geheimen Memoiren / hrsg. von F. Meinhart. – Weimar: Voigt, 1849. – S. 41-47
Minden, Heinrich: Der Weiße Hirsch. – In: Hausbuch für Sachsen. – Olbernhau 1 (1921) H. 11. – S. 13-15
Müller, Hedwig: Mary Wigman. – Weinheim, Berlin: Quadriga, 1986. – S. 81, 134-135
Nostiz, Helene von: Festliches Dresden. – Frankfurt am Main: Weidlich, [2]1962. – S. 125-129. – S. 134-139. Mit freundlicher Genehmigung von Oswalt von Nostiz
Novalis: Dichtungen und Prosa / hrsg. von Klaus Träger u. Heidi Ruddikeit. – Leipzig: Reclam, 1975. – S. 367-368
Parthey, Gustav: Jugenderinnerungen. – T. 1. – Berlin, 1871. – S. 294-298
Rabener, Gottlieb Wilhelm: Sämtliche Werke. – Bd. 4. – Stuttgart: Scheible, Rieger, Sattler, 1839. – S. 393-397
Rabiosus, Anselmus [d. i.: Andreas Georg Friedrich Rebmann]: Wanderungen und Kreuzzüge durch einen Teil Deutschlands. – Altona: Verlags-Ges., 1795. – S. 210-211
Raschke, Martin: Einladung an einen Freund. – In: Merian. – Dresden, Hamburg (1949). – S. 3-5. Mit freundlicher Genehmigung von Sophia Raschke
Rave, Paul Ortwin: Gärten der Barockzeit. – Stuttgart: Koehler, 1951. – S. 124-126. Mit freundlicher Genehmigung von Jan und Rolf Rave
Richter, Ludwig: Lebenserinnerungen eines deutschen Malers. – 4., verm. Aufl. – Frankfurt am Main: Alt, 1886. – S. 1-3
Runge, Philipp Otto: Briefe und Gedichte. – Berlin: Kiepenheuer, 1937. – S. 40-41

Schladebach, Julius: Dresden und die Dresdener oder Spiegelreflexe aus Dresdens Gegenwart. – Leipzig: Wigand, 1846. – S. 137-144
Schnack, Friedrich: Gedenkblatt für Hellerau. – In: Merian. – Dresden, Hamburg (1949). – S. 43-47. Mit freundlicher Genehmigung von Sebastian Schnack
Schröder, Rudolf Alexander: Gruß an Dresden. – In: Geist der Städte: Dresden / hrsg. von Ortrud Reichel. – München, Bern, Wien: Scherz, 1965. – S. 55. Mit freundlicher Genehmigung von Cornelius Borchardt
Sonderlinge. – In: Dresden wie es ist, und wie es seyn sollte. – Wien, Berlin, Dresden, o. J. – S. 86-87
Sprache. – In: Dresden wie es ist, und wie es seyn sollte. – Wien, Berlin, Dresden, o. J. – S. 87-88
Der Teutsche Merkur. – Weimar (1785), Juli. – S. 40-43
Theatrum Europaeum. – T. 18. – Frankfurt am Main: Heinscheit, 1718. – S. 136-137
Williams: Brief des englischen Gesandten am Dresdener Hof vom 27. 8. 1747. – In: Vehse, Eduard: Geschichte der deutschen Höfe seit der Reformation. – 5. Abt., T. 6. – Hamburg: Hoffmann & Campe, 1854. – S. 288-291
Wilsdorf, Oscar: Der »Hohe Stein« bei Plauen. – In: Bergblumen. – Dresden 4 (1889), Nr. 3. – S. 19-20

Bildquellennachweis

1 Cleef, Heinrich: Dresden. Stadtansicht, gestochen 1550, Sächsische Landesbibliothek, Abteilung Deutsche Fotothek, Fotograf: Großmann

2 Plastik von F. Offermann von der 1945 zerstörten Carolabrücke, 1991, Fotografin: Sabine Nitzschke, Dresden

3 Schloßplatz mit Georgentor und Schloßturm, Aufnahme 1936, Sächsische Landesbibliothek, Abteilung Deutsche Fotothek, Fotograf: Hahn

4 Südliche Ansicht von 1800. Blick von der Terrasse aus auf die alte Augustusbrücke und die Neustadt, Sächsische Landesbibliothek, Abteilung Deutsche Fotothek

5 Neustädter Markt. Blick in die Hauptstraße (heute Straße der Befreiung) nach Nordosten, um 1890, Sächsische Landesbibliothek, Abteilung Deutsche Fotothek, Fotograf: E. A. Donadini

6 Merian, Matthäus d. A., 1593-1650: Stadtansicht von Dresden um 1650, »Prospect der Brücken zu Dresden«, Radierung, 190 x 500 mm (Ausschnitt), Dresden: Kupferstichkabinett: Sax 1, Sächsische Landesbibliothek, Abteilung Deutsche Fotothek, Fotograf: Handrick

7 Terrassenufer. Blick von der Carolabrücke zum Belvedere von W. O. von Wolframsdorf, 1842, Aufnahme um 1925, Sächsische Landesbibliothek, Abteilung Deutsche Fotothek, Fotograf: Jahr

8 Frauenkirche von G. Bähr, 1726/42. Ansicht von Süden, Aufnahme um 1910, Sächsische Landesbibliothek, Abteilung Deutsche Fotothek

9 Albrechtschlösser und Schloß Eckberg (rechts), Schloß Albrechtsburg (links), Villa Stockhausen, das Lingnerschloß (Mitte), Aufnahme um 1935, Sächsische Landesbibliothek, Abteilung Deutsche Fotothek, Fotograf: Möbius

10 Blick vom Neustädter Ufer oberhalb der Carolabrücke gegen die Altstadt, Aufnahme 1936, Sächsische Landesbibliothek, Abteilung Deutsche Fotothek, Fotograf: Hahn

11 Aufstellung zum Fußturnier auf dem Altmarkt, 10. 6. 1709, Deckenfarbengemälde, Aufnahme 1933, Dresden: Kupferstichkabinett, Sächsische Landesbibliothek, Abteilung Deutsche Fotothek

12 Ehemaliges Residenzschloß. Stallhof, Blick auf Kanzleihaus, Georgentor und Lange Galerie (Langer Gang, Gewehrgalerie), dahinter Schloßturm und Turm der katholischen Hofkirche, Aufnahme 1937, Sächsische Landesbibliothek, Abteilung Deutsche Fotothek, Fotograf: Möbius

13 Bellotto, Bernardo, gen. Canaletto, 1721-1780: Dresden vom rechten Elbufer unterhalb der Augustusbrücke, Öl/Lw, 95 x 165 cm, zwischen 1751-53, Dresden: Gemäldegalerie Alte Meister: 630, Sächsische Landesbibliothek, Abteilung Deutsche Fotothek, Fotograf: Reinecke

14 Bellotto, Bernardo, gen. Canaletto: Der Altmarkt zu Dresden von der Seestraße aus, Öl/Lw, 1,37 x 2,39 m, zwischen 1749-51, Dresden: Gemäldegalerie Alte Meister: 615, Sächsische Landesbibliothek, Abteilung Deutsche Fotothek

15 Dresden-Neustadt. Neustädter Markt, Ostseite, Aufnahme um 1886, Sächsische Landesbibliothek, Abteilung Deutsche Fotothek, Fotograf: E. A. Donadini

16 Dresden-Neustadt. Essende Arbeiter auf einer Baustelle zwischen Blockhaus und alter Augustusbrücke, Aufnahme um 1900, Sächsische Landesbibliothek, Abteilung Deutsche Fotothek, Fotograf: E. A. Donadini

17 Reklameinserat. – In: Sachsen-Post. – Dresden 4 (1912) H. 19. – S. 16, Sächsische Landesbibliothek, Fotograf: Mäser

18 Zwinger. Kronentor mit Chaisenträgern, Aufnahme vor 1914, Reproduktion nach Vorlage im Stadtmuseum Dresden, Dresden: Museum für Geschichte der Stadt Dresden, Sächsische Landesbibliothek, Abteilung Deutsche Fotothek

19 Altmarkt mit Siegesdenkmal. Ansicht von Südwesten, Aufnahme um 1900, Sächsische Landesbibliothek, Abteilung Deutsche Fotothek, Fotograf: Hasselblad

20 Karussells auf der Vogelwiese, Aufnahme um 1910, Sächsische Landesbibliothek, Abteilung Deutsche Fotothek

21 Bellotto, Bernardo, gen. Canaletto: Ansicht der ehemaligen Kreuzkirche zu Dresden, Radierung, 740 x 620 mm, 1757, Dresden: Kupferstichkabinett: 1964-650, Sächsische Landesbibliothek, Abteilung Deutsche Fotothek, Fotograf: Kramer

22 Bellotto, Bernardo, gen. Canaletto: Die Trümmer der ehemaligen Kreuzkirche zu Dresden, Lw, 0,80 x 1,095 m, 1765, Dresden: Gemäldegalerie Alte Meister: 1908, Sächsische Landesbibliothek, Abteilung Deutsche Fotothek

23 Kügelgenhaus mit Türmchen und der Aufschrift »An Gottes Segen ist alles gelegen«, Aufnahme 1990, Fotografin: Sabine Nitzschke, Dresden

24 Marcolini-Palais (heute Krankenhaus Friedrichstadt). Straßenfront der Friedrichstraße, neuer Flügel mit Wappen, Sächsische Landesbibliothek, Abteilung Deutsche Fotothek, Fotograf: Möbius

25 Abführung der Gefangenen über die Elbbrücke zu Dresden, 1849, Holzschnitt, 102 x 156 mm, Dresden: Kupferstichkabinett: Sax. top. IV, 3, 24, Sächsische Landesbibliothek, Abteilung Deutsche Fotothek, Fotograf: Richter

26 Blick vom Schloßturm über den Stallhof nach Osten, Aufnahme 1947, Sächsische Landesbibliothek, Abteilung Deutsche Fotothek, Fotograf: Möbius

27 Antikensammlung im Japanischen Palais (Raumgestaltung 1836 von G. Semper), Saal der Satyrisken, Saal 5, Aufnahme 1888, Dresden: Skulpturensammlung, Sächsische Landesbibliothek, Abteilung Deutsche Fotothek, Fotograf: H. Krone

28 Kreuzchor. Gesamtaufnahme vor dem Altar der Dresdner Kreuzkirche, Aufnahme 1957, Sächsische Landesbibliothek, Abteilung Deutsche Fotothek, Fotograf: Nagel

29 Dix, Otto, 1891-1960: Blick von der Brühlschen Terrasse auf Hofkirche und Oper, Farblithographie (3 Farben, Kreide, Pinsel, Schaber), 488 x 664 mm, Dresden: Kupferstichkabinett: A 1956, Sächsische Landesbibliothek, Abteilung Deutsche Fotothek, Fotograf: Kramer

30 Das Pirnaische Tor vor 1812. Stich von L. Schumann nach einer Zeichnung von Thormeyer. – In: Haenel, Erich, u. Eugen Kalkschmidt: Das alte Dresden. – München: Hanfstaengl, 1925. – Nach S. 124, Sächsische Landesbibliothek, Abteilung Deutsche Fotothek, Fotograf: Mäser

31 Zwinger. Kronentor mit Langgalerie vom Postplatz, Sächsische Landesbibliothek, Abteilung Deutsche Fotothek, Fotograf: Teichmann

32 Zwinger und Theaterplatz von Süden. Luftbildaufnahme 1943, Sächsische Landesbibliothek, Abteilung Deutsche Fotothek, Fotograf: Hahn

33 Brühlsche Terrasse mit Kunstakademie und Kuppel der Frauenkirche vom Neustädter Ufer, Aufnahme 1935, Sächsische Landesbibliothek, Abteilung Deutsche Fotothek, Fotograf: Hahn

34 Katholische Hofkirche, 1739-55, von G. Chiaveri. Altarwand des Mittelschiffes mit Hochaltar, Sächsische Landesbibliothek, Abteilung Deutsche Fotothek, Fotograf: Würker

35 Eliasfriedhof, Aufnahme 1990, Fotografin: Sabine Nitzschke, Dresden

36 Palais im Großen Garten, Aufnahme 1990, Fotografin: Sabine Nitzschke, Dresden

37 Geburtshaus von Ludwig Richter in Friedrichstadt, Aufnahme 1990, Fotografin: Sabine Nitzschke, Dresden

38 Wohnhaus von Ida Bienert in der Südvorstadt, Aufnahme 1990, Fotografin: Sabine Nitzschke, Dresden

39 Plauenscher Grund von der Königsmühle aus, Stich von Bruder nach einer Zeichnung von J. H. Jentzsch, Sächsische Landesbibliothek, Abteilung Deutsche Fotothek, Fotograf: Nowak

40 Der Hohe Stein, Aufnahme 1990, Fotografin: Sabine Nitzschke, Dresden

41 Japanisches Palais. Nordfassade, Aufnahme 1929, Sächsische Landesbibliothek, Abteilung Deutsche Fotothek, Fotograf: Möbius

42 Sechskantige Deckelvase nach japanischem Vorbild, Porzellan, Muffelfarben, Höhe 31,4 cm, Meißen, um 1725-30, Dresden: Porzellansammlung: P.E. 651, Sächsische Landesbibliothek, Abteilung Deutsche Fotothek, Fotograf: Reinecke

43 Blick vom Dach des Kultusministeriums über den Carolaplatz nach dem Zirkusgebäude, Aufnahme 1931, Sächsische Landesbibliothek, Abteilung Deutsche Fotothek, Fotograf: Möbius

44 Königsbrücker Straße Nr. 66. Geburtshaus des Schriftstellers Erich Kästner, geb. 1899 im 4. Stock, Aufnahme 1958, Sächsische Landesbibliothek, Abteilung Deutsche Fotothek, Fotograf: Möbius

45 Mary-Wigman-Schule, Bautzner Straße 107, Straßenfront, Auf-

nahme vor 1945, Sächsische Landesbibliothek, Abteilung Deutsche Fotothek, Fotograf: Helas

46 Das Linckische Bad 1798. Kopie nach einem Stammbuchblatt von Joh. H. Sollbrich auf dem Sande vor der Neustadt. – In: Widemann, J. E.: Geschichte des Lincke'schen Bades. – Dresden: Risse, 1901. – S. 5, Sächsische Landesbibliothek, Fotograf: Mäser

47 Hellerau. Am Dorffrieden. Wohnhäuser der Baugenossenschaft Hellerau, erbaut nach 1908 durch Hermann Muthesius, 1861-1927, Aufnahme um 1910, Sächsische Landesbibliothek, Abteilung Deutsche Fotothek

48 Hellerau. Festspielhaus 1910-12 von H. Tessenow, Eingangsseite, Sächsische Landesbibliothek, Abteilung Deutsche Fotothek

49 Kurhaus Bühlau, Siegfried-Rädel-Platz 1, Haupteingangsfront von Nordwesten, Aufnahme 1967, Sächsische Landesbibliothek, Abteilung Deutsche Fotothek, Fotograf: Rouos

50 Hosterwitz. Carl-Maria-von-Weber-Gedenkstätte, Dresdner Straße 44, Ansicht von Nordosten, Aufnahme vor 1921, Sächsische Landesbibliothek, Abteilung Deutsche Fotothek

51 Pillnitz. Ehemaliges Lustschloß, Gesamtansicht über die Elbe, Sächsische Landesbibliothek, Abteilung Deutsche Fotothek, Fotograf: Döring

Umschlagabbildung: Blick auf den Theaterplatz mit der Semper-Oper, Aufnahme 1991, Fotografin: Sabine Nitzschke, Dresden

Die Herausgeberin war bemüht, die entsprechenden Abbildungen den einzelnen Texten zuzuordnen. Nur in wenigen Ausnahmen begleiten die Fotos die Abschnitte.

Inhalt

Anhang

Die mit einem * versehenen Titel stammen von der Herausgeberin.

Literatur und Reisen
im insel taschenbuch

Johann Friedrich Abegg: Reisetagebuch von 1798. Mit zahlreichen Abbildungen. Herausgegeben von Walter und Jolanda Abegg in Zusammenarbeit mit Zwi Batscha. it 1013

Alt-Prager Geschichten. Gesammelt von Peter Demetz. Mit Illustrationen von Hugo Steiner-Prag. it 613

Alt-Wiener Geschichten. Gesammelt von Joseph Peter Strelka. Mit sechs farbigen Abbildungen. it 784

Das andere Ferienbuch. Herausgegeben von Vera Pagin und Hans-Joachim Simm. it 1174

Ernst Batta: Obelisken. Ägyptische Obelisken und ihre Geschichte in Rom. it 765

Berlin im Gedicht. Herausgegeben von Barbara und Walter Laufenberg. it 851

Bonn. Ein Städte-Lesebuch. Herausgegeben von Doris Maurer und Arnold E. Maurer. Mit zahlreichen Abbildungen. it 1224

Capri. Ein Lesebuch. Herausgegeben von Hans Bender und Hans Georg Schwark. it 1077

Chicago. Die Stadt der Superlative. Herausgegeben von Esther Gallwitz. Mit zahlreichen Abbildungen. it 769

Dublin. Herausgegeben von Elsemarie Maletzke. it 807

Gustav Faber: Denk ich an Deutschland. Neun Reisen durch Geschichte und Gegenwart. Mit Abbildungen. it 628

Das Ferienbuch. Literarische Souvenirs, aufgelesen von Vera Pagin und Hans-Joachim Simm. it 1082

Dominique Fernandez: Süditalienische Reise. Aus dem Französischen von Julia Kirchner. Mit farb. Fotografien von Martin Thomas. it 1076

Flandern. Ein literarisches Landschaftsbild. Herausgegeben von Werner Jost und Joost de Geest. it 1254

Florenz. Lesarten einer Stadt. Herausgegeben von Andreas Beyer. Mit zahlreichen Illustrationen. it 633

Theodor Fontane: Jenseit des Tweed. Bilder und Briefe aus Schottland. Mit zahlreichen Abbildungen und einem Nachwort herausgegeben von Otto Drude. it 1066

Georg Forster: Ansichten vom Niederrhein, von Brabant, Flandern, Holland, England und Frankreich im April, Mai und Junius 1790. Herausgegeben von Gerhard Steiner. it 1136

– Reise um die Welt. Herausgegeben und mit einem Nachwort von Gerhard Steiner. it 757

Manuel Gasser: Spaziergang durch Italiens Küchen. Mit Bildern von Manfred Seelow. it 391

158/1/10.90

Literatur und Reisen
im insel taschenbuch

Johann Wolfgang von Goethe: Italienische Reise. Mit vierzig Zeichnungen des Autors. Herausgegeben und mit einem Nachwort versehen von Christoph Michel. it 175

– Tagebuch der Italienischen Reise 1786. Notizen und Briefe aus Italien. Mit Skizzen und Zeichnungen des Autors. Herausgegeben und erläutert von Christoph Michel. it 176

– Tagebuch der ersten Schweizer Reise 1775. Goethes letzte Schweizer Reise. Mit den Zeichnungen des Autors und einem vollständigen Faksimile der Handschrift, herausgegeben und erläutert von Hans-Georg Dewitz. it 300/375

Heidelberg-Lesebuch. Stadt-Bilder von 1800 bis heute. Herausgegeben von Michael Buselmeier. it 913

Heinrich Heine: Italien. Mit farbigen Illustrationen von Paul Scheurich. it 1072

Werner Helwig: Capri. Magische Insel. Mit Fotografien von Benedikt Blatter, Herbert List und Werner Helwig. it 390

Hermann Hesse: Mit Hermann Hesse durch Italien. Ein Reisebegleiter durch Oberitalien. Mit farbigen Fotografien. Herausgegeben von Volker Michels. it 1120

Mit Hermann Hesse reisen. Betrachtungen und Gedichte. Herausgegeben von Volker Michels. it 1242

Alexander von Humboldt: Vom Orinoko zum Amazonas. 2 Bde. in Kassette. Reise in die Äquinoctial-Gegenden des neuen Kontinents. Herausgegeben von Ottmar Ette. Mit zahlreichen Abbildungen. it 990

Im fernen Osten. Forscher und Entdecker in Tibet, China, Japan und Korea 1689-1911. Herausgegeben von Georg Adolf Narciß. it 853

Istanbul. Herausgegeben von Esther Gallwitz. Mit Illustrationen von Thomas Allom. it 530

Samuel Johnson: Reisen nach den westlichen Inseln bei Schottland. Nach einer anonymen Übertragung aus dem Jahr 1775. Herausgegeben von Volker Wolf und Bernd Zabel. Mit zahlr. Abbildungen. it 663

Erhart Kästner: Griechische Inseln. Aufzeichnungen aus dem Jahre 1944. Mit einem Nachwort von Heinrich Gremmels. it 118

– Kreta. Aufzeichnungen aus dem Jahre 1943. Mit einem Nachwort von Heinrich Gremmels. it 117

– Die Lerchenschule. Aufzeichnungen von der Insel Delos. it 57

– Ölberge, Weinberge. Ein Griechenland-Buch. Mit Zeichnungen von Helmut Kaulbach. it 55

– Die Stundentrommel vom heiligen Berg Athos. it 56

158/2/10.90

Literatur und Reisen
im insel taschenbuch

Kairo. Die Mutter aller Städte. Herausgegeben von Ursula Beyer. Mit zahlreichen Abbildungen. it 696

Kennst du das Land, wo die Zitronen blühn. Italien im deutschen Gedicht. Herausgegeben von Peter Hamm. it 927

Leipzig. Ein Städte-Lesebuch. Herausgegeben von Esther Gallwitz. it 1083

Carl von Linné: Lappländische Reise. Mit Zeichnungen des Autors. Aus dem Schwedischen übersetzt von H. C. Artmann unter Mitwirkung von Helli Clervall. it 102

Lissabon. Ein Städte-Lesebuch. Herausgegeben von Ellen Heinemann. Mit zahlreichen Abbildungen. it 1195

London. Eine europäische Metropole in Texten und Bildern. Herausgegeben von Norbert Kohl. it 322

Loreley. Gedichte, Prosa, Bilder. Ein Lesebuch von Wolfgang Minaty. Mit zahlreichen Abbildungen. it 1065

Doris Maurer / Arnold E. Maurer: Literarischer Führer durch Italien. Ein Insel-Reiselexikon. Mit zahlreichen Abbildungen, Karten und Registern. it 1071

Günter Metken: Reisen als schöne Kunst betrachtet. Erlebtes und Gesehenes aus fernen Ländern. Mit Photographien von Sigrid Metken. it 639

Michel de Montaigne: Tagebuch einer Reise durch Italien. Aus dem Französischen von Otto Flake. it 1074

München. Ein Lesebuch. Herausgegeben von Reinhard Bauer und Ernst Piper. Mit zahlreichen Abbildungen. it 827

Paris. Deutsche Republikaner reisen. Herausgegeben von Karsten Witte. it 389

Paris im Gedicht. Herausgegeben von Mona Wodsak. it 1253

Prag. Ein Lesebuch. Herausgegeben von Jana Halamíčková. Mit zahlreichen Abbildungen. it 994

Heddy Pross-Weerth: Moskau. Von der Siedlung im Wald zur Kapitale einer Weltmacht. it 467

Marcel Proust / Eugène Atget: Ein Bild von Paris. Texte und Photographien. Herausgegeben von Arthur D. Trottenberg. it 669

Der Rhein. Seine poetische Geschichte in Texten und Bilde rn. Herausgegeben von Helmut J. Schneider. it 624

Rom. Ein Städtelesebuch. Herausgegeben von Michael Worbs. it 921

Rom im Gedicht. Herausgegeben von Pascal Morché. it 1176

Stendhal: Rom, Neapel und Florenz im Jahre 1817. Aus dem Französischen von Katharina Scheinfuß und Bernhard Frank. it 1073

158/3/10.90

Kulturgeschichte
im insel taschenbuch

Jost Amman: Frauentrachtenbuch. Mit kolorierten Holzschnitten der Erstausgabe von 1586 und einem Nachwort von Manfred Lemmer. it 717

Egon Caesar Conte Corti: Geschichte des Rauchens. »Die trockene Trunkenheit«. Ursprung, Kampf und Triumph des Rauchens. Mit zahlreichen Abbildungen. it 904

Feiern und Feste. Ein Lesebuch. Herausgegeben von Hans-Joachim Simm. it 738

Christian Garve: Über die Moden. Herausgegeben von Thomas Pitroff. Mit farbigen Illustrationen. it 989

Detlef Hoffmann: Gemalte Spielkarten. Ihre Geschichte an handgemalten Beispielen von Detlef Hoffmann. it 912

Freia Hoffmann: Musik und Körper. Die musizierende Frau in der bürgerlichen Kultur. it 1274

Christoph Wilhelm Hufeland: Makrobiotik oder die Kunst, das menschliche Leben zu verlängern. Mit einem Brief Immanuel Kants an den Autor sowie einem Nachwort von Rolf Brück. it 770

Adolph von Knigge: Über den Umgang mit Menschen. Herausgegeben von Gert Ueding mit Illustrationen von Chodowiecki und anderen. it 273

Das Leben und Sterben der Kindsmörderin Susanna Margaretha Brandt. Nach den Prozeßakten dargestellt von Siegfried Birkner. it 1190

Das Lesebuch vom Studium. Studienerfahrungen vom 13. Jahrhundert bis heute. Herausgegeben von Vera Pagin. Zusammengestellt von Sabine Baumann, Stefan Burk, Rolf Faust und Susanne Haertel. it 1214

Dagmar Müller-Staats: Klagen über Dienstboten. Eine Untersuchung über Dienstboten und ihre Herrschaften. Mit zahlreichen Abbildungen. it 683

George Ordish: Geschichte eines Gartens. Vom 16. Jahrhundert bis zur Gegenwart. Aus dem Englischen von Matthias Müller. Mit Zeichnungen von Alison Claire Darke. it 1143

Michael Schroeder: Kleine Wappenkunst. Mit farbigen Abbildungen. it 1281

Ewald Gerhard Seeliger: Handbuch des Schwindels. Mit einem Vorwort von Jürgen Lodemann und einem Nachwort von Max Heigl. it 919

Wie ein Mann ein fromm Weib soll machen. Mittelalterliche Lehren über Ehe und Haushalt. Herausgegeben, ins Neuhochdeutsche übertragen und mit einem Nachwort versehen von Michael Dallapiazza. it 745

166/1/10.90